O Reencontro de Heróis
"Lutando para Vencer"

Romance pelo espírito
Frei Antônio Maria
Médium
João Alberto Teodoro

O Reencontro de Heróis
"Lutando para Vencer"

O Reencontro de Heróis – "Lutando para Vencer"
Copyright by João Alberto Teodoro

Mundo Maior Editora
Fundação Espírita André Luiz

Diretoria Editorial: Onofre Astinfero Baptista
Editor: Antonio Ribeiro Guimarães
Criação de Capa: Helen Winkler
Diagramação: Francisca Ferreira

Rua São Gabriel, 364 térreo
Guarulhos/SP – CEP 07056-090
Tel.: (11) 4964-4700

www.mundomaior.com.br
e-mail: editorial@editoramundomaior.com.br

Dados Internacionais de Catalogação na Publicação (CIP)
(Câmara Brasileira do Livro, SP, Brasil)

Maria, Antônio (Espírito).
   O reencontro de heróis : "lutando para vencer" / romance pelo espírito Frei Antônio Maria ; médium João Alberto Teodoro. -- 1. ed. -- Guarulhos, SP : Mundo Maior Editora, 2014.

   1. Espiritismo 2. Psicografia 3. Romance espírita
I. Teodoro, João Alberto. II. Título.

13-08708   CDD-133.9

Índices para catálogo sistemático:
1. Romance espírita : Espiritismo   133.9

A reprodução parcial ou total desta obra, por qualquer meio, somente será permitida com a autorização por escrito da Editora.
(Lei nº 9.610 de 19.2.1998).

Dedico este romance ao Major Brigadeiro Rui Moreira Lima, aviador que cumpriu 94 missões de combate, pilotando a aeronave P47 pertencente ao 1º Grupo de Aviação de Caça e autor do livro Senta Pua, aos pracinhas brasileiros, heróis anônimos, que corajosamente enfrentaram o frio, a neve e o horror da guerra, por um ideal de igualdade, lutando até o fim de suas forças. Muitos tombaram no solo italiano, outros voltaram mutilados, todos foram marcados pelo sofrimento. Mas todos eles são os nossos heróis e merecem nossas preces e nosso respeito.

Ao amigo Paulo Kasseb, historiador da FEB-FAB de São Paulo, meu agradecimento pela revisão história da obra.

O autor

Apresentação

Neste livro, *O Reencontro de Heróis "Lutando para Vencer"*, o frei Antônio Maria nos mostra o amor de um pracinha brasileiro, levando a bandeira verde-amarela por outras terras e defendendo, com a própria vida, o mundo da tirania dos homens que se julgam superiores.

Corações apaixonados separados pela guerra. O amor não correspondido transformou-se em sentimento de ódio e vingança.

Um capelão do Exército Brasileiro diante do horror da Segunda Guerra Mundial leva aos soldados um bálsamo que suaviza os ferimentos e ameniza a dor da saudade.

Viajando nas diferentes formas de amar, vemos que a vida não teria graça e nem sentido sem o verdadeiro amor.

Que a mensagem de Jesus — relembrada pelo frei neste romance no qual o autor novamente mergulha na história da humanidade — possa realmente fazer com que nos amemos uns aos outros.

Lembremos, pois, que o homem deixará de guerrear à medida que se elevar rumo a Deus.

Num voo sereno, como um pássaro que, vendo o sol se pôr no horizonte, voa tranquilo ultrapassando todos os obstáculos que porventura possam surgir. Assim, o sentimento do verdadeiro amor começa a florescer dentro de nós.

As diferentes formas de amar fazem com que o homem busque o infinito se aproximando do Pai Eterno ou acabe por precipitar-se no abismo de suas paixões, tornando-se um ponto negro.

Mesmo assim, o Pai faz com que uma pequena chama de amor aqueça o coração impregnado pelo rancor. Novas oportunidades surgirão, assim como um dia de sol após a noite de forte tempestade, conseguiremos a nossa vitória final.

O sol despontará no horizonte trazendo a todos um bálsamo de luz, em uma nova encarnação.

Sumário

Apresentação 9
Prefácio 13
Canção dos Expedicionários 17

Capítulo I – O mesmo olhar 19
Capítulo II – Vivendo grandes emoções 27
Capítulo III – Grandes surpresas 37
Capítulo IV – A viagem dos sonhos 51
Capítulo V – Trabalhando pela paz 59
Capítulo VI – O dia inesquecível 71
Capítulo VII – Agosto de 1942 81
Capítulo VIII – Agonia e ódio 97
Capítulo IX – A revolta do povo 109
Capítulo X – Conversa entre amigos 117
Capítulo XI – Guardando segredo 127
Capítulo XII – A travessia do Atlântico 137
Capítulo XIII – Colônia divina sobre Pisa 145
Capítulo XIV – A proteção que vem dos Céus 157
Capítulo XV – Monte Castelo 169
Capítulo XVI – Senta a pua e a cobra vai fumar 181
Capítulo XVII – Declarando o amor 193
Capítulo XVIII – Os reencontros da vida 203

Capítulo XIX – O toque das mãos 213
Capítulo XX – O ciúme 225
Capítulo XXI – A queda de Dário... 235
Capítulo XXII – O símbolo do amor 245
Capítulo XXIII – A porta estreita.. 253
Capítulo XXIV – A vingança de Fernanda 261
Capítulo XXV – A conversa franca... 273
Capítulo XXVI – O noivado de Elisa.. 285
Capítulo XXVII – Planejamento familiar... 295
Capítulo XXVIII – A viagem de Guilhermina 303
Capítulo XXIX – Uma família feliz... 311
Capítulo XXX – O desequilíbrio 319
Capítulo XXXI – O plano fatal 327
Capítulo XXXII – Convivendo com a inimiga................................... 339
Capítulo XXXIII – O retorno... 347
Capítulo XXXIV – Novo amanhecer 359

Mensagem – Continuando a trabalhar.. 379
Escuta-me, Deus!.. 384

Prefácio

Fiquei imensamente honrado e feliz por ser convidado pelo meu amigo-irmão João Alberto Teodoro para prefaciar seu livro *O Reencontro de Heróis "Lutando para Vencer"*. Inicialmente eu hesitei por não ser uma tarefa das mais fáceis fazer a apresentação de um título que aborda amores, desamores, risos, lágrimas e uma terrível guerra mundial.

Seria possível em pleno Teatro de Operações, mais conhecido como Campo de Batalha, encontrar — além do ódio que anestesia mentes e aniquila corações — outros sentimentos, belos e importantes, como o amor, a religiosidade, o perdão, a renúncia, a espiritualidade, a fraternidade etc.?

Confesso minha hesitação, diante do fato incontestável de que, na imensa maioria dos casos, a guerra animaliza os homens, e eu lera há pouco tempo, que foram necessários 40 milhões de anos para que o macaco se transformasse no homem-macaco. Mais de 300 mil anos depois, ele começou a aprender a andar de cabeça erguida e a matar sua presa com instrumentos de pedra. Cinquenta mil anos mais tarde, o homem descobriu o cobre e começou a produzir armas mortíferas. Mais dois mil anos e ele descobriu o ferro e seus métodos para matar tornaram-se muito mais engenhosos. Cinco mil anos depois ele inventou a dinamite e, muitos séculos depois, ele construiu submarinos, aeroplanos e bombas atômicas!

A partir daquele momento, a arte de matar homens pelos próprios homens estava quase perfeita!

É possível que, daqui a cem mil anos, o homem descubra que é uma criatura tola e que seu cérebro obtuso consiga enfim compreender que matar é uma tarefa insana e selvagem, além de desnecessária, e que ele poderia empregar melhor seu tempo, cérebro e engenhosidade em coisas melhores e mais proveitosas. Ou o homem não passa de um mero predador inútil? Pelo menos até este momento?

Quem assim pensar mudará de opinião ao ler *O Reencontro de Heróis "Lutando para Vencer"*, pelo espírito frei Antônio Maria, através da psicografia de João Alberto, que retrata de forma absolutamente coerente que mesmo naquele momento tão delicado, quando a humanidade se via sob a tensão de um conflito mundial; quando o fio da racionalidade já se rompera e um conflito de proporções e consequências imprevisíveis atemorizava o Planeta, nada, absolutamente nada seria capaz de impedir que o maior dos sentimentos, o amor, campeasse com êxito e fizesse que os casais apaixonados, separados pela força do hediondo conflito mundial, descobrissem que voltariam a se encontrar aqui ou no mundo espiritual. Até mesmo o ódio que surgiu pelo fato de um amor não ser correspondido, um dia, inexoravelmente seria vencido pela força do amor.

Destaque-se a figura ímpar de um franciscano, missionário do Exército Brasileiro, que leva aos pracinhas brasileiros, bálsamos de Amor e Luz, que os fortalece para enfrentar seus ferimentos, a dor da saudade, o frio, a neve, suas lágrimas geladas e o bestial horror da guerra.

É reconfortante ler sobre como, no mundo espiritual, há centenas de obreiros trabalhando para minorar todos os efeitos do conflito. É reconfortante saber que o ensinamento do Cristo, revivido e esclarecido pelo Espiritismo, é a bússola que nos levará a esse porto seguro.

Enfim, *O Reencontro de Heróis "Lutando para Vencer"* deixa claro que, quando todos conhecerem a imortalidade do espírito, a realidade da vida futura, o processo da reencarnação, quando os homens compreenderem a justiça e praticarem a lei de Deus, o homem não mais provocará a guerra e a guerra desaparecerá da face da Terra. Nessa época, todos os povos serão irmãos.

Agnaldo Cardoso
NEAM/Olinda

Canção dos Expedicionários

Letra: Guilherme de Almeida – Música: Spartaco Rossi

Você sabe de onde eu venho?
Venho do morro, do Engenho,
Das selvas, dos cafezais,
Da boa terra do coco,
Da choupana onde um é pouco,
Dois é bom, três é demais,
Venho das praias sedosas,
Das montanhas alterosas,
Dos pampas, do seringal,
Das margens crespas dos rios,
Dos verdes mares bravios
Da minha terra natal.

REFRÃO
Por mais terras que eu percorra,
Não permita Deus que eu morra
Sem que volte para lá;
Sem que leve por divisa
Esse "V" que simboliza
A vitória que virá:
Nossa vitória final,
Que é a mira do meu fuzil,
A ração do meu bornal,
A água do meu cantil,
As asas do meu ideal,
A glória do meu Brasil.
Eu venho da minha terra,
Da casa branca da serra
E do luar do meu sertão;
Venho da minha Maria
Cujo nome principia
Na palma da minha mão,
Braços mornos de Moema,
Lábios de mel de Iracema
Estendidos para mim.
Ó minha terra querida

Da Senhora Aparecida
E do Senhor do Bonfim!

REFRÃO
Por mais terras que eu percorra,

Você sabe de onde eu venho?
É de uma Pátria que eu tenho
No bojo do meu violão;
Que de viver em meu peito
Foi até tomando jeito
De um enorme coração.
Deixei lá trás meu terreno,
Meu limão, meu limoeiro,
Meu pé de jacarandá,
Minha casa pequenina
Lá no alto da colina,
Onde canta o sabiá.

REFRÃO
Por mais terras que eu percorra,

Venho do além desse monte
Que ainda azula o horizonte,
Onde o nosso amor nasceu;
Do rancho que tinha ao lado
Um coqueiro que, coitado,
De saudade já morreu.
Venho do verde mais belo,
Do mais dourado amarelo,
Do azul mais cheio de luz,
Cheio de estrelas prateadas
Que se ajoelham deslumbradas,
Fazendo o sinal da Cruz!

REFRÃO

Capítulo I

O mesmo olhar

Livro *O Evangelho Segundo o Espiritismo* — Capítulo IV

Disse Jesus: *"Ninguém pode ver o reino de Deus se não nascer de novo"*.

Era uma manhã fria do mês de junho de 1981. Dona Guilhermina saíra de seu apartamento no Bairro da Lapa em São Paulo/SP. Como de costume, usava sua bengala e carregava uma cesta na outra mão. Ela se dirigia à padaria da esquina. Caminhava calmamente pela Rua Afonso Sardinha. Por causa da chuva não havia muito movimento na rua, e ela foi observando tudo. Até os mínimos detalhes não lhe passavam despercebidos. Sorriu ao olhar os pássaros timidamente voarem, procurando um abrigo melhor.

Com os cabelos já grisalhos, mas com uma coloração lilás bem clarinho, graciosamente ela demonstrava sua elegância e simpatia com todos os que a encontram, na maioria antigos moradores do bairro.

— Bom dia, Dona Guilhermina! – cumprimentou o jornaleiro.

— Bom dia, seu Alcides. Como vai?

— Graças ao bom Deus, todos com saúde.

Ela parou, deu uma olhada nas notícias e seguiu seu caminho acenando para o amigo jornaleiro.

Logo na esquina encontrou outro amigo. O senhor Atílio que saíra com seu cachorro, para dar uma volta pelo quarteirão.

— Como vai, seu Atílio?

— Bem! E a senhora?

— Vou muito bem, obrigada. E Eulália, como anda com suas dores? Está melhor? — perguntou ela.

— Que nada! Esta noite não dormiu e não me deixou dormir.

— Coitada! Como sofre com esse reumatismo.

— Sofre ela e eu mais ainda porque não consigo aceitar esse sofrimento.

Antes que senhor Atílio começasse a reclamar de Deus, ela aconselhou.

— Seu Atílio, Deus não desampara ninguém. Tenha fé que ela ficará boa.

Diante daquelas palavras, despediram-se e ela, caminhando lentamente, entrou na padaria. O balconista, logo que a viu, foi atendê-la.

— Dois litros de leite e duas bengalas. Certo?

— Isso mesmo, meu filho — respondeu Guilhermina, mostrando um lindo sorriso no rosto.

— Quero também trezentos gramas de mortadela. Meu neto chegou e ele adora comer pão com mortadela no café da manhã.

— Já vou providenciar para a senhora — apressou-se o balconista.

Guilhermina continuou a conversar com o balconista e o gerente, prestando atenção ao diálogo, aproximou-se.

— Bom dia, dona Guilhermina.

— Bom dia, seu Carlos.

— Está um pouco frio hoje, não? E pelo jeito vai ficar assim o dia todo, com essa garoa chata.

— É, Deus sabe o que faz. Estava muito poluído, o ar pesado. A minha rinite estava atacada, estávamos precisando de chuva — comentou dona Guilhermina.

— É a chuva tem lá seu lado bom, mas para os comerciantes é ruim, o povo não gosta de sair de casa.

— Tenho certeza de que amanhã o senhor recupera — falou ela sorrindo.

O balconista colocou tudo na cesta que ela trouxe e depois lhe entrega o *ticket* com o valor a ser pago no caixa.

— Obrigada, meu filho! — agradeceu, pegando sua cesta.

— Por nada — respondeu o balconista.

— Tenha um ótimo dia!

Dona Guilhermina, após sair da padaria, caminhou pela calçada e, logo, uma viatura do exército se aproximou e estacionou ao seu lado. Dois soldados desceram e entraram na padaria. O motorista demorou-se um pouco.

Ela ficou parada observando a cena. O jovem arrumou-se diante do espelho e só depois é que desceu do veículo. E deu volta na frente dela.

— Bom dia, minha senhora!

Ela nada respondeu, seu coração acelerou. Aqueles olhos verdes, aquele sorriso, aquela voz. Meu Deus!

— A senhora está se sentindo bem? — perguntou o motorista da viatura, o cabo Oliveira.

— Sim, estou — sussurrou ela.

Pegou um lenço e começou a enxugar o suor frio da sua testa.

— A senhora não está bem! Está pálida... — preocupou-se o cabo Oliveira.

Antes que ele terminasse de dizer essas palavras ele a segura, pois está desfalecendo. A cesta com os produtos cai na calçada.

Oliveira pediu auxílio aos colegas que acabaram de entrar na padaria.

— Amigos, me ajudem!

Imediatamente um deles voltou e chamou o senhor Carlos.

— Seu Carlos, traga um copo de água. A senhora está passando mal.

Ele rapidamente vem com a água, mas ela não conseguiu tomar. Sua pele ficou branca como uma cera.

O cabo Gouveia, que também é enfermeiro, examinou-lhe a pulsação.

— Nossa! Ela está praticamente sem pulsação. É melhor socorrê-la.

— Vamos levá-la ao pronto-socorro — disse Pereira.

— Sabe onde mora esta senhora? — perguntou Oliveira.

— Sim, mas leve-a para o pronto-socorro e eu avisarei a família — solicitou Carlos.

O cabo Oliveira, carregando-a nos braços, ordenou que o soldado Plínio iria dirigindo a viatura e ele iria com ela no banco de trás.

Oliveira não percebeu, mas sentia compaixão pela senhora. Parecia já conhecê-la. Era como se ele já estivesse em seus braços.

— Que pensamento absurdo! Nunca vi essa senhora, na minha vida — pensou ele.

A viatura cortou as ruas do bairro com destino ao pronto-socorro mais próximo.

Enquanto isso, seu Carlos foi até o prédio onde morava dona Guilhermina. Lá chegando, pediu ao porteiro:

— Luiz, avise os filhos de dona Guilhermina que ela não passou bem e foi levada ao hospital.

Imediatamente, Luiz tocou o interfone do apartamento da família e explicou o ocorrido para o neto Henrique, que desceu rapidamente até a portaria.

— O que aconteceu com minha avó?

— Não sabemos. Ela passou mal e, por sorte, foi socorrida por uns soldados.

— Obrigado, já avisei meu pai e vamos para lá — agradeceu Henrique.

— É melhor não avisar seu avô — aconselhou Luiz, o porteiro, ao jovem.

— O senhor tem razão. Vou pedir à Cida que cuide dele. Posso usar o seu telefone?

Minutos depois, Agostinho, o filho mais velho de dona Guilhermina, e o neto Henrique saíram rapidamente com o carro, rumo ao pronto-socorro.

Na portaria do prédio, seu Carlos e Luiz permaneceram por um tempo olhando a rua e a chuva que agora caía mais forte.

"Tomara que não seja nada grave": Esse era o pensamento dos dois.

Capítulo II

Vivendo grandes emoções

O Livro dos Espíritos
P: 459 — Os espíritos têm influência sobre nossos pensamentos e ações?

R: "Em relação a isso a sua influência é bem maior do que imaginam, porque muitas vezes são eles que os dirigem."

Quando Guilhermina sentiu-se segura nos braços do soldado, naquele instante, foi como se ela estivesse fazendo uma viagem no tempo e voltasse ao ano de 1940, no mês de abril ali mesmo naquele quarteirão, e em um domingo ensolarado, andando com a sobrinha Margarida. Guida como era chamada.

A pequena estava inquieta pedindo à tia que queria passear. A criança observava tudo: os carros que por ali passavam, os troles que ainda existiam, com seus bonitos cavalos a trotarem.

Tudo era alegria para a menina. Guilhermina sorria. Sua beleza era encantadora. Qualquer rapaz que por ela passasse ficaria enamorado. E foi o que aconteceu quando um caminhão do exército parou alguns metros à frente de onde elas estavam e da carroceria saltou um jovem soldado.

A princípio, ela fingiu não perceber, mas quando o jovem se arrumava para começar a caminhar, ela já o observava. Ele era bonito, garboso e sua farda estava impecável.

Ele se despediu do motorista que saiu dirigindo o veículo devagar, pois estava olhando pelo retrovisor a bela moça que caminhava pela calçada. Os outros soldados também assobiaram para a jovem que ficara rubra de vergonha.

Até aquele momento, o jovem soldado não tinha percebido a presença de Guilhermina. Somente quando o caminhão se distanciou é que, pegando a sua mochila e pondo-se a caminhar, seus olhos se depararam com os olhos mais belos que já vira.

Guilhermina igualmente parecia estar envolta em uma magia. Seu coração acelerou, faltava-lhe ar para respirar.

Em seus pensamentos a pergunta:

"Meu Deus! De onde saiu este jovem belo? Parece o deus Apolo". A jovem se esquecera da pequena que levava pelas mãos e a soltou. A menina brincava com sua boneca sentada na calçada de uma casa.

O jovem soldado se aproximou e a cumprimentou.

— Bom dia, senhorita!

Guilhermina não conseguiu responder, apenas sorriu, ali em frente ao rapaz.

— Está se sentindo bem?

Ela permanecia calada, olhando aqueles olhos verdes. Ficara encantada.

O rapaz percebeu que ela também estava sem jeito, mas ele também se sentia estranho por dentro. Uma felicidade invadira seu peito. Queria gritar, mas lhe faltavam forças.

Depois de alguns segundos parados, um em frente ao outro, ele disse:

— Senhorita, você é a flor que encantou o meu jardim.

O rapaz se assustou com as palavras que acabara de dizer, já que era tímido e todas as vezes que se aproximava de uma jovem ficava rubro e começava a gaguejar.

Tudo naquele momento parecia mágico. Ele rapidamente olhou para o lado onde a criança estava sentada e viu que, do outro lado da mureta, existia uma casa em que um jardim de margaridas exibia sua beleza. Sem muito esforço, ele alcançou uma flor e a entregou a Guilhermina afirmando:

— Nunca fiz algo parecido, mas estou tomado por uma força que em meu peito explode. Aceite esta flor como prova do meu encantamento, senhorita.

Antes, porém, ele segurou sua mão trêmula e a beijou.

— Sinto-me como um beija-flor, neste momento.

Guilhermina nunca recebera uma flor, ou uma declaração de amor na vida.

— Desculpe-me — falou o soldado. Sou Silveira. Hélio Silveira.

— Encantada — respondeu Guilhermina.

As palavras não significavam nada. Apenas os olhares falavam por eles. Os corações estavam batendo em um ritmo descompassado.

Os protetores espirituais Ornela e Domênico, com os braços abertos, formavam um elo luminoso em torno do casal, enquanto Felipo sorria ao lado da pequena Guida.

— Como o verdadeiro amor é belo. Ah! Se os homens pudessem enxergar com os olhos da alma.

Guilhermina foi trazida de volta à realidade quando sua sobrinha a chamou, pegando em sua mão.

— Titia Gui! Vamos embora?

Neste instante, Hélio notou a presença da criança e, abaixando-se, exclamou:

— Que bela menina você é!

— Esta é minha filha — disse a pequena mostrando a boneca que trazia nos braços.

— Como se chama? — perguntou Hélio.

— Guida.

— Que lindo nome. Tão bela como Guilhermina.

— Margarida é o seu nome — completou a moça Guilhermina. Está bem, vamos porque a vovó deve estar preocupada. Já saímos há algumas horas.

— Posso acompanhá-las? — ofereceu-se Hélio.

Guilhermina acenou com a cabeça que sim.

Assim os três caminharam em direção à casa dela. Hélio segurou a mão da pequena criança e Guilhermina, pegando a boneca, segurou na outra mão. A criança estava feliz. Às vezes olhava para a tia, outras, para o soldado.

— Ela está encantada com sua farda — comentou Guilhermina.

— Não é só ela. Também estou encantado pela tia dela.

Guilhermina, a princípio, achou muito abusado aquele galanteio, se fosse em outra situação, responderia sendo até indelicada com o rapaz. Mas ali ela não conseguiria responder nada. Apenas sorria. Seu coração nunca sentira tal felicidade como naquele momento.

Eles caminharam até a frente da casa da moça.

Eles não sabem, mas seu Gino, pai de Guilhermina, estava sentado na área em frente à casa e, atrás de algumas folhagens, ele observava a filha e o jovem soldado.

Ele quis se levantar e ir ao encontro da filha, mas a cadeira parecia estar colada nele. Resolveu ficar somente observando.

Logo chegou dona Bianca e se aproximou do esposo.

— Ora, não é a Guilhermina? Está acompanhada. E que belo rapaz!

— Fique quieta, Bianca. Quero escutar o que estão falando.

— Que é isso, Gino? Deu agora para ser bisbilhoteiro, ficar sondando as pessoas? Em vez disso por que não vai lá de uma vez?

— Gui! Minha filha, você demorou — disse dona Bianca indo até o portão.

Guilhermina ficou branca. De repente fora chamada para a realidade. Estava em frente à sua casa e os seus pais ali se encontravam. Estava acompanhada de um jovem que mal conhecera e já permitira que a trouxesse para casa. Meu Deus! Seria hoje que ela levaria um corretivo?

— Mamãe, a senhora! — falou ela sem jeito.

— Sim, sou eu, filha *mia*. Quem esperava?

— Bom dia, senhora — cumprimentou Hélio.

— Bom dia, jovem.

— Hélio Silveira, senhora, a seu dispor.

— Muito prazer, Hélio. Sou Bianca, mãe de Guilhermina.

Neste momento ouviu-se um tossido.

Todos olharam e lá viram seu Gino, descendo os degraus da escada com o cachimbo em um canto da boca e apertando o cinto da calça.

— Olha, mas quem eu vejo! — exclamou ele.

Guilhermina ficou gelada. Qual seria a reação do pai, ao dizer essas palavras?

— Hélio Silveira.

O moço também ficou surpreso com a maneira com que foi dito o seu nome.

— Sim, senhor Hélio Silveira, a seu dispor — disse o jovem estendendo a mão.

Elas ficaram paralisadas. E agora? O que faria Gino? Cumprimentaria o rapaz, ou seria ignorante como costumava ser?

Gino calmamente bateu o cachimbo na mureta para tirar o fumo que lá estava e depois, guardando-o no bolso da calça, falou:

— Pois bem, meu rapaz. Dê-me cá um abraço.

E puxando Hélio para perto de si. Ele estava sendo abraçado sem saber por que e por quem. Mas retribuiu o abraço.

As duas ficaram sem entender o que estava acontecendo. Apenas sorriam esperando uma explicação justa para aquela cena.

Um misto de alegria e alívio, o coração de Guilhermina batia feliz. Seus olhos brilhavam.

Depois de um tempo, dona Bianca perguntou:

— Vocês já se conheciam?

— *Vá bene questa é una longa história,* Bianca.

Seu Gino permaneceu abraçado ao jovem e, por vezes, ele dava leves tapas no rosto do jovem, que não sabia se sorria ou se revidava. Como bom italiano, essa era a maneira de ele demonstrar sua felicidade. Meio sem jeito, o jovem acabou gostando daquela recepção.

— *Ma dona mia! Tu sei molto parecido com tuo pai. Má io non credo no que sto vendo.*

— O senhor conhece meu pai? — perguntou o jovem assustado.

— *Si, e molto bene*, filho — emocionou-se Gino. E perguntou: — Como se chama teu pai?

— Bem, ele se chama Alexandre José Silveira.

— Sim, eu o conheço, *noi due viemos pro Brasile* no mesmo navio. Partimos de Nápolis, depois do fim da Primeira Grande Guerra. Viemos pra cá em busca de uma nova vida.

Neste instante, os olhos do senhor Gino estavam cheios d'água. Sua voz ficou embargada. A emoção tomou conta de todos ali.

Guilhermina abraçou-se à mãe emocionada e começou a chorar.

— *Mama*, estou tão feliz.

— *Io* também, filha. *Molto felice.*

— *Má* entra, filho! — convidou seu Gino, puxando o jovem para dentro de casa, e com a manga da camisa enxugava as lágrimas que insistiam em rolar.

Ele tentou disfarçar, mas depois deixou que a emoção brotasse de seus olhos. Olhando para as duas, gritou:

— Eh! Vão ficar aí paradas feito duas estátuas? *Andiamo*. Temos visita!

Hélio, sem saber se devia ou não aceitar o convite, já que também estava emocionado, por um instante ficou paralisado.

— Entra, filho, se você é filho do meu amigo, é *mio* filho também. *Andiamo,* entra logo.

— *Nono!* E o meu *bacio*? — perguntou a pequena que observava atenta.

— *Ma Dio Santo. Scuse,* minha *bambina*.

— Hélio, *questa* é minha princesa — apresentou o avô, beijando várias vezes a neta, que, agarrada em seu pescoço, lhe contou:

— *Nono,* este moço deu uma flor para a tia Gui.
— *É vero, mia bambina.* E você deixou?
— Sim, nono, eu deixei.
— Olha, você não tem atendido sua tia como se deve. Depois nos vamos conversar sério.
— Está *bene, nono* — concordou a pequena beijando o rosto bonachão de Gino e com suas mãozinhas enxugou os seus olhos.

Eles entram na sala, e Gino colocou a neta no chão. Olhando para Hélio, disse:
— Seja bem-vindo à minha casa. Sente-se!

Hélio, ainda sem jeito, procurou se acomodar. Tudo estava acontecendo muito de repente.
— Nina! — gritou Gino. Traga nosso melhor vinho. Vamos comemorar.

A filha mais velha do casal apareceu e perguntou:
— Comemorar o que, papa?
— Ganhei um novo filho.

Nina ficou sem entender.

Enquanto Guilhermina e Dona Bianca sorriam.
— *Vá bene, papá.* Depois o senhor me conta tudo. Vou buscar o vinho.

Minutos depois eles estão brindando.
— Vamos brindar a felicidade!
— A nossa felicidade! — responde todos.

Naquele instante, seu Gino sentiu-se o homem mais feliz do mundo. Não entendia direito o que estava acontecendo, mas seu coração estava em festa. No Plano Espiritual, também havia muita alegria. Novos caminhos estavam sendo tomados, novos horizontes cheios de esperança e de amor começavam a ser construídos.

Um amor separado pelo tempo se reencontrou. Como tudo no Universo gira com a permissão do Pai, e todos nós caminhamos para Ele, aqueles filhos, em mais uma existência, marchariam juntos rumo ao Criador.

Domênico, Ornela e Felipo estavam radiantes.

— Vencemos a primeira missão, Domênico — comentou Ornela.

— Tem razão. Foi difícil convencer Guilhermina a sair para passear com a menina.

— O jovem Felipo que o diga. Afinal, ele esteve o tempo todo ao lado da pequena Guida insistindo.

Os três protetores sorriem do acaso que não existiu, reunindo aqueles dois novamente.

Capítulo III

Grandes surpresas

O Livro dos Espíritos
P: 991 — Qual é a consequência do arrependimento no estado espiritual?

R: "*O desejo de uma nova reencarnação para purificar-se*".

Do outro lado do mundo, nos primeiros meses de 1941, a tristeza e o horror. Estava sendo gravada uma das páginas mais violentas da História da Humanidade. Nos primeiros dias de abril, a Iugoslávia foi atacada pela Alemanha.

As tropas britânicas defendiam a Grécia, mas Hitler ordenou a invasão daquele país. O principal porto próximo a Atenas foi praticamente destruído, com o ataque dos aviões que acabaram por afundar um navio que estava carregado de munições.

Importantes patrimônios da Humanidade, que levaram décadas para ser erguidos, em segundos, perdiam sua magia e beleza por causa das bombas jogadas, tornando-se pedras sobre pedras. A França e a Grã-Bretanha já estavam em guerra, pois a Itália de Mussolini declarara guerra alguns meses antes aos dois países. Nesse cenário de horror, a ex-União Soviética, outra grande potência, até o momento estava fora da guerra.

As semanas passam e chegamos ao mês de junho de 1941. Na Europa, a Alemanha atacou a nação de Stalin. A união formada pela Alemanha, Itália e Japão espalhava o terror pelo mundo. Na América, os Estados Unidos já estavam se preparando para a batalha. Alguns navios brasileiros foram atingidos em águas brasileiras e americanas. Aos poucos, nosso país estava sendo envolvido neste cenário.

Do outro lado do horror, o amor brotava de forma grandiosa. Após um ano de namoro, Guilhermina e Hélio Silveira resolveram ficar noivos. Os dias pareciam os de primavera, apesar de estar no inverno paulista.

O pai de Guilhermina gostava de conversar com Hélio, e em um desses bate-papos, o moço lhe contou a saudade que sentia da família.

— Há quanto tempo seu pai está no Rio de Janeiro?

— Faz dois anos que meus pais se mudaram para lá, depois que meu irmão entrou para o Exército e foi com a família morar no Rio de Janeiro.

— Por que não permaneceram aqui em São Paulo?

— O clima daqui não estava fazendo muito bem para o meu pai. Por conselho médico, ele resolveu passar uns dias com meu irmão que já morava lá, com a esposa, Ana Lúcia e a filha, Valéria, de 4 anos, e acabaram ficando.

— Estou com muitas saudades de seu pai. Gostaria de vê-lo. Quando ele virá para São Paulo?

— Estão planejando para o fim do ano.

— Nossa! Faltam meses... Estou com saudades do Portuga.

— Passa rápido. Ontem, ao telefone, ele me disse que meu irmão Zequinha os levará para uma viagem a Recife. Valéria, minha sobrinha, ainda não conhece os avós maternos.

— É bom seu pai viajar. Só nos resta descansar, já que trabalhamos muito.

— E por falar em trabalho, meu querido, que tal vocês dois darem uma mãozinha para nós, mulheres? — sugeriu Bianca.

— O que a senhora quer, dona Bianca?

— Gostaria que fossem até a casa de dona Hilda e me trouxessem o bolo que encomendei.

— Pode deixar, minha querida. Iremos nós dois — concordou seu Gino.

Ele se leventou, deixou o copo de vinho sobre a mesinha da sala e saiu com Hélio.

Guilhermina, que estava arrumando os últimos detalhes da mesa de jantar, sorriu e disse:

— Mamãe, nunca imaginaria que o meu namorado fosse se dar tão bem com o meu pai.

— Sabe, filha, eu também tinha receio. Lembra o que ele fez com o pobre do Norberto da Nina?

— O que tem o meu Norberto, mamãe?

— Nada, filha, apenas estava comentando como foi difícil convencer o seu pai a aceitar seu namoro com Norberto.

— É verdade, Gui. Papai não queria a princípio o meu namoro. Só depois que me formei no Normal e comecei a dar aula é que ele aceitou.

— Eu já tive mais sorte, Nina. Papai se deu muito bem com Hélio.

— Graças a Deus somos uma família muito unida, e hoje seu pai gosta muito de todos.

As mulheres prosseguiram com os preparos enquanto que os dois caminharam até a casa de dona Hilda.

Quando chegaram ao destino, Gino tocou a campainha. Dona Hilda saiu à janela.

— Pode entrar, seu Gino. A porta está aberta.

Como eles são conhecidos há muito tempo, ele abriu o portão e subiu as escadas da área. A porta da sala se abriu e um alemão de enorme bigode surgiu. Hélio se assustou.

— Gino, que prazer — cumprimentou o alemão.

— *Bona Sera*, Henry. Este é meu futuro genro, noivo de Guilhermina.

— Prazer! — exclamou.

— Este senhor é um velho amigo. Quando eu me mudei para cá foi ele quem me ajudou a fazer a mudança — explicou Gino a Hélio.

— Mas entrem e sentem-se. Hilda já está trazendo sua encomenda. Antes não tomariam comigo uma cerveja?

— Claro que sim! — concordou Gino. Esta cerveja é caseira, é melhor que a comprada.

Os homens brindaram e saborearam a cerveja com alguns pedaços de queijo.

A conversa fluía muito agradável, até que, por um instante, Hélio olhou para um lado, e em outra sala conjugada havia uma foto de Hitler na parede. Ele sentiu um repentino mal-estar. Disfarçou para não ser notado, mas se fosse por ele, sairia dali correndo.

Para sua salvação, dona Hilda, uma senhora de estatura também grande e com pele branca e grandes olhos azuis, apareceu trazendo o bolo em uma bandeja.

— Pronto, senhor Gino, já está pronto — diga a Bianca que fiz com o maior carinho.

— *Grace,* dona Hilda, mas quanto lhe devo?

— Não nos deve nada — antecipou-se Henry.

— Mas como não? — perguntou ele.

— É um presente nosso para Guilhermina pelo dia de hoje.

O italiano foi apanhado de surpresa com a demonstração de carinho do casal de amigos.

— Está vendo, Hélio. Por isso nós os temos como amigos de verdade.

Apesar de ter sentido uma vibração ruim ao ver o retrato de Hitler, o jovem sorriu meio sem jeito.

— Faça Guilhermina feliz, jovem. Senão arrumará briga com todos os vizinhos — ordenou Henry, preparando o punho como se fosse dar um soco.

Todos riem, e Gino, saindo da casa, não parou de agradecer.

— Sabe de uma coisa, Gino, Deus não nos deu filhos e sempre digo para meu esposo que seus filhos a gente os ama como nossos filhos também.

— Obrigado, dona Hilda e Henry Hoffmann, pelo presente que dão para a minha *bambina.*

— É de coração — disse dona Hilda.

Os dois homens voltaram felizes para casa. E o casal de alemães entrou para a residência.

— Que dia feliz está vivendo Bianca! — exclamou dona Hilda.

— É verdade, deve estar muito feliz mesmo.

O casal é interrompido pela senhora Anne, mãe de Henry, que entrou resmungando.

— O que foi, mamãe? Por que está reclamando?

— Esse rapaz que veio com Gino. Ele é quase preto.

— Mamãe, não diga isso. Pare com seus comentários. O rapaz é branco.

— Brancos somos nós — afirmou olhando para a foto na parede. E fez o gesto de saudação a Hitler.

— Meu Deus! Qualquer dia nós teremos problemas com dona Anne, meu querido! Ela está ficando esclerosada, esquece que estamos no Brasil, e não em Berlim.

— Está ficando difícil lidar com mamãe — concordou o filho coçando a cabeça e se retirando da sala.

Enquanto isso, lá na casa de dona Bianca, todos já estavam prestes a se sentar à mesa. A família toda reunida, seu Gino sentado na ponta da mesa, na outra, dona Bianca e dos lados, Guilhermina e Hélio, do outro, Norberto, Nina e a pequena Guida.

A campainha tocou e imediatamente Guida saiu da mesa para atender à porta. Nina, porém, se adiantou.

— Espere, filha! Deixe que eu atendo.

Ela abriu a janelinha para ver quem era.

— Pois não, senhor?

— É aqui a casa do senhor Gino e da jovem Guilhermina?

— Sim. Mas quem é o senhor?

— Sou Dário, irmão de Hélio.

Nina ficou feliz com a surpresa, pois Hélio não estava esperando ninguém da família. Notava-se em seus olhos uma pontinha de tristeza. Rapidamente ela abriu a porta e chamou.

— Hélio, é visita para você. Venha recebê-lo.

— Entre, por favor — convidou Nina.

O coração de Hélio parecia explodir de tanta alegria. Dirigiu-se ao irmão e deu-lhe um forte abraço, não conseguindo conter a emoção.

— Que bom que você pôde vir! Estava um pouco triste.

— Hélio, meu irmão, vim representar toda a família que não pôde vir.

— E nossos pais, como estão?

— Estão bem, mandam abraços e desculpas.

— Por que não vieram?

— Na verdade quem viria era papai e mamãe, mas ela não está se sentindo muito bem.

— O que foi? Algo de grave?

— Não, meu irmão, são as doencinhas dela, mas está medicada.

— Está bem, mas dê-me outro abraço, meu irmão, estava com muitas saudades de você.

O Plano Espiritual acompanhava tudo. A cada emoção, a cada palavra de carinho que ali era pronunciada para eles era uma bênção do Pai. Na realidade, a volta de Dário para São Paulo já estava programada, antes de seu retorno ao corpo físico.

Tendo uma mediunidade muito aflorada, ele necessitava de Irmãos que o encaminhassem no caminho do Bem. Por isso, Paulino, velho companheiro de jornada, veio antes dele e agora, como exímio trabalhador na Seara de Jesus, convidou o jovem para trabalhar com ele. Dário aceitou de imediato.

Com a proteção de Paulino, ele teria todos os esclarecimentos necessários e as tarefas a serem realizadas. Caberia somente a ele cumpri-las, ajudando assim os espíritos aos quais ele tinha contas a saudar. Ele teria de levar a todos as palavras de Jesus. Esperançoso, o jovem retornou para a capital paulista.

Depois do abraço, Hélio o apresentou a toda a família, que o recebeu com muita alegria.

Todos notaram a grande semelhança física entre os dois. O senhor Gino alegremente diz:

— Rapaz, seja bem-vindo a esta casa. Sinta-se como se fizesse parte da família há muito tempo.

— Bem, meus filhos, vamos nos sentar.

Antes, porém, Bianca fez uma oração.

Todos deram as mãos e os protetores que ali estão irmanados pelo sentimento de amor que une aquela família também agradeceram.

— *Dio mio,* agradeço por tudo que temos na mesa, pela saúde, pela alegria de viver e por este instante sagrado. Amém!

Quando eles se preparavam para sentar-se, Hélio pediu a palavra.

— Por favor, só mais um instante. Senhor Gino, dona Bianca, neste momento quero pedir a mão de sua filha em noivado.

E, dizendo isso, tirou do bolso da calça uma caixinha de veludo azul e a entregou para sua amada.

Guilhermina abriu a caixinha e um sorriso lindo.

— Meu querido, como são lindas!

Ele, tirando as alianças, a colocou no dedo dela e depois entregou a outra para que ela a colocasse a sua em seu dedo. Todos estão emocionados.

Seu Gino e dona Bianca saíram de seus lugares e, aproximando-se do casal, disseram:

— Nós abençoamos a vocês dois, meus filhos.

Eles foram abraçados por todos.

— Sabe, minha filha, agora eu já posso partir, se *Dio* me chamar, porque sei que você será muito *felice.*

— Papai! — recriminou Nina, emocionada. Não estrague esse momento dizendo essas coisas.

— *Má per que no? Io sto véchio.*

— Nono, vamos comer logo. Estou com fome e quero comer o bolo. — pediu a pequena olhando para o bolo que estava na mesa ao lado.

Todos riem da situação, e o jantar transcorreu na plena paz. O casal de noivos estava feliz, e toda a família comemorava aquele noivado.

Norberto se aproximou de Hélio e falou:

— Estou feliz por você, Hélio. Tenho certeza de que será muito feliz. Guilhermina é um tesouro de pessoa.

— Mas e para quando será o casamento? — perguntou seu Gino.

— Papai, acabamos de ficar noivos! — exclamou Guilhermina.

— Seu Gino tem razão, querida. Que tal no mês de março? O que você acha?

— Está bem, meu querido, mas tenho que correr com meu enxoval.

— Minha querida, não se preocupe. Meus pais já me disseram que podemos ficar com o apartamento deles que está mobiliado com móveis novos.

— Que belo presente, minha irmã! — disse Nina, aplaudindo de felicidade a novidade que acabara de ouvir.

— Mas, o senhor não tem outro filho? — perguntou Dário.

As sobrancelhas do italiano se moveram para cima e, fazendo uma cara de descontente, lamentou:

— Sim, tenho. É meu filho Ricardo, mas ele não participa das confraternizações da família. Ele é revoltado com o mundo — queixou-se o italiano, deixando transparecer que aquele assunto o desagradava.

Diante do desconforto causado pela pergunta de Dário, rapidamente dona Bianca mudou o rumo da conversa que fluiu animadamente entre todos. Dário se aproximou de Hélio — e comentou:

— Meu irmão, você tem razão. Sua futura família é muito divertida. Sinto-me como se estivesse em casa. Estou feliz por você.

— Seu irmão Hélio é como se fosse um filho nosso — afirmou Gino.

— Meus pais estão ansiosos por revê-lo — lembrou Dário.

— Eu também estou com muitas saudades daquele Portuga.

Nesse momento, o telefone tocou. Dona Bianca foi atender.

— Pronto! Sim, é da casa de Gino. Quem deseja falar? — perguntou ela.

— É um amigo, senhora.

Dona Bianca, pelo sotaque, já desconfiava quem poderia ser.

— Gino, é *per te*.

— Para mim? Quem será? — disse o italiano, limpando a boca com o guardanapo.

— Pronto!

— É o senhor Gino?

— *Si sono Io. Que parla?*

— Gino, sou eu, o Portuga. *Oh Pá!* Alexandre José Silveira, o meu amigo de velhos tempos.

— Portuga, meu amigo, que prazer — emocionou-se.

— Hei, diga alguma coisa. Está passando bem? — perguntou Alexandre.

— *Si, Si sto bene. Grace Dio.*

— Gino, estou feliz em falar com você e mais ainda por receber meu filho no seio de sua família.

— Portuga danado, você quase me mata do coração — disse ele enxugando as lágrimas com o guardanapo.

— Estamos felizes por nossos filhos. Dê um beijo em minha nora por nós. Ela está muito bela na foto que Hélio nos mandou.

A conversa dos dois demorou ainda algum tempo. Depois foi a vez de Hélio conversar com o pai.

— Estou muito feliz com as surpresas, papai.

— Filho, nós também estamos felizes. Que Deus os abençoe! Que sejam felizes!

— Obrigado, meu pai. Dê um beijo em todos.

As emoções foram muitas naquela noite. Os corações estavam repletos de amor.

Enquanto todos se deliciavam com o bolo, Norberto e Nina conversavam.

— Que noite emocionante!

— Tem razão, meu querido. Veja como brilham os olhos dos noivos. E como é simpático o irmão do Hélio. Não acha?

— É verdade. Sua simpatia faz com que a gente nem perceba o problema que tem ao andar — completou Norberto.

Passadas algumas horas, Nina e Guilhermina passavam um café para os homens que estavam sentados na área tomando uma fresca.

— Gui! Qual é o problema que Dário teve?

— Ele teve paralisia infantil quando era criança. Ficou muito mal, quase morreu.

— Nossa! — assustou-se a irmã.

— Hélio disse que foi por um milagre que ele sobreviveu, mas ficou com essa sequela. Sua perna direita é menor que a outra.

— Mas é uma simpatia de pessoa. Ele se parece muito com Hélio. Não acham? — acrescentou dona Bianca se aproximando das filhas.

— Para mim, mama, é como se estivéssemos separados e só agora nos reencontrássemos — falou Guilhermina.

— Vai saber — brincou Nina.

— Minha comadre que é espírita comentou que nos encontramos muitas vezes.

— Já ouvi dizer isso também — concordou Guilhermina.

A noite caiu, a brisa soprou mansinho. Os homens permaneceram na área conversando. E o assunto era a guerra na Europa. O senhor Gino é contra a atitude de Mussolini de se unir a Hitler.

— Não gosto de guerra. Muitos jovens morrem sem saber por que estão lutando.

— A situação está cada vez mais difícil, seu Gino. Na Europa quase estão todos em guerra — lamentou Hélio.

— Pois eu não acreditava que isso chegasse a esse ponto. Os países vizinhos todos estão sendo envolvidos — preocupou-se Gino.

— A Alemanha atacou a Rússia — acrescentou Hélio.

— É verdade. Estou preocupado com o desenrolar das coisas. Alguns navios brasileiros foram atingidos. Isso não está me cheirando bem — afirmou Norberto.

— Mudando de assunto, meu sogro, quero perguntar ao meu irmão. Papai me falou que você está de volta para São Paulo? É verdade, Dário?

— Sim, Hélio, o senhor Paulino, velho amigo nosso, me convidou para trabalhar com ele em seu escritório de contabilidade.

— Que boa notícia! — alegrou-se Hélio.

— Ele ainda tem seu escritório próximo ao Edifício Martinelli?

— Sim, estive lá hoje, conversando com ele, por isso cheguei atrasado à sua festa.

— Então façamos um brinde com esse cafezinho saboroso — sugeriu seu Gino.

— Ótima ideia — completou Norberto.

Eles fazem um brinde à volta de Dário para São Paulo.

— Que você seja muito feliz aqui nesse seu retorno à Terra da Garoa — desejou Hélio.

Capítulo IV

A viagem dos sonhos

O Livro dos Espíritos

P: 447 — Sobre a Mediunidade de Dupla Vista.

R: *O espírito em liberdade, embora não esteja adormecido. "A dupla vista é a vista da alma."*

Estávamos em 1941. Dário, em sua mesa, escriturava alguns livros, quando teve uma visão muito clara. O senhor Paulino, sentado à sua frente, notou que o rapaz não estava normal. Algo estava acontecendo com ele. Paulino aproximou-se dele e viu que o jovem suava. Os olhos estavam estáticos olhando para um ponto fixo da sala. Paulino, conhecendo bem a mediunidade de Dário, concluiu que ele estava tendo alguma revelação. Resolveu então ficar em silêncio e fez uma prece mentalmente.

Depois de alguns minutos, Dário voltou ao normal e debruçou a cabeça sobre os livros. Aí começou a chorar.

— Dário, meu amigo, o que houve?

Ele nada disse. Apenas continuou a chorar baixinho.

Paulino insistiu, e só depois de alguns minutos, quando este lhe trouxe um copo com água, é que Dário começou a falar.

— Eu tive uma visão horrível, Paulino.

— Que visão, meu amigo, você está abatido. O que você viu?

— Meu irmão Zequinha estava se afogando, e eu não conseguia ajudá-lo.

— Ora, isso não há de ser nada.

— Não, Paulino, foi real demais. Eu tentava mergulhar, cheguei a sentir o gosto da água salgada na minha boca, pois eu estava quase me afogando também.

— Calma, Dário.

— Paulino, ajude-me a ajudá-lo — pediu Dário segurando as mãos do amigo e implorando ajuda — Tenho de ajudar. Não posso deixar que isso passe em branco.

— Vamos orar, meu irmão — sugeriu Paulino.

Dário foi até a sala de Paulino sem que os demais colegas de trabalho percebessem e logo que entraram fecharam a porta.

— Façamos uma prece, teremos ajuda. Confiemos no Cristo.

Ali na sala os dois se ajoelharam e olharam para um quadro na parede no qual aparecia a figura de Jesus todo iluminado vindo com os braços abertos na direção deles. Foi naquele momento que Paulino, ajudado por seu mentor, proferiu uma prece cheia de amor.

Dário saiu rapidamente fora do corpo e foi levado para uma reunião do lado espiritual.

Eles se encontraram em uma sala toda iluminada. Dário olhou para baixo e viu os corpos de Paulino e o seu ajoelhado diante do quadro de Jesus. Logo depois, apareceu um senhor vestindo uma toga branca, sandálias prateadas. Do coração dele uma luz muito forte era irradiada. Era Cláudio que se aproximava e os envolvia em muita luz.

— Sejam bem-vindos, meus irmãos. Que a Paz do Cristo esteja sobre todos nós!

Paulino permanecia em prece e com os olhos fechados. Dário, levantando-se, olhou para Cláudio e disse:

— Senhor, eu acabo de ter uma visão na qual o meu coração ficou despedaçado. Por Deus, Nosso Pai, eu lhe peço: Diga-me que não acontecerá.

— Filho querido, às vezes vemos coisas que não nos agradam. Mas em outras essas mesmas imagens são para nos alertar.

— Algo de muito grave irá acontecer com meu irmão e sua família — lastimou Dário.

— Meu filho! Tenha fé, ore por seu irmão, que ele será ajudado.

— Mas, senhor, eu lhe imploro: Deixe-me ajudá-lo.

— Filho, não podemos impedir que as folhas caiam no outono. Há necessidade que elas caiam para surgirem novos brotos e depois novas flores.

— O que devo fazer então? Por favor, me ajude! — implorou Dário em prantos.

Somente ore por todos eles, para que, quando chegar a hora, ele saiba enfrentar, com coragem, o que tem de passar.

— Meu Deus! De que adianta eu ter essa mediunidade se não posso ajudar meu irmão. Ajudo outras pessoas e não consigo amparar a minha família? Por quê?

— Tenha calma, filho! Não sabemos quais são os desígnios de Deus para as nossas vidas. A única certeza é que aqui viemos para aprender a amar e a resgatar os débitos do passado. Rumamos todos para o caminho que nos levará até Jesus. Veja aquele quadro para o qual estão orando.

Dário olhou para o quadro com a luminosa imagem do Cristo, que, agora do lado espiritual, parecia ter vida. Sentia uma brisa suave vindo dele. E Jesus carinhosamente o chamava.

Dário, cabisbaixo, começou a chorar. Seu coração parecia ser invadido por uma luz e um calor que vinham da estampa.

— Meu filho! Jesus não desampara a ninguém. Assim como o seu irmão, você também será ajudado para, na hora certa, prestar auxílio a ele. Enquanto isso ore por ele.

— Como é difícil. Sinto-me de mãos atadas, sem poder fazer nada para ajudá-los. — disse Dário olhando para Claudio com os olhos banhados em lágrimas.

— Meu querido Irmão. Não conseguirá impedir que o sol brilhe.

Ele brilhará, mesmo estando nós sob a mais violenta tempestade. Assim é a nossa vida. Quanto ao sofrimento pelo qual ele passará, sinto muito, meu querido Dário. Isso será importante para a sua evolução. Cada um tem um madeiro para carregar.

Dizendo isso, Cláudio colocou as mãos sobre a cabeça de Paulino e a de Dário.

— Vão, meus irmãos. Sigam em paz! Estaremos com vocês.

Calmamente, eles retornaram ao corpo. Paulino ainda ficou um tempo meditando até que, olhando para Dário, aconselhou:

— Dário, tenhamos fé. Deus nos ajudará.

— Eu não sei o que houve aqui, mas lembro muito bem. Pude encontrar-me com Cláudio! Não me recordo de tudo o que ele falou, mas o meu coração está tranquilo. Senti uma paz invadir todo o meu ser.

Após o relato de Dário, Paulino sorriu.

Eu sei o que aconteceu, meu querido amigo. Você só precisa agradecer a Deus pelo amparo que tem. Quanto à visão, esqueça. Ore por seu irmão. Vamos entregar para Jesus as nossas vidas.

— Vou, além de orar, tentar conversar com ele — disse Dário enxugando as lágrimas.

— Vai ver você leu alguma notícia e acabou se influenciando.

— Não! Foi muito verdadeiro. Meu irmão estava com a família, e todos morreram. Foram vítimas de um ataque nazista.

— Você acabou de ler a reportagem no jornal sobre os navios que estão sendo afundados. É isso! Como você aprendeu nos livros da Codificação, isso pode acontecer.

— Eu tenho que falar com ele.

— Seu irmão fará alguma viagem? — perguntou Paulino.

— Sim, daqui a alguns dias, ele parte para Recife de férias e levará os meus pais.

Paulino, ao ouvir aquelas palavras, sentiu um calafrio percorrer-lhe a espinha.

"Meu Deus! Tomara que isso não aconteça" — pensou ele.

— Mas vai acontecer, eu sei, foi muito claro. Tenho que fazer alguma coisa.

— O que você pretende fazer?

— Vou telefonar para eles quando chegar em casa.

Vendo a preocupação que se encontrava Dário, Paulino adiantou-se.

— Ligue agora para eles, daqui mesmo.

Dário pediu a ligação para a telefonista e ficou aliviado quando seu pai atendeu ao telefone. Mas como contar ao pai? Como pedir que eles não viajassem?

Ajudado pelo seu amigo espiritual, Dário conseguiu convencer seu pai.

— Está bem, meu filho, não estava querendo mesmo viajar. Seu irmão é que está insistindo. Sua mãe até já falou para ele que preferiria ficar cuidando da casa a gastar esse dinheiro. Mas você sabe como é seu irmão.

— Eu sei, papai. Mas converse com ele. Peça que adie a viagem.

— Está bem, vou tentar.

Naquele mesmo dia, Zequinha conversou com o pai por telefone.

— Ora, papai, não fique preocupado. Isso é mais uma das trapalhadas do meu irmão.

— Filho, não diga isso. Você não sabe o que está falando.

— Eu não me preocupo. Não vou adiar minha viagem só por uma besteira de Dário. Essa viagem é o sonho de minha filha. Ela não para de perguntar se faltam muitos dias para viajarmos.

— Eu e sua mãe não iremos, meu filho. Sua mãe já não queria mesmo viajar, resolvemos ficar e tomar conta de sua casa.

— Está bem, papai, como queira. Vou oferecer suas passagens para um casal de amigos.

— Pois bem, meu filho, faça isso.

— O senhor está preocupado à toa. Com certeza é mais um pesadelo.

Ao desligar o telefone, o pai de Zequinha foi até a janela e ficou olhando para o jardim. Aos poucos, ele sentiu um calafrio invadindo o corpo. Com um gesto típico, esfregou as mãos nos braços e disse:

— Meu Deus, a morte passou por aqui.

A viagem dos sonhos é o pensamento que vem na mente do pai que ficou impressionado com o relato da visão do filho Dário. "Sonhos ou pesadelos?", pensou ele.

Meu Deus, proteja meu filho e toda a sua família.

Capítulo V

Trabalhando pela paz

Evangelho Segundo Mateus — capítulo XVIII, V:20

Disse Jesus: *"Onde estiver dois ou mais reunidos em meu nome lá Eu estarei".*

Estávamos nos primeiros dias de dezembro de 1941. O planeta estava sendo envolvido por uma nuvem cinzenta que praticamente encobria todo o azul. No Plano Espiritual, as equipes de socorro trabalhavam sem cessar. Muitas colônias socorristas que ficam sobre o Brasil mandavam seus auxiliares até os campos europeus ajudarem vítimas da guerra.

Na Colônia Nova Alvorada, Ornela, Domênico, juntamente com vários outros irmãos, após receberem instruções de seus superiores quanto aos novos rumos que terão os nossos personagens — assistiam a uma transmissão direta da cidade sagrada de Machu Picchu.

Em uma grande tela, apareceu o cenário em que a Natureza foi esculpida pelos Dedos Divinos. Ali se encontram Diretores Espirituais das cidades e colônias de todas as Américas. Uma energia brotava das montanhas e dos templos sagrados. Neste instante, quem falava era o pastor Joseph William, da Colônia Nova América, situada sobre a América do Norte.

— Meus Irmãos em Cristo Jesus, neste instante em que nosso Planeta Azul está caindo em um abismo escuro, somente a Luz de Jesus é capaz de levar o esclarecimento aos seus dirigentes. Precisamos, meus irmãos, nos unir em prol da Paz no mundo. Por isso, estamos convocando todos os líderes religiosos para que possamos levantar a bandeira da Paz. Com seu brilho, ela será vista em todos os cantos.

É o Amor e a Fé que Jesus nos ensinou, que serão as nossas armas contra o mal.

Em poucas horas, o horror da guerra estará espalhado no solo americano.

Enquanto o pastor falava, eram exibidas as ações que o Plano Espiritual desenvolvia tentando ainda neutralizar as ideias dos líderes japoneses.

Foi mostrada uma base japonesa na qual centenas de militares ao lado de outras centenas de espíritos guerreiros e vingativos ouviam um grande líder dando as instruções para as próximas horas.

No salão de convenções, Ornela e o grupo de trabalhadores assistiam atentamente as cenas. As lágrimas rolavam pelas faces dos trabalhadores, vendo o sofrimento e a destruição que a guerra estava trazendo.

O grupo todo, enquanto assistia ao desenrolar das cenas, permaneceu em prece, formando um imenso arco-íris, saindo da Colônia e se dirigindo até a cidade sagrada dos Incas. Depois foi levado por outros grupos socorristas em naves até os campos de batalha.

Atentos aos mínimos detalhes, todos notaram que os líderes japoneses estavam sendo envolvidos pelos grandes líderes samurais. Vestidos com suas roupas características e tendo o ódio sendo a força que os unia. A sintonia com os soldados japoneses encarnados era total.

Uma vibração cinza, quase preta, era emitida daquele local. As vibrações de amor endereçadas pelos trabalhadores de Jesus ali próximos se perdiam no espaço.

Os soldados japoneses vibravam com as palavras de seus líderes. Muitos jovens darão suas vidas com a finalidade de destruir o inimigo. Neste caso, os soldados americanos. Estava sendo traçado ali, naquele momento, o ataque à Base Militar Americana de Pearl Harbour.

Mas nem tudo era cinzento. Acima deles havia uma grande equipe de trabalhadores de Jesus, representantes do Budismo e de outras seitas orientais, formavam um elo luminoso que, aos poucos, ia aumentando e tentava diminuir o elo cinzento que se formou ao redor daquele local.

Era a eterna luta entre o bem e o mal. Os emissários de Jesus chegavam em grandes quantidades, caravanas de luzes de variadas cores se aglomeram para receber as instruções.

O planeta era cortado por feixes luminosos ligando todos os continentes. Todas as religiões e famílias oravam pelo fim da guerra. Via-se, na terra de Francisco de Assis, que vários Espíritos de Luz também se reuniam, muitos vinham receber instruções, para, quando retornassem ao corpo físico, as colocassem em prática.

Uma conferência ocorria naquele instante. Países e várias colônias espirituais estavam interligados, formando um imenso elo luminoso que contornava todo o planeta azul.

Enquanto isso, na Cidade Sagrada, ao terminar a palestra com uma prece dirigida ao Supremo Criador, o Pastor Joseph William solicitou emocionado:

— Meus Irmãos americanos, Irmãos em Jesus, nossa batalha está ficando maior. No momento pelo qual nossos Irmãos estão passando na Terra, temos de nos unir mais ainda em nome do Amor Divino e lutar para que esses Irmãos nossos de outras vidas sejam ajudados.

Esta página ficará para sempre marcada em nossas memórias, porém mais ainda por aqueles que estão passando pela provação.

Somente o Amor é que poderá diluir o ódio que está nascendo no coração deles.

— Por isso, eu, humildemente, me ajoelho diante da Cruz e peço ao Criador: dá-nos a oportunidade de trabalhar em nome de Jesus, mas socorre-nos, para que não percamos a coragem e a fé no caminho.

Neste momento se viu no ambiente um coro de anjos entoarem cânticos celestes e muitos deles em forma de estrelas descendo até o auditório. Líderes das Colônias ajoelharam diante da imensa Cruz de Prata.

A emoção foi muito grande, nas concentrações, em todos os pontos que estavam interligados. Os trabalhadores da Nova Alvorada, igualmente ajoelhados diante da tela e emocionados, ergueram as mãos para céu para poder receber também as energias que vinham do alto ali em forma de flores de todas as cores.

Antes de terminar a reunião, o frei Antônio Maria e outros Irmãos subiram até o palco onde, neste instante, as imagens da reunião desapareciam. Aos poucos, surgiu a imagem de uma pomba branca que emitiu muita luz voando na direção de todos.

À medida que se aproximava, o seu brilho diminuía até que ela pousou sobre o palco. Uma luz prateada se tornou visível e se transformou na figura de Francisco de Assis.

Os dirigentes da Colônia Nova Alvorada se ajoelharam a seus pés. Ele calmamente se dirigiu até cada um e abençoou a todos. Ao se aproximar do frei Antônio Maria ele se inclinou e beijou-lhe em um gesto de amor. Imediatamente, o frei, em um gesto de humildade e de amor fraterno, retribuiu beijando-lhe os pés. Após esse ato, o frei, levantando a cabeça coberta com seu capuz, olhou para o Santo ali em sua frente.

Neste momento ele voltou no tempo. Retornou aos arredores da cidade de Assis, quando foi tocado pelas mãos do jovem Francisco.

— Levanta-te, Antonino, estás preparado para ser um trabalhador do Cristo. Venha, meu Irmão, caminharei ao teu lado. Venhas que Nosso Mestre Jesus te espera!

Emocionado, o jovem Antonino, depois de deixar para trás todos os bens materiais, levantou-se e caminhou com o grupo de seguidores de Francisco de Assis.

Vendo a emoção que as imagens do passado traziam ao frei Antônio Maria e as lágrimas que rolavam de sua face que transparecia a mais pura humildade, Francisco de Assis tirou-lhe o capuchinho da cabeça e beijou novamente os cabelos grisalhos do frei.

Diante da emoção gerada pela cena sublime em que o discípulo reencontrou seu mestre, os trabalhadores da Colônia agradeceram a Deus por ali estarem.

Os outros Diretores da Colônia permaneceram sentados ao redor de Francisco de Assis, enquanto ele iniciou sua oratória.

— Meus Irmãos! Que a Paz do Cristo esteja com todos nós!

Neste momento, os líderes do mal na Terra estão planejando os ataques e os genocídios de milhares de Irmãos nossos que estão em passagem pelo planeta.

Nós aqui nos encontramos reunidos, em nome do Cristo, para levar o bálsamo aos que, inocentemente, tombam nos campos de batalha.

Nosso trabalho será árduo e sofrido. Por muitas vezes nossas forças parecerão se acabar, diante de tanto sofrimento e injustiça. Mas lembremo-nos de que estamos a serviço do nosso Criador.

Somos os soldados do Cristo. Não levamos em nossas mãos fuzis, baionetas ou granadas. Levamos em nossas mãos a bandeira da paz; em nossos corações, o amor e, em nosso caminho, a Luz Divina, sempre nos orientando.

Lembremos que nosso general não usa a autoridade e sim a mansuetude, não usa o ódio e sim o amor. O Cristo vai à frente do nosso batalhão.

Muitos Irmãos nossos irão para a frente de batalha como socorristas, outros como enfermeiros que atuarão nas centenas de hospitais que estão sendo montados próximos aos campos de batalha.

A cada dia, a Europa, vista do alto, se torna um continente onde a destruição avança como se fosse um forte vento derrubando tudo o que encontra pela frente. Devastando os sonhos de milhares de irmãos. Explodindo corações de muitas famílias que veem rapidamente seus entes desaparecerem numa nuvem de ódio.

Sob escombros permanecem os Irmãos ainda presos. Nesse cenário de ódio, desolação e dor levemos o Amor. Tenhamos sempre em nossos corações a Boa Vontade, a Fé e o Amor para ajudar aqueles que esperam por nossa ajuda. Somos os servos do Senhor e nosso campo de trabalho hoje é o campo de batalha onde milhares de Irmãos tombam, lutando muitas vezes sem saber o porquê.

Lembremos que, no Evangelho de Nosso Senhor Jesus Cristo, um dos maiores exemplos vem na figura de Paulo Apóstolo, que, de perseguidor dos Cristãos, foi perseguido porque levava a palavra do Cristo aos necessitados. Quis ele primeiro mostrar a verdade aos seus compatriotas. O sofrimento e decepção não foram para ele desencorajadores. Tenhamos fé.

Como o Cristo, eu vos digo: Eu vos deixo a Paz!

Neste momento, um coro se formou e todos cantaram a Prece que Francisco fez a Jesus. E o jovem Francisco se transformou novamente em luz em formato de uma pomba branca alçando voo até as Alturas. Deixando para trás um raio de luz que se desfez depois de muito tempo. Ao seu lado, uma constelação de Espíritos deixou o céu azul repleto de estrelas.

Em seguida, vários líderes religiosos tomaram a palavra, abençoando todos os trabalhadores que estavam por partir para a nova missão. Na Colônia Nova Alvorada, assim como nas Colônias Francisco de Assis, Novo Amanhecer e Filhos de Maria, existem representantes de todas as seitas religiosas. São trocadas experiências entre eles, já que o representante maior de todas é o Cristo, e a finalidade é ajudar os Irmãos a receberem a luz do esclarecimento.

Um grupo de seis capelães fardados, servidores do Cristo que também servem a Pátria, se aproximou do frei Antônio Maria. Ele os saudou:

— Bem-vindos, meus Irmãos!

Um a um, todos foram até o frei e beijaram-lhe as mãos. E quando o último se aproximou, tirando sua cobertura verde-oliva, ele se ajoelhou e, olhando nos olhos do frei, lhe disse:

— Antonino, me ajude!

E ele, efusivamente, o cumprimentou.

— Frei Orlando! Que a Paz do Cristo esteja em seu coração!

— Tenho noção da minha missão, Antonino. Sei que ali lutarei levantando a bandeira de Cristo Jesus. Sei também que ali derramarei o meu sangue pela paz.

Frei Orlando, capelão do Exército Brasileiro, estava com os olhos banhados em lágrimas e suas palavras quase não eram ouvidas, pois sua voz estava embargada.

— Meu Irmão! Há poucos instantes, Francisco de Assis nos lembrou de que somos soldados do Amor, e vocês, antes de serem soldados da Pátria, são soldados de Jesus. Estarão amparados, assim como todos os Espíritos que se encontram reencarnados na Itália, na Alemanha e em outros países, com a missão de levar um lenitivo aos soldados e às famílias dizimadas pela guerra.

Frei Orlando ouvia a tudo com muita atenção. Entre eles dois se formou um elo muito luminoso.

— Levem aos soldados brasileiros e ao povo italiano que, neste momento suplicam aos céus, a palavra do Cristo — disse frei Antônio Maria, levantando o frei Orlando que permanecia ajoelhado. Dê um abraço, meu Irmão!

Naquele momento, a luz se fez maior. Frei Orlando beijou carinhosamente frei Antônio Maria e segredou ao seu ouvido.

— Abençoe a minha caminhada!

Frei Antônio Maria retribuiu o beijo no rosto daquele jovem capelão brasileiro.

— Vá, meu Irmão! Siga o seu caminho. Estaremos ao seu lado.

Em seguida, o frei dirigiu algumas palavras ao grupo do frei Orlando e se despediu dos outros grupos de enfermeiros, médicos, que estarão nas frentes de batalhas.

Depois de algumas horas, Ornela e Domênico retornaram ao lado de seus tutelados. Na casa de seu Gino, encontramos o seu filho Ricardo que estava sentado em uma cadeira de balanço na área em frente à casa. Ele, calmamente, tragou um cigarro, soprando a fumaça que foi sugada pelo seu companheiro espiritual.

Ornela aproximou-se de Gregório, protetor de Ricardo, e o saudou.

— Que a paz esteja contigo, meu Irmão.

— Obrigado, Ornela, estou mesmo precisando, pois Ricardo anda muito rebelde, dando ouvidos somente aos Espíritos que o acompanham — apontou para duas entidades que, rindo, começaram a dançar na frente dos dois.

— Ele não tem dado ouvidos aos seus conselhos?

— Não, Ornela. Ele está em simbiose com essas duas criaturas.

Ornela ficou observando a figura de Ricardo. Aproximando-se dele percebeu que em seu cérebro existiam vários pontos negros.

— Meu Deus! Pobre Ricardo, o que será dele?

Neste momento, Ornela foi atraída pelas palavras de Ricardo:

— Ora, ora quem acaba de chegar. O jovem soldado brasileiro! — ironizou, referindo-se a Hélio que se aproximou acompanhado de Guilhermina.

Hélio permaneceu calado. Teve vontade de responder, mas Guilhermina logo perguntou:

— O que é isso, meu irmão? Por que diz essas coisas para o meu noivo?

— Aí vem a protetora! Cheia de razão.

— Não é de hoje que escuto essas brincadeiras de mau gosto, Ricardo. O que lhe fiz?

— Nada, absolutamente nada, simplesmente não gosto desta farda que você usa.

— O que tem de errado com minha farda?

— Não gosto e pronto.

— Ora, que tolice, Ricardo! Onde estão os bons modos que nossos pais lhe ensinaram?

Ele gargalhou, unido às entidades que o acompanhavam.

Guilhermina, pegando Hélio pela mão, o levou para o interior da casa.

— Venha, meu querido!

— Não! Eu preciso falar com seu irmão! — irritou-se Hélio.

— Está nervoso? Vai me bater, jovem soldado?

— Não, não vou bater, Ricardo, mas você vai ouvir o que está atravessado em minha garganta há vários dias. Você que, no começo, me tratava bem, chegamos a sair juntos, quantas vezes fomos aos jogos de futebol! O que aconteceu, por que me trata assim? Acaso não quer o casamento com sua irmã?

— Ela pode se casar com qualquer paspalho, que pouco me interessa.

Ao ouvir essas palavras, Hélio, que nunca tinha se mostrado violento, partiu para cima de Ricardo, pegando-o pelos colarinhos e levantando-o da cadeira que estava sentado.

— Eu vou lhe dizer uma coisa. Não repita mais isso, ou sentirá o peso dessa mão — ameaçou, fechando os punhos e cerrando os dentes de raiva.

Domênico agiu rapidamente sobre o seu tutelado e o convenceu a soltá-lo.

— Hélio, solte-o. Não se deixe envolver pelo ódio dele.

— Está vendo o trabalho que Ricardo está me dando? — lamentou Gregório aos amigos. É assim ultimamente.

— Tire essas mãos de mim! — gritou Ricardo.

— Hélio, por favor, deixe-o, não vê que está bêbado — suplicou Guilhermina, puxando Hélio para dentro de casa.

— Saiba de uma coisa, Soldadinho, eu quero logo que você vá para a guerra, pois eu lá estarei também, só que do lado contrário, e terei o prazer de lutar com você.

Hélio, muito nervoso com o que acabara de acontecer, sentou-se no sofá e, colocando as mãos na cabeça, disse:

— Minha querida, o que está acontecendo com seu irmão?

— Não sei, meu querido.

— Há vários dias ele vem me enfrentando com palavras chulas. Insulta-me. Ainda ontem, quando eu cheguei aqui e você estava no banho, fiquei esperando aqui na sala. Ele se aproximou de mim e parou na minha frente. Estendi a mão para cumprimentá-lo, mas fez questão de me saudar com o gesto dos soldados fascistas.

— Acalme-se, meu querido. Vou lhe trazer um pouco de água — disse Guilhermina.

— Temos de estar vigilantes, meus Irmãos, ou Ricardo, envolvido por esses espíritos, pode acabar com a felicidade do jovem casal — orientou Domênico.

Capítulo VI

O dia inesquecível

O Livro dos Espíritos

P: 695 — O casamento, ou seja, a união permanente de dois seres é contrário à lei natural?

R: É um progresso na marcha da Humanidade.

Guilhermina, completamente perdida em suas memórias, imaginava-se neste instante ao lado de seu pai, entrando na Igreja Nossa Senhora da Aquerupita. Estávamos no mês de junho de 1942 e aquele era o dia mais feliz de sua vida. Ela estava linda; seu vestido tinha uma longa cauda.

— Papai, estou pronta. Podemos entrar.
— *Mia bambina, come estai bela!* — emocionou-se Gino, abraçando a filha.
— Papai, não posso chorar — disse ela enxugando o canto dos olhos com o lenço que o pai lhe emprestou.
— *Está bene, filha,* mas choro de emoção... por você.
— Obrigado, papai!

Margarida, sua sobrinha, estava linda com um vestido igual ao da tia e uma cestinha vermelha nas mãos. Ela irá levar as alianças.

Guilhermina, emocionada, cheirou as flores de laranjeiras que sua tia colocara juntamente com rosas brancas e exclamou:

— Papai, é o dia mais feliz da minha vida!

As portas abriram-se, e a marcha nupcial começou a ser tocada. As pessoas levantaram-se para ver a noiva passar. A pequena Margarida jogava pétalas de flores no tapete vermelho para que a tia pudesse passar.

Todos estavam felizes. A família de Hélio estava presente. Muitos amigos do quartel vieram prestigiá-los. Da família de Guilhermina somente Ricardo não apareceu no casamento. Ele alegou não gostavar de igreja. Preferiu ficar em casa cuidando da festa.

O que ninguém esperava era o constrangimento pelo qual ele Ricardo faria todos os convidados passarem, principalmente os familiares dos noivos. Somente dona Anne ficaria feliz.

O padre Guido, já com certa idade e muito amigo da família, veio para fazer o casamento. Ele foi quem fez o batizado dos filhos de Bianca e Gino, além do casamento no navio que vinha para o Brasil.

Emocionado e inspirado pelos amigos do Plano Espiritual que estavam ali festejando aquele momento em que duas almas se uniam novamente para viver um grande amor, o sacerdote assim se pronunciou:

— Meus filhos, o Amor é uma coisa mágica que Deus colocou em nossos corações. O Amor é capaz de terminar com a dor, com a tristeza, com o ódio. Basta que se fale e faça o que manda o coração. E, quando sentimos o amor verdadeiro, tudo em nossa vida fica maravilhoso. O Amor é o sol maior que Jesus colocou em nossos corações e brilha quanto mais a gente ama o semelhante.

Padre Guido encerrou a cerimônia dizendo:

— Eu estou muito feliz em realizar este casamento. Assim como fiz anos atrás o de Gino e Bianca que são felizes até hoje. E continuarão por toda a vida.

Quando os dois trocaram alianças podia-se ver o brilho no olhar de ambos. Um elo luminoso foi feito neste momento pelos amigos espirituais, saudando os dois jovens.

Pode beijar a noiva. Agora ela já é sua esposa — falou o sacerdote.

Hélio levantou o véu que cobria o rosto de Guilhermina e a beijou carinhosamente. O coral começou a cantar a Ave, Maria, e o padre Guido, como era muito brincalhão, escondeu o rosto com os dedos da mão abertos, e os olhos também bem abertos. Todos riram e aplaudiram. A vibração era muito grande neste momento e sobre os noivos uma chuva de pétalas de rosas caía do alto. Um perfume envolvia o ambiente. Dos corações dos pais e dos amigos também sentimentos de amor e felicidades partiam em direção ao altar.

Os dois saíram pelo corredor da igreja que estava lotada. Na saída a tradicional chuva de arroz. Ali eles receberam os cumprimentos de todos. Gino, aproximando-se do seu amigo Alexandre, pai de Hélio, perguntou:

— Portuga, meu querido, quem poderia sonhar que nossos filhos fossem se casar e assim proporcionar o nosso reencontro?

— Pois é verdade. Estava a conversar com Luzia agorinha mesmo sobre isto, *o pá*.

— Este momento para nós é muito especial — comentou dona Luzia.

— Para todos nós, dona Luzia — concordou dona Bianca, enlaçando o esposo.

— Seu filho é um filho para nós. O filho mais velho.

— Fico muito contente com isso — falou Alexandre.

Todos, felizes, dirigiram-se para a residência dos pais da noiva. Quando eles chegaram tudo parecia normal. Os convidados acomodaram-se, seu Gino colocou na vitrola seus discos de canções italianas e, para homenagear o amigo portuga, emprestou uns discos de cantores portugueses.

Entre vinhos, salgadinhos e muita alegria, os noivos, muito sorridentes, esbanjavam simpatias e recebiam de todos os abraços. Dona Bianca, percebendo a presença de seu filho Ricardo, reparou que ele estava agindo muito estranhamente. E comentou com o marido, puxando-o pelo braço até um canto da sala.

— Gino, Ricardo está estranho.

— *Que nada, amore mio!* Ele está alegre.

— Não, está com cara de que irá aprontar alguma.

— Ele bebeu um pouco a mais. É só isso, querida.

Dona Bianca deixou a preocupação de lado e foi conversar com os convidados. Muitos amigos do quartel vieram para felicitar os noivos.

A certa altura da festa, Ricardo, com uma taça de vinho nas mãos, subiu numa cadeira e pediu licença a todos. Como não foi ouvido, assobiou.

Todos ficaram calados. Seu Gino desligou a vitrola e foi ao encontro do filho.

— Filho, o que sucede? É a festa da tua irmã? *Capiche?*

— Não vou fazer nada, papai. Quero fazer um brinde aos noivos. — disse ele levantando a taça.

Todos acompanharam e aplaudiram a atitude do jovem.

— Mas não é só isso. Eu quero presenteá-los — ironizou ele, descendo da cadeira e pegando embaixo da mesa um embrulho.

— Este presente é para a minha querida irmãzinha e para o seu esposo. Sei que vão adorar. Abra, minha irmã, você vai gostar.

Ela hesita em abrir, imaginando o pior. Hélio pegou o embrulho e aos poucos foi desembrulhando. Quando viu do que se tratava, ficou vermelho de raiva.

— O que significa isso? Que brincadeira mais idiota! — irritou-se o noivo, quebrando o quadro na cadeira que estava à sua frente.

Ricardo pegou o quadro e levantou para que todos pudessem ver.

Todos ficaram atônitos. Era uma foto de Mussolini e de Hitler.

O silêncio se fez. Os amigos de Hélio tentaram fazer algo, mas seu Gino pediu.

— *Non, per favore!* Não vamos estragar a festa com essa besteira.

— Este é meu presente, soldadinho de m.!— Hai, Hitler! — gritou ele, bem alto. Dona Anne foi a única que aplaudiu a atitude do rapaz.

O casal de alemães ficou sem saber o que fazer diante a atitude de dona Anne. Guilhermina começou a chorar diante da brincadeira de mau gosto do irmão. Gino pegou-o pelo braço, levou-o para fora e ordenou:

— Não me apareça mais aqui hoje, *seu desgraciato!*

— Espere, Gino! — implorou dona Bianca.

— Não, Bianca! Este rapaz precisa de uma boa sova, só não vai apanhar agora porque não quero acabar com a festa — gritou Gino.

Nina foi ao encontro do pai e pediu:

— Papá, venha! Deixe-o lá fora. Vamos continuar a festa.

— Nina, *filha mia, per que? Estragare* a festa de tua irmã.

— Calma, seu Gino, ele já saiu — disse Norberto, seu genro, fechando a porta da sala.

Lá fora, Ricardo gritava palavrões que todos ouviam. Norberto ligou a vitrola, e a música invadiu o ambiente.

Todos ficaram nervosos com o acontecimento, mas, aos poucos, a alegria retornou. Ricardo, completamente bêbado, esperava sentado na esquina.

As horas passaram, e os convidados começaram a deixar a casa de seu Gino. Hélio acompanhou seus amigos até o portão e se despediu. Hélio entrou na casa para pegar as malas, pois iriam para um hotel. Logo pela manhã do dia seguinte seguiriam até a rodoviária com destino a Caxambu, no Estado de Minas Gerais.

Os amigos caminhavam comentando o fato desagradável causado pelo jovem Ricardo. Quando eles estão passaram por um terreno baldio, ouviram uma pessoa os insultar:

— Hei, vocês, soldadinhos de chumbo. Alto aí!

A princípio eles não ligaram, mas depois a pessoa falou mais alto e claro.

— Hei, seus m... de verde, é com vocês que estou falando.

Como estava escuro, pois havia pouca iluminação naquele pedaço de rua, eles não conseguiram ver quem era, mas voltaram para tirar satisfação.

Tão logo eles se aproximaram do rapaz que estava fumando encostado no muro, ouviram novo insulto.

— Seus imbecis, soldados de m... — disse ele soltando um palavrão.

— Ora, quem é você a falar isso de nós? — perguntou Fabrício.

— Não importa quem sou. Odeio vocês.

— É o imbecil do cunhado do Hélio — apontou Gouveia.

— Imbecis são vocês — xingou Ricardo puxando uma faca e indo na direção do grupo de soldados.

Como estava bêbado e havia pouca luminosidade no local, quando ele avançou na direção dos seis soldados, o grupo se abriu e Ricardo acabou passando pelo meio deles e caiu de cara no chão.

Isso provocou uma gargalhada geral.

— Olha aí o valentão. Não se aguenta em pé — comentou outro soldado.

Com dificuldade, ele se levantou, mas acabou por perder a faca. Quando a encontrou, tentou agredir o primeiro deles que estava à sua frente, mas outro soldado chutou sua mão fazendo a faca cair longe.

— Por que não vem lutar como homem, seu fascista? — provocou Sérgio.

Os dois começaram a lutar, só que Ricardo atacava a todos um por vez, ou melhor, tentava atacar. Ele mais apanhava do que batia. Até que, em uma de suas quedas, acabou caindo e batendo com a cabeça em uma pedra.

— Levante, valentão! — insultou Sérgio, chutando-lhe as pernas.

— Ah! Deixe esse bêbado pra lá, deixe que durma, amanhã estará com uma bela ressaca — apartou Gouveia.

Eles continuaram a caminhada, voltando para suas casas, deixando Ricardo ali naquele terreno abandonado. Horas depois, o infeliz acordou e, sem destino, saiu perambulando pelas ruas. A família ficou desesperada esperarando pelo seu retorno até que seu Gino disse para a esposa que cochilava no sofá da sala:

— Minha querida Bianca, vamos dormir na cama. Ricardo, com certeza, está em companhia de amigos bebendo e não tem hora para voltar para casa.

Cansada, ela aceitou o conselho do marido que a levou para o aposento do casal.

O dia amanheceu, a tarde logo veio e a noite chegou. Duas semanas passaram, e nada do retorno do filho. Seu Gino, desesperado, foi até as delegacias dos bairros próximos, aos hospitais e nada.

Os meses corriam e Guilhermina estava feliz com o casamento. Hélio era um excelente esposo. Dona Bianca e seu Gino se lembravam do dia em que ganharam um filho, Hélio, que entrara para a família e perderam Ricardo que estava desaparecido, perdido por esse mundo ou talvez morto.

Capítulo VII

Agosto de 1942

O Livro dos Espíritos
P: 373 — Qual pode ser o mérito da existência para seres que, como os idiotas e os cretinos, estando impossibilitados de praticar o bem e o mal, não podem progredir?

R: "É uma expiação imposta pelo abuso que uma pessoa fez de certas faculdades. É um período de suspensão".

Dário tem trabalhado muito, tanto no escritório como no Centro Espírita. Ele e Paulino coordenam a maioria das atividades com os necessitados, encarnados e desencarnados.

A quantidade de trabalhadores encarnados não é muita, por isso há trabalho de sobra para todos. As senhoras confeccionam enxovais para as gestantes. Os homens fazem sopa uma vez por semana, que é distribuída pelas ruas da cidade.

Certa tarde, na hora da distribuição da sopa, começou a chover forte justamente quando estavam descarregando os caldeirões para alimentar um grupo de desabrigados que dormia em uma casa abandonada.

Dário sentia-se feliz em realizar esse trabalho. Depois de um dia cansativo no trabalho, ele ainda reunia forças para ajudar no preparo da sopa. Os legumes eram doados pelos feirantes. Os pontos de distribuição da sopa já eram conhecidos pelos necessitados.

Depois de distribuírem a sopa, eles voltavam no caminhãozinho de Paulino. Na cabine estão Paulino, Dário e Marcos; na carroceria Juvenal e Mariano que estão se protegendo com um encerado. Apesar dos empecilhos que às vezes encontram, realizam o trabalho com alegria e muito Amor.

Durante o trajeto, eles conversaram:

— Poxa! Essa chuva tinha de desabar justamente na hora que a gente estava retirando os caldeirões? — lamentou Marcos.

— Marcos, não reclame. Deus sabe o que faz. Estávamos precisando de chuva — argumentou Paulino.

— Esqueci. Paulino, você tem sempre uma justificativa — brincou Marcos.

— Sabe de uma coisa, eu fico intrigado com aquele rapaz, que não conversa com ninguém, sempre falando sozinho. Seu semblante me parece familiar.

— Lógico que é! — falou Marcos. Quanto tempo faz que ele toma sopa ali naquele local? Faz tempo.

— Talvez você tenha razão, Marcos — completou Dário.

— Você chegou a ver o pacote de jornais que ele traz escondido no seu paletó? — perguntou Paulino.

— Não, eu não tive oportunidade. Ele mal chega perto de mim — respondeu Dário.

— São jornais sobre a guerra na Europa. Ele coleciona fotos de Mussolini e de Hitler.

— Nossa, que absurdo! — exclamou Marcos. Tanta coisa bela para colecionar.

— Você viu esses jornais, Paulino?

— Não, eu não cheguei a ver, foi outro andarilho que me falou, o Zé das latas.

Dário é deixado em casa. E à noite não conseguiu dormir, teve muita febre. Com a chuva forte que tomou, acabou pegando uma forte gripe. No outro dia, não foi trabalhar, por isso Paulino foi vê-lo.

— Nossa! Você precisa de cuidados. Vou chamar o doutor Gouveia, ele é meu amigo, virá vê-lo.

— Não precisa! Logo ficarei bem.

Depois de ser medicado pelo doutor Gouveia, Paulino queria levá-lo para sua casa, já que estava muito debilitado. Como Dário não concordou, ele o convenceu a telefonar para seus pais no Rio de Janeiro a fim de que viessem lhe fazer companhia.

Dário não insistiu, e poucas horas depois o casal de idosos ali estava para cuidar do filho.

— Papai, que bom que o senhor está aqui — disse ele.

— Filho, se eu não viesse hoje, sua mãe me largaria e viria até a pé, ou melhor, viria de avião, coisa que ela morre de medo.

— Viria mesmo, meu filho. Além do mais, estava com muitas saudades dos meus queridos filhinhos — afirmou sua mãe, dona Luzia.

— E como está a gravidez de Guilhermina?

— Ela está bem, mamãe. Ainda ontem Hélio me telefonou dizendo que não vê a hora da chegada do primeiro filho. Está parecendo um bobão.

— Eu imagino como está se sentindo Hélio neste momento — comentou seu Alexandre rindo. Eu, quando sua mãe estava esperando você, fiquei parecendo um bobo. Quando veio Hélio, foi a mesma coisa, e, por último, quando Zequinha chegou, foi pior, virei um bobo da corte.

— E como estão Zequinha e a família? — perguntou Dário.

— Estão bem. Viajam depois de amanhã.

Ao ouvir aquelas palavras de sua mãe, Dário recordou a visão que teve e sentiu um calafrio. Os seus pais pensaram que ele estava sentindo frio.

— Quer mais um cobertor, filho? — perguntou seu Alexandre.

— Não, papai. Esse já está bom.

Dário recebeu todo o tratamento e o carinho dos pais. A sua mãe preparou um xarope caseiro e, aos poucos, ele começou a se recuperar, mas ainda não pôde voltar ao trabalho. Três dias se passam.

Os pais de Dário foram visitar o filho Hélio em seu apartamento. Lá chegando, encontraram os amigos Guido e Bianca. Eles fizeram uma festa quando se viram.

— Portuga! — gritou seu Gino, abrindo os braços e um largo sorriso.

— Seu carcamano! Que prazer em vê-lo! — exclamou Alexandre, retribuindo o abraço apertado.

Depois de se cumprimentarem, os dois foram conversar. Enquanto as mulheres estão vendo o enxoval que Guilhermina confeccionou para o bebê.

— Mas me diga quando chegaste?

— Anteontem — respondeu Alexandre.

— Mas só agora me aparece aqui?

— Desculpe, mas estávamos cuidando de nosso outro filho. Dário não está muito bem de saúde.

— Fiquei sabendo, Hélio me falou. Mas ele já está bom, não é *véro*?

— Sim, mas ainda requer cuidados. Oh pá!

O casal aceitou o convite para jantar ali. Antes, porém, eles telefonaram para a casa de Dário, para saber como ele estava.

— Papai, estou bem. Paulino está aqui. Ele irá jantar comigo. Fiquem à vontade, recomendações a todos.

Assim eles ficam mais tranquilos.

— E seu filho Zequinha, como está? — perguntou seu Gino.

— Está bem. Viajou para Pernambuco, com a esposa e a filha, e mais um casal de amigos.

— Viajar é bom — disse dona Bianca.

— Eu não gosto muito de viajar, mas, quando é preciso, prefiro viajar de jardineira, ou de carro. Avião nem pensar. Navio então Deus me livre! Tenho medo.

— Eu também. Nos dias de hoje, Luzia, com tantos navios sendo atacados pelos alemães, prefiro nem sair de casa — comentou dona Bianca.

Dona Bianca notou que Luzia ficou pálida. Aconteceu alguma coisa, Luzia?

— Você está se sentindo mal, minha querida? — perguntou seu Alexandre preocupado.

— Foi apenas um mal-estar. Mas já passou.

— Deve ser a pressão — opinou dona Bianca.

— Tome um cálice de vinho, dona Luzia, e logo ficará boa.

A confraternização ali na casa de Hélio continuou. Ele estava tão feliz que era só sorriso acariciando toda hora a barriga da esposa.

Enquanto isso, há milhas da cidade de São Paulo no litoral baiano, no navio Baependy, Zequinha e a família estavam se divertindo. Sua filha, encantada, corria por entre as pessoas. No salão, a orquestra estava tocando, e seus pais dançavam, assim como o casal de amigos. Eles concretizavam um sonho antigo. Até Salvador, a viagem tinha sido tranquila, com o mar calmo e um dia bonito.

Agora no litoral sergipano, ao entardecer, a viagem tornou-se desconfortável para algumas pessoas. O mar começava a ficar agitado, com muitas marolas. Isso causou náuseas em algumas pessoas, que não estavam acostumadas ao balanço do navio. A menina Valéria, muito cansada, pediu que a mãe a levasse para a cabine, pois estava com muito sono.

— Está bem, minha filha, eu a levarei — disse Ana Lúcia, convidando a amiga para vir junto. Laura, por que você não vem comigo? Assim retocamos a maquiagem.

— Está bem, eu irei, mas vocês dois, juízo, viu, meninos?

— Minha querida, eu só tenho olhos para você — falou Adriano.

— Você também, Zequinha. Estou de olho no senhor — brincou Ana Lúcia.

As duas desceram as escadas com destino ao piso onde se encontrava as cabines. Deixam para trás a música e a alegria.

— Sabe de uma coisa, Ana Lúcia? Estamos comemorando nossa segunda lua de mel.

— Que romântico, Laura! Peça um champanhe para comemorarem à noite.

Elas continuaram a caminhar. O movimento pelos corredores no navio era grande. Quando chegaram à cabine, Ana Lúcia entrou com sua filha, Valéria, e Laura foi até à sua que fica próxima dali.

— Vou retocar minha maquiagem e já volto — disse ela.

— Ótimo. Enquanto isso, eu coloco minha princesa para dormir.

Enquanto isso, os dois amigos saíram do salão e foram observar o mar da popa do navio. Algumas pessoas conversavam perto da proa. Havia um grupo de soldados tocando pandeiro e cantando.

— Para variar tem que ser um sambinha — brincou Adriano dando uns passos de samba na frente do amigo que estava com um cigarro aceso entre os dedos.

— Estou muito feliz. Estou começando bem minhas férias, você não acha? — perguntou Zequinha.

— Concordo com você, meu amigo.

— Eu também estou muito feliz, de você nos ter convidado para essa viagem. A princípio, fiquei meio receoso, com esses ataques, mas como estamos comemorando dois anos de casados, Laura me convenceu.

— Não se preocupe, nossa Marinha está patrulhando a costa brasileira — tranquilizou-o Zequinha.

— Acha que o Brasil entrará na guerra, Zequinha?

— Acho que sim, já que estamos dando todo o suporte aos norte-americanos. Não vai demorar muito.

— Alguém está fazendo aniversário, a banda está tocando parabéns — falou Adriano mudando de assunto, já que não gostava de falar sobre a guerra.

— As garotas estão demorando, que horas serão agora? — perguntou Zequinha.

— São 18h25. Até parece que você não conhece as mulheres, meu amigo. Quer que eu vá até elas?

— Não! Deixe-as demorarem, vou aproveitar e fumar o meu cigarro à vontade.

Zequinha disse isso se aproximando da proa do navio enquanto

Adriano se aproximou do grupo de soldados que tocavam. Ele fez amizade rapidamente e começou a cantar e a sambar com eles. Eram os soldados do Exército que estavam indo para Recife. Depois de um tempo ele se dirigiu ao bar do navio.

— Zequinha, estarei lá no bar, esperando por elas.

— Tudo bem! Não vou demorar.

Zequinha olhou o mar agitado, e isso lhe deu uma sensação desagradável. A noite estava escura quase sem estrelas, e pela sua cabeça passaram mil planos: O que fariam logo que chegassem a Recife. Levaria sua filha para conhecer Olinda, as igrejas, enfim, tudo o que a cidade tem de mais belo.

Adriano aproximou-se do balcão do bar e pediu uma cuba libre. Ele apreciou o *drink* tranquilamente, sentou-se numa banqueta e ficou observando o seu amigo lá do lado de fora.

Enquanto isso, em São Paulo, Dário já estava repousando em seu quarto. Iniciou a leitura de um livro, mas poucos minutos pegou no sono. Ele começou a ter pesadelos, acordou assustado e sentou-se na cama. Tomou um pouco de água e, depois de orar, voltou a se deitar. Sem fechar os olhos, porém, viu ao seu lado o amigo Abel, acompanhado do companheiro espiritual Otávio.

A princípio se assustou, pois eles estavam sérios.

— O que houve? Estão com umas caras muito sérias. Estão chateados porque não pude trabalhar ontem?

— Não, meu irmão, não é isso.

Precisamos de você — convocou Otávio.

— Estou doente, você não soube?

— O seu corpo, sim, está debilitado, mas seu espírito logo ficará bom.

Dizendo isso, Otávio se aproximou e aplicou-lhe energias que o fizeram adormecer e revigoraram o seu espírito. Rapidamente Dário saiu do corpo e perguntou aos Irmãos Espirituais.

— Pronto! O que preciso fazer? Qual é a nossa missão hoje?

— Vamos ajudar em um salvamento — explicou Abel.

— Salvamento? — perguntou ele, assustado. Que espécie de salvamento? Quem está em perigo?

— Logo saberá. Estamos esperando Paulino. Ele será trazido até aqui.

— Mas ele acabou de sair daqui?

— Sim, está adormecido numa poltrona em sua casa com um livro nas mãos, enquanto que sua esposa está visitando a mãe.

Não demorou e logo apareceram Paulino e outros trabalhadores. Rapidamente eles volitaram e, no céu de São Paulo, em um veículo aéreo se deslocaram velozmente para o litoral sergipano. Do alto, eles puderam ver uma grande mancha negra que se destacava nas profundezas do mar. Enquanto que na superfície do mar agitado, pontos luminosos se destacavam.

A noite chegava, e os navios brasileiros, entre eles o Baependy, seguiram viagem para seus destinos. No Baependy, além de Zequinha, Adriano, estavam mais de trezentas pessoas entre soldados, oficiais, famílias com crianças e tripulantes.

— O que é aquela mancha escura lá embaixo? — quis saber Dário.

— É um submarino alemão, meu irmão — explicou Otávio.

— Meu Deus! A visão que eu tive meses atrás!

Otávio nada respondeu. Apenas colocou a mão no ombro de Dário que, a princípio, se descontrolou.

— Acalme-se, meu Irmão, oremos a Deus e façamos o que for possível — recomendou Natanael, o instrutor responsável pelo resgate.

A escuridão era grande e o número de entidades das sombras que acompanhavam o submarino era imensa. Natanael chamou seus auxiliares e os instruiu. O grupo foi dividido em vários de aproximadamente trinta trabalhadores cada um. Entre enfermeiros, médicos e outros trabalhadores, o número chegava a quase oitocentos. A luminosidade da vibração de Amor fraterno se contrastava com a do ódio e a escuridão da noite.

Não demorou muito e um facho luminoso saiu das águas, dirigindo-se ao grupo de socorristas. Todos ficaram espantados, porém Natanael se aproximou do jovem que liderava o grupo e o cumprimentou.

— Então, meu irmão Rudolf, como foi sua tentativa?

— Em vão, meu irmão. O comandante do submarino está irredutível. Em todos os corações da tripulação do submarino somente o ódio está imperando. O desejo de cumprir a missão de Hitler é o maior objetivo. Para eles não importa que venham a morrer e a missão tem valor de medalhas. Tentei explicar-lhes que neste navio existiam muitas famílias, crianças, haviam soldados, também, mas não estavam em guerra com a Alemanha.

Natanael ouviu o relato do companheiro espiritual de uma Colônia alemã que há sobre o Estado de Santa Catarina. Depois de pensar um pouco, ponderou.

— Vamos voltar. Desta vez tentarei falar com ele.

Antes que isso acontecesse, outra equipe muito grande surgiu das águas do mar e dirigiu-se até onde se encontrava reunido o grupo de socorro. Criaturas luminosas, transparentes, misto de peixes e humanos. Tinham estaturas iguais as dos humanos, mas seus braços eram ligados ao corpo em forma de asas, ou barbatanas.

A cabeça parecia com as dos homens, embora os olhos fossem mais parecidos com os répteis. Não tinham sobrancelhas nem cabelos, e a pele era lisa. As orelhas praticamente não existiam, apenas uma leve saliência. Apesar de diferentes, exibiam um leve sorriso.

Não falavam a linguagem articulada, e seu chefe usava a linguagem do pensamento.

Natanael conversou com o líder deles.

— Pois muito bem, meu Irmão Aranã. Agradecemos a Deus a colaboração que estão dando ao nosso trabalho.

Natanael aproximou-se de Aranã e estendeu-lhe a mão. Em um gesto de humildade, abaixou a cabeça e, olhando para o chão, afirmou:

— Meu povo agradece. Não gosta de ver o mar manchado de sangue. Meu povo fica triste.

Estendeu a mão e, ao tocar a mão de Natanael, ouviu-se um som vindo das profundezas das águas.

Todos, curiosos, olharam para baixo e puderam ver que existia um arco de luz formado pelas criaturas do mar em volta do navio Baependy.

Natanael se dirigiu até essas criaturas descendo de uma altura de quarenta metros até o nível do mar, acompanhado de Aranã e sua equipe. Pediu licença para usar a palavra.

— Posso me dirigir ao seu povo, meu Irmão?

Ao gesto afirmativo de Aranã, Natanael começa a dizer:

— Meus Irmãos em Jesus, filhos do mesmo Criador. Em nome dos Irmãos superiores, aqui nos encontramos com a finalidade de ajudar. E agradeço de coração a ajuda de todos vocês. Tudo na Criação Divina tem vida. Quem dera os homens pudessem ver com a alma! Com certeza não manchariam as águas com sangue dos Irmãos que caminham na mesma estrada, em busca da perfeição. Como somos criaturas em evolução, também passamos pelo estágio que eles estão passando, e — creiam — a missão de vocês tem uma grande importância na evolução das espécies, e na de cada um individualmente.

Terminando seu breve agradecimento, Natanael fez uma prece abençoando a todos.

Uma luz verde muito forte surgiu do círculo dos seres do mar até o veículo onde se encontravam as demais equipes de trabalhadores. Logo após, eles emitiram um som parecido ao dos golfinhos.

Natanael abriu os braços e exclamou:

— Que Deus abençoe a todos nós, meus Irmãos!

Depois, se dirigiu a Aranã:

— Você já sabe o que fazer, meu Irmão. Vamos ficar a postos.

Então, Aranã e seus companheiros mergulharam nas águas.

Dário, surpreso com o que acabara de ver, esqueceu o drama que estava por se iniciar. E, olhando para Otávio, pediu uma explicação.

Otávio, segurando em suas mãos, ensinou-lhe:

— Meu Irmão, você tem muito que aprender, assim como todos nós, mas as explicações virão a seu tempo.

— Estão lá embaixo também entidades do mar que trabalham na seara? É isso que os meus olhos veem?

— Sim. Seus olhos estão vendo bem, não tenha dúvida. Mas agora temos que trabalhar. Mais tarde, conversaremos.

Dário e os demais trabalhadores ficaram em silêncio, esperando as ordens.

Natanael escolheu, além da equipe de Rudolf, Dário, Paulino, Otávio e três auxiliares diretos. Desceram pela mesma estrada luminosa que ainda brilhava. Quando entraram no interior do submarino, sentiram uma vibração muito pesada. Espíritos saltavam das paredes metálicas vindo em direção das equipes. Natanael já tinha pedido que todos se mantivessem em prece.

As paredes eram gosmentas. Um líquido verde escuro e de mau cheiro escorria pela parede e pelo piso. Todos os marinheiros estavam acompanhados de entidades horríveis.

Otávio esclareceu aos demais que se tratava de espíritos *vikings* que tinham retornado como soldados alemães.

— Eles cometeram muitas barbáries, muitas atrocidades no passado, tanto é que a maioria deles tem vários espíritos ligados, vivendo quase em simbiose.

— Esses Irmãos também são médiuns? — perguntou Dário.

— Sim, muitos são sem saber, mas aqui, precisamente, há um grupo que sabe o valor da ferramenta que tem em suas mãos, só que estão se ligando com os espíritos das trevas — esclareceu Natanael.

— Aqui, como em vários lugares, existem oficiais e soldados de Hitler que fazem suas ligações com o plano das sombras, recebendo deles as instruções — completou Rudolf.

— Meu Deus! — lamentou Paulino.

— Pois é, meu Irmão, o mesmo trabalho que vocês realizam na casa de oração, esses médiuns fazem, só que para o mal. A programação deles também é muito elaborada. Eles sabem onde estão os espíritos com os quais podem contar. E, aos poucos, vão se unindo. É a eterna luta do bem contra o mal — finalizou Rudolf, obedecendo ao pedido de silêncio que fez Natanael.

Quando eles chegaram à sala de comando, o comandante do submarino, o capitão Harro Schacht, observava os instrumentos que indicam a localização de todos os que seriam abatidos nesta noite.

Natanael aproximou-se do capitão e parou diante dele. Ele não fez um movimento sequer, apenas levantou os olhos e questionou:

— O que querem aqui? Já não os expulsei há pouco?

— Senhor capitão, em nome de Deus, nós voltamos e pedimos nos escute.

— Não acredito em Deus. Para mim somente em Hitler, o príncipe das sombras, o qual eu obedeço e logo ele será o que reinará sobre toda a Terra.

— Meu irmão! — chamou Natanael, com sua voz suave e firme. Muitos Irmãos nossos serão sacrificados. Ainda é tempo de voltar atrás. Será responsável por todas estas mortes.

— Não tenho medo da responsabilidade. Só tenho responsabilidade perante o führer — apontou para a suástica que havia em sua condecoração. E depois para a figura de Hitler que estava próxima do painel de controle.

— Até quando continuará a realizar atos nos quais o sangue jorra de suas mãos?

— Até quando não existir sobre a Terra um inimigo do führer. Aí então eu pararei com tudo isso. A Terra estará limpa. Somente nossa etnia se multiplicará.

— Engano seu, meu Irmão. Sabe bem que poderá nascer em uma

família de negros, de judeus, de pobres. É só Deus ordenar e não terá escolha.

— Pois eu prefiro queimar no fogo do inferno — como vocês dizem — a nascer negro ou judeu.

Dário ficou impressionado com a atitude do capitão, pois sua fisionomia mudava várias vezes. Otávio explicou-lhe mentalmente que, na realidade, ele estava ligado a uma entidade das sombras, conhecida como comandante Werner que fora um grande soldado germânico, sempre lutou em prol da Alemanha. Foi um líder romano, sempre ligado às grandes conquistas, às sangrentas guerras. E hoje está nas sombras, incitando a execução dos planos das trevas, dos quais Hitler é um dos representantes encarnados.

Werner captou a explicação que Otávio fez para Dário e começou a rir.

— Você também lutava ao meu lado, Otávio, só que foi um fraco e passou para o lado do Cordeiro em vez de ser guerreiro.

Quando Otávio ouviu aquelas palavras foi como se ele voltasse forçadamente às memórias do passado. Uma série de ondas escuras começaram a envolver todo o perispírito de Otávio. Ele começou a se sentir mal. Mas Natanael logo interveio, prevendo que algo poderia acontecer.

— Em nome de Jesus, pare com isso, Werner!

Ele riu alto causando um mal-estar em alguns trabalhadores.

— De nada irá adiantar Natanael ficar aqui. Não vou deixar de cumprir minha missão para ficar ouvindo suas belas palavras. Quer um conselho: são sete horas, retornem de onde vieram.

— Viemos para convencê-lo a desistir de realizar mais uma ação do mal.

— Perdeu o seu tempo. Agora saiam, antes que vocês sejam atacados. Aliás, são muitos corajosos por virem à toca do lobo. Já viram que nós somos número maior.

— Deus tenha piedade de você um dia, meu Irmão.

— Não preciso da piedade do seu Deus! — bradou ele. Agora saiam.

O grupo afastou-se rapidamente. Natanael, elevando o pensamento, recebeu ajuda do Alto e isolou todo o grupo que o acompanhava, mas mesmo assim eles puderam ver a festa que as entidades da sombra faziam quando eles estão se retirando.

— Qual será o futuro de Werner? — perguntou Paulino.

— Diante de tantas arbitrariedades e do mal que praticou, provavelmente ele virá em um corpo que lhe será uma prisão. Será privado dos seus movimentos e ficará impossibilitado de colocar em ação os seus planos, pois não terá condições de convencer os companheiros a praticarem o mal. Natanael ficou pensativo por alguns segundos e depois concluiu:

— Mas, mesmo assim, pelo que vejo, ele receberá o Amor e Deus colocará novamente em seu caminho pessoas que ele exterminou e, impossibilitado de agir contra elas novamente, será para ele um martírio ter de suportá-las ao seu lado.

— E em relação ao capitão? Ele é tão culpado quanto Werner? — quis saber Dário.

— Certamente, Dário. Ele sabe que é um médium com grandes possibilidades, e sua culpa será tão grave como a de Werner. Na realidade, ambos trabalham há séculos somente para o mal.

— Até quando isso vai ser permitido? — perguntou Paulino.

— Até o dia em que Deus, como Pai amoroso que é, dará a última oportunidade de resgatarem por livre escolha, em uma nova reencarnação.

— E caso eles não aceitem? — continuou Paulino.

— Então virão obrigados.

Os trabalhadores deixaram o local, pensando sobre o que tinham visto e aprendido com os ensinamentos de Natanael.

Capítulo VIII

Agonia e ódio

Livro Caminho Espírita

Capítulo 27 — DEUS PRIMEIRO

"Caminharás, muitas vezes, no mundo, à maneira de barco no oceano revolto, sob ameaça de soçobro, a cada momento: Entretanto, pensa em Deus primeiro e encontrarás o equilíbrio que reina inviolável, no seio dos elementos." Emmanuel.

Estávamos em 1942. No interior do submarino, o capitão já estava preparado para dar a ordem de disparar os torpedos. Os amigos espirituais se aproximavam mais do Baependy. Aranã e sua equipe estavam a postos no mar.

Quando Dário e Otávio se aproximaram da popa do navio, ele viu seu irmão sentado próximo a umas caixas, fumando pausadamente. Dário teve um impulso de sair correndo e ir ao seu encontro. Otávio, vendo o sofrimento que o coração do amigo passava, deixou. Ele se aproximou do irmão e o envolveu.

— Meu irmão, eu sinto muito.

Zequinha sentiu a vibração do abraço. Em seu pensamento, vem a figura de Dário e como em um filme recordou-se em questão de segundos, de toda a infância que viveu com a família na cidade de São Paulo, as alegrias e as tristezas. Seu coração chegou a sentir saudades, e seus olhos encheram-se de água.

— Zequinha, meu irmão, vá ao encontro de sua família!

Naquele instante, Zequinha voltou ao presente e levantou-se. Lembrou-se de sua família e começou a caminhar. Mas não chegou a dar dois passos e foi brutalmente jogado longe de onde estava.

Ele bateu com a cabeça em um objeto de metal e ficou por instantes desacordado. Os vidros quebraram. Muitas pessoas foram jogadas a distância de onde estavam. Por um momento houve silêncio no navio, quebrado apenas pelo barulho das ondas. Só depois as pessoas começaram a gritar.

Adriano, que estava no bar, foi praticamente lançado para fora, atravessando a janela. Quando ele se levantou, passou a mão pelo rosto e notou que estava sangrando.

Após alguns segundos, veio a segunda explosão. Agora ninguém mais tinha dúvidas. Eles estavam sendo atacados. O velho navio Baependy estava se inclinando. Algumas pessoas que estavam na popa pularam no mar e procuravam se agarrar aos pedaços de madeira que encontravam.

As ondas os levavam para baixo. O desespero tomou conta de todos. Zequinha, sem saber o que estava acontecendo, desceu ao andar inferior, mas ele já não caminhava mais no piso, mas, sim, na parede. A água invadia rapidamente o interior do navio.

A gritaria era geral. Quem tinha forças tentava chegar até a popa para pegar uma baleeira, ou um colete salva-vidas.

Enquanto isso, na cabine, Ana Lúcia estava desacordada, em consequência do choque violento em que fora lançada contra a parede da cabine. A pequena Valéria, abraçada ao corpo da mãe, gritava:

— Mãezinha, por favor, me acuda. Papai, onde está o senhor? Quando a pequena Valéria viu que a água estava invadindo o local começou a orar.

— Menino Jesus! Salve-me. Não me deixe morrer! Por favor, salve também minha mãezinha e meu papai.

O pedido da menina foi feito com tanta fé que Otávio ali se apresentou juntamente com Dário.

— Valéria, minha sobrinha, venha com seu tio — chamou Dário dando os braços para ela.

A menina, agarrada à sua mãe, implorou:

— Titio, por favor, ajude minha mãe. Ela está ferida.

— Vou ajudar, minha filha, mas venha! Quero ajudá-la primeiro.

— Não posso, titio, não vou deixar minha mãe sozinha.

— Vá, filha! — pediu Otávio. — Eu cuidarei de sua mãe.

Dário aproximou-se da sobrinha, pegou-a nos braços e subiu para o pronto-socorro.

No caminho, com a pequena nos braços, Dário percebeu como estava sendo importante o trabalho das equipes e a atuação dos Espíritos comandados por Aranã. Eles, com muita facilidade, socorriam os Espíritos.

Tudo era escuridão, crianças estavam se afogando, pois a água invadia rapidamente o interior do navio. Zequinha não conseguia chegar até a sua cabine.

Laura gritava para que abrissem a sua cabine que estava com a porta emperrada. Com um ferimento no ombro que sangrava muito e vendo a água subir rapidamente — ela orou:

— Meu Deus, tem piedade de mim. Ajude-me! Não me deixe morrer aqui sozinha.

O Plano Espiritual agia rapidamente. Os trabalhadores da equipe e Aranã entravam em todos os compartimentos e traziam os Espíritos já desencarnados.

Zequinha, vendo que não conseguia chegar até sua família, pois estava ficando sem forças e sem ar, deixou-se levar. Apenas pensou em Deus naquela hora.

— Senhor, sei que não fui um bom cristão, me perdoe!

Zequinha foi levado pelos Espíritos marítimos até a superfície, conseguiu se agarrar a uns pedaços de madeira que encontrou.

Parecia um pesadelo. Ele ouvia gritos de socorro. As ondas estavam altas e ele escutou o último apito do navio que estava desaparecendo por completo no mar.

O Plano Espiritual ajudava todas as vítimas. Dário, vendo que seu irmão estava salvo, foi ajudar outros. Adriano conseguiu encontrar-se em Espírito com sua esposa, no interior do navio. Eles então ficaram abraçados e tremiam de frio. Não tinham noção do que ocorrera nem que já estavam desencarnados.

— Meu querido, é um pesadelo?

— Sim, estamos vivendo um pesadelo, Laura.

— Vamos sair daqui, precisamos pedir ajuda — repetia. Eu não quero morrer aqui.

— Não vamos morrer, Laura, tenha fé. Alguém vai achar a gente aqui.

Um grupo de trabalhadores se aproximou e ofereceu ajuda.

— Venham, vamos ajudá-los — apresentou-se um trabalhador estendendo a mão.

Eles imediatamente seguraram nas mãos dos trabalhadores e foram levados para o pronto-socorro espiritual. Lá receberam o auxílio necessário. A princípio receberam cobertores para se aquecer e depois tratamento médico, já que estavam feridos. Adriano estava com um corte profundo na cabeça e na perna esquerda. Sua esposa Laura começou a receber tratamento por um enfermeiro.

Os enfermeiros trabalhavam rapidamente. Muitas crianças, soldados e civis estavam sendo tratados. Eles gritavam desesperados, como se ainda estivessem no interior do navio.

Um tripulante, sem as pernas, gritava por socorro, que alguém o ajudasse. Ele não queria morrer.

Naquele local havia dezenas de dramas, mas todos recebiam atendimento. Muitos deles foram anestesiados com energias tranquilizantes para que, somente depois de acordar mais calmos, pudessem receber os esclarecimentos.

Zequinha estava agarrado a um pedaço de madeira do navio, quando ele viu que uma luz vermelha ao longe iluminava o local.

"É o socorro, pensava ele. Ou é a morte?"

— Ajudem-me aqui, por favor.

Sem forças para se manter agarrado, pois ele se ferira gravemente no braço, começou a se afogar. Sentiu-se como se estivesse sendo puxado para baixo. Gritou com as poucas forças que lhe restavam.

— Por favor, me ajudem!

De repente, viu uma enorme parede cinza erguer-se à sua frente. Era o submarino alemão verificando o estrago que tinha feito.

Naquele momento, uma revolta explodiu em seu peito e amaldiçoou os alemães.

O ódio que havia em seu peito era tanto que ele, na tela mental que se formou em sua frente, conseguiu rever seus inimigos mortais de um passado distante.

O capitão e Werner estavam sorrindo para ele.

— Veja, Werner, onde está o grande conquistador? — apontava o capitão.

— Está prestes a se afogar. Vamos, grande conquistador! Salve-se, onde está o seu Salvador? Ele não virá salvá-lo? — ironizou Werner dando gargalhadas que ecoavam no cérebro de Zequinha que, aos poucos, perdia os sentidos.

O submarino permaneceu alguns minutos na superfície e depois Zequinha o viu submergindo rapidamente. Sem forças, ele foi puxado para baixo também. Em vão se debateu tentando nadar, mas não conseguia. É então que ele deixa seu corpo sem saber e vai ao encontro do navio.

Nadando, entrou pela parte destruída e viu ali muitos corpos boiando, já sem vida. Alguns pediam ajuda a ele, tentam em espírito agarrá-lo numa tentativa de sair dali. Mas ele se desvencilhou e continuou a nadar até que conseguiu chegar onde se encontravam os corpos de sua esposa querida e de sua filha.

Desesperado, ele abraçou os corpos e começou a gritar:

— Malditos alemães, eu matarei todos vocês. Esperem e verão. Vou acabar com todos vocês.

Do coração de Zequinha, o sentimento de ódio saía e — como as forças iguais se atraem rapidamente — os espíritos daqueles alemães ali estavam.

— Então, você vai matar a todos os alemães? — debochou um deles.

— Estamos aqui, venha — ameaçou outro.

Zequinha entrou em luta com aqueles espíritos das trevas. Eles trocavam palavrões, murros e socos. Rapidamente não se encontravam mais no navio, mas, sim, em um campo de batalhas. Digladiam-se com todas as armas que possuíam.

Natanael apresentou-se ao lado de Otávio, eles oraram tentando envolvê-los em luz, mas o ódio repelia toda a luz que era emitida ao grupo.

— É melhor que Dário não veja isso — comentou Otávio.

— Certamente. Não diremos nada a ele.

— Por que estão eles lutando dessa maneira?

— São espíritos que se odeiam há muitas vidas. Como você pode ver, eles, em várias guerras, lutaram em lados opostos. Zequinha era um bravo guerreiro e sempre conseguia vencer esse grupo de soldados inimigos.

— Mas ele tinha que passar por isso?

— Não necessariamente. Dário tentou avisá-lo para desistir da viagem. Mas, como ele não acredita na mediunidade do irmão, acabou indo de encontro a seus inimigos que, sem saber, o envolviam, para que, enfim, eles pudessem se vingar dele.

Em alguns minutos, os antigos companheiros de Zequinha que, naquele navio, eram soldados do Exército Brasileiro recém-desencarnados, se juntaram ao antigo comandante e a luta tornou-se um grande campo de batalha.

— Até quando eles continuarão a lutar? — questionou Otávio.

— Até verem a luz, meu irmão — completou Natanael, pensativo.

Enquanto isso, na superfície, alguns sobreviventes foram resgatados por uma baleeira. Havia muita emoção quando cada sobrevivente subia na baleeira. Eles se abraçavam emocionados. Muitos estavam feridos.

Ao redor daquele pequeno barco onde poucos sobreviventes estavam, havia corpos boiando e pedaços do navio. Era muita tristeza para aqueles sobreviventes. Quantos companheiros tinham perdido a vida! Quantos sonhos estavam naufragados? Eles não sabiam dizer. Algum tempo depois, escutaram outras explosões ao longe. O navio Araraquara também fora atingido pelo submarino assassino, que manchou de sangue as águas da Terra de Santa Cruz.

O movimento no pronto-socorro espiritual era muito grande, à medida que outros espíritos desencarnados chegavam dos navios.

Dário e Paulino trabalhavam sem parar, centenas de leitos estavam ocupados. Muitos trabalhadores encarnados estavam chegando ali para ajudar. Nada foi falado sobre o ocorrido com Zequinha.

Dário estava feliz porque sua sobrinha estava ao lado de sua mãe, que ainda permanecia sedada.

— Tio, será que ela vai ficar boa? — dizia a pequena acariciando o rosto da mãe.

— Sim, minha filha, ela ficará boa.

— E o papai, onde está?

— Fique tranquila, ele deve estar bem e logo virá vê-la.

Marcos atendia um jovem oficial do Exército brasileiro, que estava muito agitado.

— Acalme-se, meu irmão — pedia Marcos.

— Esses nazistas! Meu Deus! Como puderam fazer isso?

Marcos mantinha-se em prece tentando acalmar o oficial.

— Eu vou ficar bom, não é mesmo? — perguntava ele.

— Claro que sim — respondia Marcos.

— Eu lutarei contra esses alemães. Vou lutar pelo meu país!

Vendo que não conseguia acalmá-lo, Marcos pediu ajuda a Otávio que veio prontamente.

— Ajude-me, Otávio, com este jovem.

— Sim ajudarei, sei de quem se trata. Esse jovem, ao ver o navio afundando, atirou-se ao mar gritando.

— Viva o Brasil!

Quando estava boiando, ele gritava: "Vou lutar pelo meu país. Por ele morro se for preciso!". Este é mais um bravo soldado brasileiro — disse Otávio se aproximando, impondo a destra sobre a fronte e fazendo-o adormecer.

— Pronto, meu querido! Agora poderá trabalhar com calma, auxiliando a equipe do doutor Luiz com o ectoplasma.

Havia ali vários médicos trabalhando na recomposição do corpo espiritual de dezenas de vítimas. A finalidade era amenizar o sofrimento para que, quando eles estivessem conscientes, aceitassem as mudanças da nova vida.

Vários Irmãos responsáveis visitaram a enfermaria e levavam notícias para os que tinham ficado na Colônia Nova Alvorada. Muitos eram transportados diretamente para os setores de tratamento das colônias.

Otávio teve a oportunidade de conversar mais com Aranã, e ele o convidou para que visitasse a Colônia Nova Atlântida.

— Onde fica esta Colônia? — perguntou Paulino interferindo na conversa.

— Esta colônia, na verdade, localiza-se no fundo do mar. É um laboratório onde os cientistas fazem as experiências das várias espécies de vidas marítimas em transformação. Em outra oportunidade, eu lhes contarei mais.

— Eu o convido, Aranã, para visitar a nossa Colônia Nova Alvorada, assim como o trabalho que fazemos no centro onde Paulino é o dirigente.

— Assim que puder, irei. Confesso que muito me interessa o estudo desenvolvido em outras Colônias paralelas a nossa.

— Pois então, meu Irmão, esperaremos.

— Pedirei autorização aos meus superiores e, assim que tiver autorização da visita de vocês, eu entrarei em contato.

Antes que o trabalho terminasse, já que duraria mais que uma semana, a cada troca de equipe, Natanael agradecia a todos. Assim foi com os Irmãos Marcos, Dário, Paulino e outros que faziam parte da equipe comandada por Otávio. Já eram quase seis horas da manhã, quando eles deixaram o local.

As praias sergipanas amanheceram com muitos restos dos navios e corpos boiando foram encontrados. Visto do alto era uma cena triste, na qual a beleza dos coqueiros, representando a vida, contrastava com a tristeza da morte.

Nossos trabalhadores foram deixados em suas casas. Eles não se lembrariam de quase nada, apenas quando lessem nos jornais as notícias é que teriam uma leve lembrança de que estiveram no local socorrendo as vítimas.

Naquela noite, muitos sonhos chegaram ao fim, e quando o povo brasileiro tomou conhecimento do acontecido foi às ruas exigir do governo brasileiro uma atitude mais severa.

Revoltas aconteceram contra famílias de imigrantes alemães e italianos que moravam aqui no Brasil.

Capítulo IX

A revolta do povo

Livro Encontro de Paz

6 — Itens da Irritação

"Caindo em fúria, adiamos comumente o apoio mais substancial daqueles companheiros que se propõem a prestar-nos auxílio." Emmanuel

O dia amanheceu. Tão logo seu Alexandre voltou da padaria com o pão e o leite, entrou em casa e pediu que a esposa ligasse o rádio. Os dois sentaram-se na poltrona da sala enquanto o jornalista trazia aos corações a triste notícia do que tinha acontecido com os navios brasileiros, mas precisamente com o Baependy.

— Meu Deus! Eu não acredito no que estou a ouvir.

— Acalme-se, meu velho! — pediu a esposa, enxugando as lágrimas com o avental.

Eles ficaram abraçados, ouvindo o restante da notícia.

Nesse instante, Dário levantou-se e viu que seus pais estão chorando. Ele não sabia ao certo, mas tinha algo a ver com seu irmão Zequinha.

— Mamãe, papai, o que aconteceu?

— Meu filho! — lamentou seu Alexandre. Seu irmão e a família estão mortos.

— Como aconteceu?

— O navio em que viajavam foi torpedeado.

— Não sabem ainda se houve sobreviventes — falou dona Luzia.

Dário sentou-se ao lado dos pais. Relembrou a visão que teve e de ter estado em auxílio durante a noite. Mas não se lembrava de ter visto seu irmão Zequinha.

Abel, o protetor de Dário, estava presente com os demais, auxiliando a todos com palavras de coragem e fé, para suportarem o que ainda estaria por vir.

Hélio estivera a serviço no quartel e, logo que chegou, revoltado com a notícia, ele desabafou com a esposa que estava esperando o primeiro filho.

— Não acredito que tudo isso esteja acontecendo com minha família?

— Meu querido, acalme-se, tenha fé, talvez seu irmão esteja vivo.

— Não, é quase certo que praticamente não houve sobreviventes.

— No rádio deu que pode haver sobreviventes.

— Minha querida, as notícias que chegaram ao quartel é que houve aproximadamente trinta sobreviventes. Equipes da marinha e da aeronáutica estão trabalhando no local, mas não sobrou muita coisa. De todos os navios que este desgraçado alemão afundou as vítimas chegam em torno de 600 pessoas.

Hélio sentou-se ao lado da esposa e, não contendo a dor no peito, começou a chorar tal qual uma criança.

Ornela tentou acalmá-lo, aplicando-lhe passes. Guilhermina estava também emocionada e isto fez com que o bebê fosse afetado pelo sistema emocional e ela começou a sentir dores na barriga. A princípio, ela não disse nada, suportou calada. Mas depois, quando Hélio estava no banho, ela ligou para a residência dos pais e contou o ocorrido.

— Nós já estamos sabendo, filha — lamentou dona Bianca. Aqui também as coisas não estão boas.

— O que houve, mamãe?

— Hoje um grupo de moradores de rua atirou várias pedras na casa da família Hoffman.

— Meu Deus! — exclamou Guilhermina.

— Dona Anne colocou uma bandeira da Alemanha na janela da sala, enquanto seu Henry e dona Hilda não estavam. Quando eles chegaram, tinha vários vidros quebrados e haviam colocado fogo na bandeira.

— E dona Anne? Aconteceu alguma coisa com ela?

— Ela pegou uma arma e atirou contra os manifestantes.

— Mamãe, está ficando perigoso. Vocês não saiam de casa pelo Amor de Deus!

— Não vamos sair, filha, estamos presos em nossa própria casa, — chorou dona Bianca.

— Mamãe, por favor, se acalme. Falarei com Hélio e iremos buscá-los.

Ao desligar o telefone, Guilhermina não conseguiu disfarçar e queixou-se da dor que estava sentindo. Neste instante, Hélio saiu do banheiro e a viu agachada chorando. Ele foi em seu auxílio.

— Guilhermina, o que houve, não está se sentindo bem?

— Não! Estou com dores na barriga.

— Vou chamar o médico, urgente.

— Não! Espere. Preciso pedir-lhe uma coisa — disse ela em prantos. Hélio, sei que está sofrendo muito com o que houve com sua família. Sei que está com muito ódio dos alemães e também dos italianos.

Ele permaneceu calado e ela continuou:

— Pelo Amor de Deus! Vá buscar os meus pais, eles estão em perigo.

— O que está acontecendo? — perguntou ele.

— A residência da família Hoffman foi apedrejada e papai e mamãe estão presos em casa, sem poder sair.

— Primeiro vou chamar o médico, depois verei o que fazer.

— Hélio, pelo nosso filho, em nome do nosso amor. Faça o que estou lhe pedindo.

Algumas horas depois, o doutor Rubens chegou e medicou Guilhermina. Ordenou que repousasse muito e lhe receitou calmante natural, pois estava muito abalada com os últimos acontecimentos.

— Isso não é bom para o bebê — explicou o médico.

— Está bem, doutor Rubens, farei o repouso direitinho.

O marido conduziu o doutor até a porta.

— Hélio, ela não pode ficar nervosa. A pressão dela altera muito e isso não é bom.

— O que o senhor quer dizer?

— Ela poderá perder o bebê.

Ao ouvir aquelas palavras ficou mais preocupado do que já estava. Com todo o sofrimento que seu coração estava passando, se perdesse o filho que tanto sonhara, seria melhor morrer.

Depois de acomodar a esposa na cama, ofereceu-lhe um pouco de chá. Hélio pediu que a vizinha, dona Diva, ficasse com ela, enquanto ele buscava o casal de sogros.

Nas ruas de São Paulo, o povo estava revoltado, assim como em todo o país. Onde havia colônias alemãs, a situação ficou tensa. O mesmo aconteceu onde moravam famílias italianas. No largo do Café, no centro de São Paulo, um andarilho começou a falar mal para um grupo de estudantes de direito da Faculdade de São Francisco que estava num café. Ele elogia as atitudes do fuher e o ataque aos navios brasileiros. Logo, outras pessoas se aglomeravam e o andarilho que guardava muitas notícias de jornais falando sobre Hitler, foi agredido.

— Ora! Vamos deixar esse farrapo humano de lado — gritou alguém no meio dos estudantes.

O andarilho seguiu com destino à Avenida São João. Quando passou em frente ao prédio do Correio Central, encontrou outro grupo de manifestantes. O insulto recomeçou e ele foi agredido com chutes e pontapés.

Neste exato momento, Hélio estava passando de carro conduzindo seu Gino e dona Bianca que permaneciam calados, desde o momento em que entraram no carro. Dona Bianca estava olhando para seu genro pelo retrovisor do carro e percebeu que ele estava com o semblante fechado.

"Meu Deus! Como ele está sofrendo!", pensava ela. O que eu posso fazer para amenizar esse sofrimento? Meu Deus, me ilumine!

Vendo o tumulto que estava acontecendo na cidade, o casal ficou estarrecido. O grupo de manifestantes era muito grande e o mendigo era pisoteado, arrastado. Mesmo sendo chutado ele rolava pela calçada, mas não largava o pacote de jornais velhos.

O carro de Hélio quase parou por causa do movimento e dona Bianca olhou para o mendigo e ficou horrorizada. Quando os olhos se cruzaram, ela pareceu reconhecer aquele olhar, mas não disse nada, pois seu coração, não suportando a dor, fez com que ela desmaiasse. Apavorado com a situação seu Gino pediu ao genro.

— Hélio, meu filho, acelere, Bianca está passando mal.

O moço olhou para trás e seu Gino tentava acordar dona Bianca.

— Acorde, Bianca, acorde!

Hélio, vendo o desespero de seu sogro, acelerou o carro, enquanto que, na calçada da avenida São João, o mendigo defensor de Hitler veio a falecer.

Sem saber, o coração de Gino e Bianca também estavam de luto. Quando chegaram ao apartamento, dona Bianca permaneceu calada. Somente a cena do mendigo vinha em sua mente com o seu olhar triste. Ela parecia reconhecer aquele olhar, mas não tinha certeza. Permaneceu em estado de choque por vários dias.

Em todo o país, ocorrem revoltas, e a população cobrava do governo Getúlio Vargas uma atitude. Grandes manifestações ocorriam nas grandes capitais, principalmente em São Paulo e no Rio de Janeiro.

O jovem Ricardo voltara ao Plano Espiritual. Perambulou por alguns anos, pelas ruas de São Paulo, com um bando de espíritos brincalhões, até receber a ajuda de um grupo que pensava como ele, na superioridade da raça. Eram seguidores de Hitler, que o convidaram para fazer parte de um grupo neonazista. Mais que depressa, ele aceitou e passou a vivenciar no mundo da escuridão e do fascínio que o nazismo exercia sobre o povo. Ele se transformou em um seguidor de Hitler, e sempre incentivava aqueles Irmãos aos quais se deixam envolver a realizarem conflitos pelo mundo afora. Seguia com os demais membros do grupo de espíritos que são em grande número para o submundo da Alemanha. Lá eles respiravam o nazismo.

Entres os comandantes de Ricardo, podemos ver Werner que, com toda a sua arrogância e prepotência, dava as ordens para que seus comandados as executassem.

Capítulo X

Conversa entre amigos

Livro *O Evangelho Segundo o Espiritismo*

Capítulo XIV — O Parentesco Corporal e Espiritual.

"Os verdadeiros laços de família não são, pois, os da consanguinidade, mas os da simpatia e da comunhão de pensamentos que unem os espíritos antes, durante e após a sua encarnação."

Estamos agora no mês de janeiro de 1944. Gino, o sogro de Hélio, teve com ele uma importante conversa. Entre um gole de vinho e outro, seu Gino abriu o coração e contou segredos de sua vida na Itália.

Seu Gino é natural de Nápoles e vivia em Pisa, onde trabalhava em uma adega. Ali ficou conhecendo seu Otelo, que tinha uma filha chamada Francesca. O jovem Gino se apaixonou por ela. Ele queria vir para o Brasil, mas, quando foi pedir para se casar com ela, o senhor Otelo não aceitou.

— *Bona sera, senhore.*

— *Bona sera!* — respondeu secamente seu Otelo.

Diante da maneira ríspida com que seu Otelo lhe dirigiu a palavra, Gino logo imaginou que não seria bem-vindo na família.

— O que deseja, Gino? Acaso não veio aqui me pedir um adiantamento? Se veio é melhor dar meia-volta.

— *Não, senhore, io estou...*

Gino não conseguia falar, pois estava muito nervoso. Francesca observava os dois com a cabeça baixa. Seu coração estava feliz, mas ao mesmo tempo temia a reação do pai.

— *Parla*, Gino! Não tenho todo o tempo do mundo.

— Bem, *senhore* Otelo, *io* quero esposar sua filha.

— Que me diz? Que besteira é essa?

Essas palavras caíram como um bloco de neve sobre os sentimentos dos dois jovens enamorados.

— *Senhore* Otelo, a gente se gosta.

— Não aceito. Minha filha só vai se casar com quem puder dar a ela um bom futuro.

— Mas eu gosto dela e estou trabalhando.

— Tu? Um cão sem dono e você é a mesma coisa. Não tem onde cair morto.

A jovem Francesca estava desiludida. Ela ouviu tudo calada. Seu coração parecia que ia explodir. Gino saiu da casa de seu Otelo, cabisbaixo, muito triste.

Para ele, Gino, o mundo tinha parado. Nada mais tinha importância. Ficou alguns dias sem ir trabalhar. Tentava em vão conversar com sua amada. Mas o velho Otelo colocou uma tia ranzinza para vigiar os passos da jovem. Até que dias depois, eles conseguem driblar a vigilância e se encontraram.

— Francesca, *amore mio,* estou com muita saudade.

— *Io* também, Gino. Estou sofrendo muito — lamentou ela abraçando-o e não suportando a dor que trazia no peito começou a chorar.

— Francesca, *non piangere, per favore!* — pedia ele também emocionado.

— *Io* estou sofrendo muito, Gino. Acho que não vou suportar.

— Francesca, *per que tu non* foge comigo?

— *Fugire?*

— *Si,* para o Brasil. Lá ninguém vai achar a gente.

— *Io non posso. Mio* pai está doente, *non* posso deixá-lo.

— *Má* e o *nostro amore?*

— *Io* te amo veramente, Gino. *Má non* posso deixar *mio papá.*

Gino ficou decepcionado com a resposta de Francesca. E, depois de muito conversar, anunciou:

— Francesca, *io* vou embora para o Brasil e mando te buscar.

— Gino, *io* estou esperando um filho! — revelou ela com os olhos lacrimejando.

— *Uno bambino?* *Io* vou ser pai?

— *Si. Amore mio.*

— Francesca, mais um motivo pra gente ir viver a nossa vida.

— Gino, só deixarei a Itália depois que *mio papá* se for.

Os dois se despediram, dois destinos se uniam e ao mesmo tempo estavam se separando. Quem sabe um dia eles ainda não estariam juntos novamente. Só Deus saberia.

Antes de vir para o Brasil, Gino ainda foi vê-la pela última vez. Ele tentou convencê-la. Francesca abraçou Gino. Ela queria que o mundo acabasse naquela hora, assim os dois ficariam juntos para a eternidade.

Gino a beijou com carinho, e ao mesmo tempo, exclamou com forte emoção:

— Francesca, *io* te amarei *per* toda minha vida!

— *Io* te amarei *per* sempre, Gino.

Eles têm a última noite de amor. Conseguiram subir na torre e, lá de cima, avistaram a cidade. Ali naquele cenário mágico fizeram juras de amor.

— Queria ficar abraçada pela eternidade — disse Francesca.

— *Io te voglio tanto bene*, Francesca.

Ela acariciava o peito do jovem que, de olhos fechados, permanecia sonhando com uma vida nova para os dois. Num país distante eles seriam certamente felizes.

— Francesca! *Andiamo a fugire?*

— Gino, *non per favore! Io* te espero, juntamente com *nostro bambino*. A gente vai se encontrar.

— Quando? — perguntou ele.

— Um dia numa estrela dessas a gente se encontra — falou ela, olhando para o céu que estava bordado de estrelas a cintilarem.

— *Io* prometo que logo que puder eu mando te buscar.

Francesca pediu a Gino que não fizesse uma promessa que ele não conseguiria cumprir.

— *Non* prometa. Deixe que a tarde seja levada pela brisa da noite. Nosso amor é verdadeiro, não vamos atropelar as coisas.

— *Io* mando te buscar.

— Gino, o vento traz as ondas do mar até a praia e as leva de volta, deixando marcas na areia.

— O que você quer dizer com isso?

— Deus me trouxe para você, a gente se amou, deixou em mim uma marca deste amor. E agora estamos nos separando. Um dia, a gente volta a se encontrar. Não sei quando nem onde será.

Aquelas palavras mostraram a Gino que nada convenceria a jovem a abandonar o seu pai e fugir com ele.

Triste, mas, ao mesmo tempo, feliz, assim ele se sentia. Ele começou a beijar a barriga de Francesca.

— *Amore mio, io te voglio tanto bene.*

Francesca o puxou para si e o beijou com forte emoção.

Assim os dois amantes se despediram em um dos lugares mais belos que qualquer casal enamorado queria estar fazendo juras de um amor eterno.

— Gino, você me deu a maior prova do seu amor — afirmou ela acariciando o seu ventre.

Enquanto isso, no Plano Espiritual, Gina, espírito reencarnante, abraça os dois. Os amigos espirituais que ali estão observaram aquela despedida.

— Gino! Meu querido, agradeça a Deus por estar voltando e pela oportunidade de conviver novamente com nossa Francesca.

Ele pareceu ouvir uma voz que carinhosamente lhe falava ao coração. Uma energia o envolveu e, emocionado, deitou a cabeça sobre o ventre de sua amada, e como uma criança chorou.

— *Amore mio, per favore, non piangere* — pediu Francesca.

— Não faça deste momento um momento de tristeza. Lembre-se de que estaremos sempre juntos, pois essa criança que virá ao mundo é um presente que Deus nos deu. Ela será um símbolo do nosso amor.

— Eu não queria estar separado de vocês. Venha comigo, Francesca, viveremos felizes no Brasil.

Francesca era auxiliada pelo seu Espírito protetor, Cornélio. Enquanto Gina dizia emocionada:

— Meus filhos, Gino e Francesca, tenhamos fé que venceremos tudo o que virá.

Gino fechou os olhos e se deixou sonhar. Cornélio sugeriu à amiga que se apresentasse. Ele, aos poucos, vislumbrou o espírito, o qual reconhece como primeiramente sua bisavó, depois, passada a emoção, ela se torna mais remoçada e, se dirigindo a ele, disse:

— Gino, meu filho, fique tranquilo que eu ajudarei nossa Francesca. Ela é forte e tem muita fé. Quanto a você, tem uma missão no Brasil. Vá, meu querido bisneto, sempre o terei no meu coração.

Ele não entendeu direito o que se passou, mas seu coração batia feliz ao ver ao seu lado a figura que tanto representou em sua vida, ele fora criado pela bisavó, desde que sua mãe falecera muito cedo.

Emocionado, ele se abaixou e beijou novamente o ventre de Francesca. Eles se despediram e Francesca desceu as escadas da torre enquanto ele via seu vulto que se encontrava acompanhado de sua querida bisavó desaparecer na noite.

Olhando para o céu começou a indagar das estrelas que pareciam desconhecer o sofrimento dos corações que estavam se separando. No coração dele uma dor. Como viveria ele sem sua Francesca? E o filho ou filha, fruto de um amor verdadeiro, será que um dia ele teria nos braços?

O que estava fazendo sua bisavó Gina ao lado de sua Francesca? Seria ela um anjo da guarda? Teria ele sonhado?

Essas perguntas ficaram sem respostas.

Ele se deitou no chão e ficou observando o céu estrelado. Acabou por adormecer. As horas passam e Gino despertou. Lá no horizonte, os primeiros raios de sol iluminavam a cidade de Pisa.

Os dias passam e Gino embarca para o Brasil. Na proa do navio onde muitas pessoas se encontravam acenando para seus entes que ali permaneciam, estava Gino com um lenço branco acenando para ninguém. Seus olhos procuravam desesperadamente os olhos de Francesca, mas em vão, ali ela não estava. Com certeza, o velho Otelo a prendera em casa, não a deixando vir despedir-se dele.

Alguns meses depois, seu Otelo ficou sabendo que a filha estava esperando um filho de Gino. Desgostoso, ele tentou o suicídio. Ficou gravemente ferido. Francesca, como uma filha dedicada ao pai, cuidou dele.

O velho amaldiçoou a sua filha, dizendo que aquela criança iria nascer morta, que iria trazer muita amargura ao coração da filha.

— Se você quiser o meu perdão, Francesca, faça um aborto, que eu a perdoarei.

— Pai, não diga blasfêmias. Isso eu nunca farei.

— Então eu a amaldiçoo também, filha ingrata.

— Não diga isso. Não vê que estou sofrendo?

— Sofrendo. Eu estou sofrendo, eu estou com meu peito doendo. Estou a morrer.

— O senhor ficará bom.

— Prefiro morrer a vê-la carregando nos braços um filho daquele desgraçado.

Francesca começou a chorar, saiu do quarto e foi até a janela da sala. Debruçando ela viu a torre de Pisa. Suas lembranças traziam para o seu coração um alento.

Cornélio, acompanhado de Gina, tentaram consolá-la, dizendo palavras carinhosas e envolvendo o coração da jovem em muita energia.

"Naquele lugar fui feliz, e um fruto dessa felicidade está em meu ventre", pensava ela.

— Eu vou ser feliz! — prometeu ela baixinho enquanto enxugava suas lágrimas.

Gina estava ligada ao feto, mas conseguia ainda ajudar sua futura mãe e ela fez com que a criança se movesse no ventre da mãe.

Francesca ficou emocionada, foi a primeira vez que ela sentiu o bebê se mexer dentro dela. Ficou acariciando a barriga por muito tempo.

— Nada vai nos separar, eu juro por tudo o que há de mais sagrado.

— Eu sei, minha querida, sei como é grande o seu coração e quanto você me ama, mesmo sem saber que estou retornando aos seus braços agora em papéis trocados — revelava ela enquanto recebia os carinhos da futura mãe.

Mais uma vez, o Criador concedia a oportunidade para esses dois Espíritos caminharem juntos, ontem homem e mulher, agora mãe e filha.

O sofrimento dela durou alguns meses, o pai se negou a tomar os medicamentos e a receber o médico que faria os curativos. Seu estado de saúde e de irritação piorou até que ele veio a falecer. Francesca estava sozinha na vida. Decidida a tocar a adega do pai, ela enfrentou o que estaria por acontecer.

Capítulo XI

Guardando segredo

Livro *Sinal Verde*

Item 12 — Perante os Amigos

"Se Jesus nos recomendou amar os inimigos imaginemos com que imenso Amor nos compete amar aqueles que nos oferecem o coração." André Luiz

A conversa entre Gino e Hélio, iniciada dias atrás, tem prosseguimento. Seu Gino continuou a contar fatos importantes de sua vida para seu genro que segurava o filho mais velho, Agostinho, no colo. Dona Bianca e a filha estavam no quarto. Guilhermina faz um casaquinho para o terceiro bebê que esperava, e dona Bianca trocava o pequeno Paulo Sérgio que acabara de tomar banho.

— Então, meu sogro, continue. Conte-me como foi sua chegada e como conheceu dona Bianca.

— Vou lhe contar tudo, meu filho, e depois tenho um pedido a fazer.

— Pois bem. Então comece logo já que as mulheres estão lá dentro.

— Bem. Logo que deixei o Porto de Livorno, na Itália, no vapor que vinha com destino a Buenos Aires, com escala no Rio de Janeiro e Santos...

Ao relatar, Gino reviveu cada detalhe, e uma forte emoção tomou conta do seu ser.

— E na viagem... — prosseguiu. Certa noite, estava cantando e dançando no convés com outros jovens. Eis que apareceu a bela Bianca. Eu dançava e piscava para a jovem. Ela também gostava de música e ficou a bailar longe do grupo. Até que fui até ela e a convidei para dançar. Em meus braços, a jovem permaneceu dançando por muito tempo.

Entre um gole de vinho e uma dança, acabei por ficar a sós com ela no convés do navio. A lua brilhando no céu, eu a beijei. Foi então que lhe perguntei para onde ia. E ela respondeu:

— Vou para Buenos Aires.

Fiquei encantado por ela. Nossos corações batiam descompassados, e não víamos a hora de nos vermos novamente. Naquela noite, não conseguimos dormir. Voltei ao convés e ela também. Trocamos beijos ardentes e juras de amor. Durante a viagem a convenci a desembarcar comigo no Brasil.

— Mas meu primo e tios me esperam em Buenos Aires — argumentou ela.

— Não tem problema. Escreveremos para eles.

Os dois viveram um emocionante conto de fadas. Na proa do navio existiam algumas sacas de grãos. E eles, deitados sobre as sacas, ficavam horas conversando, outros momentos apenas observando o movimento da estrela cadente, as nuvens que escondiam a lua. Gino acariciou o belo rosto de Bianca que acabara por adormecer em seus braços.

Numa noite, Gino, não conseguindo dormir, foi até onde estava Bianca e a encontrou dormindo.

— Ela parece uma princesa — pensou ele ao vê-la dormindo tranquilamente.

Um clarão da lua entrava pela janela iluminando o seu rosto. Durante alguns minutos, ele permaneceu somente olhando. Depois, calmamente começou a passar o dedo sobre seus lábios. Bianca acordou tranquilamente, pois já sentira a presença dele ali ao seu lado.

— Gino, *Mio Gino*.

— Bianca, minha princesa.

— Ao ouvir essas palavras, eu me deitei ao lado dela e comecei a acariciá-la. E o nosso amor aqueceu o frio que vinha do convés do navio. Como a viagem demorava alguns dias, aproveitamos para fazer os planos de uma vida juntos.

E Gino se lembra do diálogo que teve com ela.

— Não podemos ficar juntos! — lamentou Bianca.

— Como não! Você tem alguém esperando por você?

— Não, eu não tenho Gino.

— E você, tem alguém esperando por você, ou deixou alguém na Itália, Gino?

— Não, claro que não. Neste momento me senti o último dos homens, não queria mentir. Mas meus sentimentos me obrigaram a mentir. E pensou: "Se falar a verdade, não me aceitará".

— Eu só ficarei, ou melhor, só desembarcarei com você no Brasil se a gente se casar.

— Mas então está resolvido. O Padre Guido, meu amigo, está aqui no navio. Eu vou falar com ele agora.

— Espere, Gino! Para que tanta pressa? Temos muitos dias até desembarcarmos no Brasil.

— Sim, é verdade, mas falarei com ele ainda hoje — disse ele beijando-a várias vezes.

E prosseguiu o relato:

— Depois de deixar Bianca num dos compartimentos femininos do navio, percorri saltitante por todos os cantos do navio parecendo uma criança, vasculhava todos os compartimentos, procurando pelo padre Guido até que o encontrei na proa do navio, observando umas gaivotas que voavam alto e mergulhavam buscando o seu alimento. Padre Guido agradecia a Deus pela bela paisagem que via.

— Padre! — perdoe-me, mas interrompo?

— Não, meu filho, pode chegar. Sente-se ao meu lado e observe.

— Sentei-me próximo dele e fiquei a observar. Não achava graça no que meus olhos viam. Queria pedir logo que ele oficializasse o casamento.

— Diga-me, filho, o que queres de mim?

— Padre Guido, quero que o senhor faça o meu casamento.

— Como? *Ma Dio mio,* você não trouxe Francesca escondida junto com você. Trouxe?

— Não, padre. Por favor, não pense uma coisa dessas.

— Então, com quem você vai se casar?

— Com a Bianca, padre! A mulher mais encantadora que meus olhos já viram.

— Gino! O amor é coisa séria, meu filho.

— Padre Guido, eu estou falando sério. Não estou brincando.

— Ainda ontem você estava apaixonado por Francesca, queria que eu os abençoasse às escondidas. Lembra-se?

Diante das palavras do padre Guido, Gino sentiu-se desconfortável ao lembrar-se de Francesca e da criança que ela está esperando.

— Padre, sei que o senhor não deixa de ter um pouco de razão.

— Gino, *mio* filho. Eu tenho toda a razão.

— Padre, eu estou apaixonado por Bianca e ela por mim. Além do mais, Francesca não quis partir comigo. Ela escolheu ficar com o pai.

Gino conversou alguns minutos ainda com o padre Guido. Antes de sair, ele pediu ao sacerdote.

— Padre Guido, o senhor me conhece há muito tempo, conhece toda minha vida, por favor, se o senhor não fizer o meu casamento...

O padre ficou a olhá-lo fixamente sem nada dizer.

— Por favor, não conte nada a Bianca sobre Francesca.

— Não, isso eu não vou fazer.

— E o casamento?

— Não sei... vou pensar. Meu filho, você tem que ter certeza de que existe realmente amor entre vocês?

— Existe, padre, eu estou lhe afirmando.

— Não sei... quero falar com essa moça. Ela tem família aqui?

— Não, ela viaja sozinha.

— Qual é o seu destino?

— Ela seguiria viagem até Buenos Aires — explicou Gino.

— Iria?

— *Si,* padre Guido, se o *senhore* não realizar nosso casamento, a gente vai ficar junto de qualquer jeito. Já decidimos.

— *Má,* então já tá decidido? Para que o padre? — perguntou ele.

— Padre Guido! Por favor! Ela quer se casar antes de chegarmos ao Brasil.

— Vou conversar com ela, *mio* filho, depois me procure.

Gino se recorda de que as horas não passavam, os dias não terminavam, as noites estavam ficando insuportáveis.

— Eu conversava muito com seu pai, Alexandre, foi então que ele me deu uma ideia.

— Gino! Meu amigo, você só pensa nessa Bianca. Estou certo?

— Está certo. A vida não tem sentido para mim, Alexandre, se o padre Guido não fizer nosso casamento.

— *Oh Pá!* Se o padre Guido não realizar o meu casamento peça ao Genaro se passar pelo padre Guido e fazer o casamento.

— *Ma dona Mia!,* Alexandre, que bela ideia.

Hélio ria do relato feito pelo sogro e da trama que seu pai e o seu Gino estavam por realizar.

— A gente já tinha combinado tudo. Falei com Genaro: emprestaria a roupa do padre Guido, sem ele saber, é claro. Seu pai seria a testemunha, faríamos o casamento à noite, onde não tivesse muita gente.

Mas, numa tarde, andando pelo convés, viu ao longe o padre Guido conversando com Bianca. Ela contava a ele a sua vida. Ficaram conversando por muito tempo. Depois, quando o padre foi se despedindo, ela beijou a mão dele e disse:

— *Grace,* padre Guido.

Ele passou por mim e eu lhe perguntei:

— Então, padre, que resposta o senhor tem para me dar?

— Vá conversar com sua noiva, meu filho — pediu o padre Guido, sorrindo.

Eu não conseguia conter a alegria, abracei fortemente o padre Guido e o levantei, várias vezes.

— *Grace! Grace!* — gritava ele.

— Vá, meu filho, vá conversar com sua noiva.

— Padre, o senhor merece um beijo. Eu o beijei e disse: Um beijo não, vários beijos!!!

— Chega! Chega de beijos, filho, vá conversar com sua noiva.

Vi que Bianca de longe via a cena e começava a rir.

Coloquei o padre no chão e disse: — Padre Guido, o senhor me fez o homem mais feliz do mundo. E beijei a mão dele.

Dois dias depois o padre Guido realizou o casamento dos dois enamorados, na proa do navio. O sacerdote que também vinha com destino a São Paulo começou a fazer parte da vida do casal. Muito vinho, muita gente dançando e cantando a tarantela: foi assim que os dois corações se juntaram mais uma vez. A alegria dos italianos que viajavam no navio contagiou até os ingleses que estavam reservados num canto apenas observando.

— Foi realmente uma festa. Uma bela festa, *mio caro* Hélio — contou Gino ao terminar o relato de sua vinda para o Brasil e suas confidências.

— Que bela história de amor! — exclamou Hélio.

— É uma bela história, com final feliz — disse Gino enxugando as lágrimas no canto dos olhos, com a manga da camisa.

— E Francesca, o senhor nunca mais teve notícias dela?

— Fala baixo! — pediu ele. É segredo, eu nunca falei para Bianca sobre ela.

— Desculpe! Guardarei segredo.

— Ela escreveu algumas vezes para mim. Teve uma filha. *Nostra* filha se *chiama* Violeta.

— Que belo nome! Violeta. Mas como o senhor recebia as cartas?

— *Bene*! *Io* escrevia com o endereço do Genaro. Ele mora no bairro da Mooca. Aí quando ela respondia às minhas cartas, ele me dava as cartas, eu lia e as guardava.

— O senhor manteve tudo em segredo? Ah, meu sogro — brincou Hélio.

— Sim, eu amei muito Francesca. Foi um amor de jovem, um encantamento. Mas amo demais Bianca e não quero magoá-la. Tanto é que destruí todas as cartas tempos depois.

E ela não quis vir para o Brasil? Que aconteceu com ela?

— Isso quem vai me dar as respostas é você, meu querido. Quando chegar a Piza, procure pela família dela. E, discretamente, em código que vamos ter, mande-me notícias.

— Está bem, seu Gino, eu farei isso pelo senhor.

— Este é nosso segredo — falou seu Gino apertando a mão de Hélio.

— Pode deixar. Eu sei guardar segredo.

Capítulo XII

A travessia do Atlântico

Livro *O Evangelho Segundo o Espiritismo*

Capítulo V — Causas Atuais das Aflições.

"As vicissitudes da vida são de duas espécies, ou, se assim se quer, têm duas fontes bem diferentes que importa distinguir; umas têm sua causa na vida presente, outras fora dela."

O calendário marcava 22 de setembro de 1944, o navio que levava centenas de soldados seguia com destino à Itália, era escoltado pela Marinha Brasileira. A certa altura da viagem, a esquadra inglesa passou a fazer a escolta, já que o Atlântico estava repleto de submarinos alemães.

No coração dos jovens, a incerteza. O que os esperava? Como seria o inimigo? Voltariam para casa? Muitas histórias, muitos dramas ali foram relatados. Brasileiros de todas as partes, defendendo uma nação.

No coração de Hélio Silveira, a vontade de se vingar da morte de seus parentes no navio Baependy. Seu irmão, a cunhada e a sobrinha, pareciam estar vivos; não saíam de sua mente um só instante.

Na realidade, ele sentia muito a presença de seu irmão porque, em Espírito, ele ali estava. Agia normalmente como se estivesse vivo na ativa.

Silveira não conseguia vê-lo, mas sentia a sua presença, por vezes parecia ouvir-lhe a voz.

Numa noite, Silveira estava deitado em seu beliche. O desconforto era muito grande, pois já estavam viajando há muito tempo, e a cada dia eles se indagavam:

— Para onde estamos indo? O que nos espera? Como será a guerra?

Eram soldados de várias partes desse imenso Brasil. Era comum vê-los com suas fotos e ficarem conversando uns com os outros contando sobre seus amores e suas desilusões.

Nesse meio, encontramos um paranaense que logo fez amizade com Silveira. Coutinho era assim que ele era conhecido. Baixinho, entroncado com os olhos e pele clara, cabelos loiros.

Coutinho estava sentado em seu beliche que ficava em frente ao de Silveira.

— Diga, Silveira, você que já está no Exército há muito tempo, o que espera da guerra?

— Não espero nada — retrucou Silveira beijando a foto da esposa com os filhos e depois guardando no bolso.

— Nossa! Você falando assim me dá até arrepios. Sabe, tenho medo do que vou encontrar.

— A guerra não é tão feia como pintam.

— Não é? — questionou Coutinho.

— Não! É mil vezes pior.

Diante do comentário, o paranaense ficou quieto, pensativo. Depois de algum tempo de silêncio entre os dois, Silveira lhe diz:

— Eu só espero voltar vivo para a minha família. Vou cumprir minha missão.

— A missão de soldado, de lutar pela pátria?

— Sim e não.

— Como? Não entendi?

— Estou indo para defender o meu país, mas também para vingar a morte do meu irmão e família.

Diante do relato que Coutinho ouvia, ele ficou com pena do sofrimento pelo qual estava passando Silveira.

A conversa entre os dois foi retomada e, em dado momento, Coutinho viu chegar um rapaz e se dirigir a Silveira.

Ele falava e Silveira não respondia. Coutinho ficou impressionado, os dois se pareciam muito, fisicamente, até a voz era muito parecida.

Coutinho não conseguiu ficar sem perguntar.

— Como era o seu irmão?

Silveira olhou meio sem entender.

— Sim, como era ele, gordo, magro?

Ainda sem entender, Silveira relatou o jeito do irmão. Coutinho ficou todo arrepiado.

"Meu Deus, estou vendo uma alma de outro mundo", pensou rapidamente fez o sinal da cruz, fechando os olhos em seguida.

Nesse momento, José Carlos (Zequinha), o irmão de Silveira, vendo que estava sendo observado pelo pracinha Coutinho lhe pediu:

— Soldado, diga para o Silveira que estamos esperando ele lá no convés. Vamos jogar uma partida de baralho.

Coutinho abriu os olhos com receio e viu o Espírito sair normalmente pelos corredores apertados do navio.

— O que foi? Você ficou estranho. Por acaso, viu algo?

— Sim e não?

— Como? Não entendi?

— Posso estar enganado. Mas acho que vi o seu irmão.

Silveira ouviu o relato feito por Coutinho e ficou impressionado.

— Ele lhe disse algo?

— Sim, que era para você ir até o convés que ele o estaria esperando para jogar uma partida de baralho.

Rapidamente Silveira desceu de seu beliche e acenou para Coutinho.

— Venha comigo.

— Eu?

— Sim, você. Por que está com medo?

— Não. Não estou.

— É bom mesmo, pois deverá ter medo dos inimigos que enfrentaremos pela frente.

Os dois saíram com destino ao convés. Era comum ver os soldados passarem mal. Alguns chegavam a desmaiar de tanto enjoo que sentiam.

Além do mais, a comida era muito ruim. A viagem parecia não ter fim. A cada dia que passava mais difícil ficava a situação dos pracinhas. Estavam cruzando o Atlântico, mas até então não sabiam para onde estavam indo.

O desconforto, o mal-estar, tudo isso já era rotina. Às vezes se distraíam jogando com os amigos, mas a maior parte preferiam ficar revivendo suas lembranças.

Em uma manhã, Silveira foi até o convés do navio. Próximo dali um jovem capelão tocava sua gaita acompanhando o coro dos soldados que cantavam a saudade da terra, dos familiares, dos amores que ficaram distantes. Silveira permaneceu olhando para o imenso oceano e para a frota de navio que fazia a escolta dos brasileiros.

Por alguns momentos, seus pensamentos vagaram em um vaivém, assim como as ondas que se quebram no casco do navio. Seus pensamentos viajaram rapidamente num passado recente.

Lembrou-se de uma conversa que tivera com seu sogro, na despedida dos familiares, antes de embarcar para o Rio de Janeiro. O último abraço que receberá de sua querida Guilhermina. O abraço de seus filhos que não queriam desgrudar de seu pescoço.

— Papai, não vá, fique com a gente — implorou Agostinho.

— Papai, o senhor traz um presente para mim? — perguntou o outro, beijando as lágrimas que corriam dos olhos de seu pai.

Silveira, abraçado ao seu irmão, não conseguia falar.

— Vá, meu querido irmão. Eu olharei por sua família, cuidarei deles como se fossem meus.

— Dário, por favor, cuide também do papai e da mamãe. Eles precisam muito de você.

Pode deixar, meu irmão. Vá tranquilo. Cuidarei de todos! — prometeu:

— Até breve! — acenou Silveira, beijando o irmão.

Naquele instante, Dário sentiu um aperto no coração, como se fosse o último abraço que daria em seu querido irmão. Sem dizer uma palavra, ele retribuiu o abraço e o beijo.

Dário não queria que aquele abraço terminasse. Ficou acariciando o rosto do irmão. Olhou cada detalhe como se estivesse gravando em sua memória.

— Vá com Deus, meu irmão!

— Eu voltarei! — exclamou Silveira.

— Estaremos esperando por você!

Guilhermina abraçou o esposo, enquanto Dário pegou os dois sobrinhos nos braços.

Ela o beijou com muito amor e o abraçou bem apertado.

— Queria que o mundo terminasse agora, ou que essa guerra já estivesse acabado e você estivesse retornando para os meus braços.

— Promete que vai se cuidar? — perguntou ela.

— Prometo! — disse ele beijando as lágrimas que rolavam dos olhos de sua esposa.

— Promete que vai voltar para casa?

— Prometo! Voltarei para você e para nossos filhos.

— Vou esperá-lo com os braços abertos e o coração cheio de amor para dar.

— Escreva-me sempre que puder — pediu ele.

— Escreverei. Assim que receber uma carta sua, no mesmo instante, a responderei.

Flashes de sua vida começam a passar pela memória, como se viram as páginas de um livro; umas são coloridas, felizes, outras são em preto e branco e muito tristes.

Semanas depois, a tropa se encontrou reunida no cais.

Ouviu-se o toque de reunir, e os soldados começaram a subir no navio americano. Cada soldado que entrava deixava um pedaço de sua vida na pátria brasileira. A certeza da partida, a dúvida da volta. No coração de muitos o medo, a insegurança. Mas, no fundo, também o desejo de lutar por aqueles indefesos que já haviam morrido, em nome de uma guerra.

Ele, ao subir no navio americano, olhou a paisagem da cidade do Rio de Janeiro e acenou, imaginando que sua família estivesse ali, se despedindo dele. Mas não havia despedidas; sua família estava longe, em São Paulo. Assim como os demais, ele estava deixando toda a riqueza de sua vida. Será que voltaria? Era a dúvida em muitos corações. Era a luta pela paz, era o sangue derramado para chegar à paz entre as nações. A paz entre os irmãos. Irmãos de peles e línguas diferentes, mas filhos de um mesmo Pai.

Depois de algumas horas, o navio deixou o porto. Os lenços foram acenados e no peito a saudade já começava a doer. Várias embarcações acompanharam o navio com os milhares de pracinhas brasileiros por longa distância, a cada um que se distanciava e desaparecia no horizonte, mais a incerteza da volta se fazia no coração de muitos.

— Os homens fazem a guerra, mas os que fazem e os que pedem a guerra muitos não estão aqui, e nunca estarão — resmungou Silveira, para o seu companheiro ao lado.

O jovem, olhando para ele, gritou.

— A cobra vai fumar![1] — e saiu tocando sua gaita.

Admirado com o entusiasmo, Silveira voltou os olhos e se perguntou. Meu Deus! O que faz aqui nesse lugar um jovem capelão?

Ao fundo, a figura do Cristo Redentor vai aos poucos sendo envolvida pelas nuvens e desaparecendo para sempre para muitos pracinhas.

Os dias passavam e o navio deslizava no mar azul. O momento é de incertezas. Esperanças, tristezas, vibração e dor estão no coração do cabo Silveira.

---

[1] *A cobra vai fumar* — O símbolo da FEB era a "cobra fumando", era um ditado popular: "É mais fácil uma cobra fumar do que o Brasil entrar na Guerra".

Capítulo XIII

Colônia divina sobre Pisa

Evangelho Segundo Mateus — capítulo XXVIII, V:20

Disse Jesus: *"Eis que estou convosco até o fim dos séculos"*.

Neste momento, milhares de soldados brasileiros recebiam instruções militares, para saber como agir quando enfrentassem o inimigo. O local onde eles estavam acampados era muito úmido, por isso os soldados tiveram que abrir valas para que a água fosse drenada e assim eles puderam armar suas barracas.

O jovem Silveira, numa de suas saídas, procurou pela família do senhor Otelo, mais precisamente pela senhora Francesca. Seu Gino informou a ele onde ela morava e, chegando até a Torre de Pisa, não foi difícil encontrar a casa. Ela estava danificada pelos bombardeios alemães. Qual foi sua surpresa quando chegou até a frente da casa e bateu palmas. Um garoto vem atendê-lo. Ele pediu para falar com a senhora Francesca. O garoto, vendo que era um soldado brasileiro, gritou.

— Violeta, é um soldado brasiliano. *Quer parlare* com a nona.

Logo aparece uma jovem italiana, com lenço na cabeça, e limpando a mão no avental. Ele ficou surpreso quando a viu.

— Meu Deus, pensou ele. O que eu estou vendo?
— Pois não, *senhore*, o que deseja?
— Senhora Francesca? Eu preciso falar com ela.
— Quem é o *senhore*?
— Sou brasileiro e venho da parte do senhor Gino.

— Violeta, quando ouviu o nome de Gino, abriu um sorriso.

— *Ma entra per favore.* O *senhore* conhece o *senhor* Gino Antonelli?

— Sim, eu sou amigo da família.

Silveira, enquanto via um sorriso tímido naquele rosto no qual o sofrimento pela guerra estava muito marcado, reparava a semelhança entre ela e sua querida Guilhermina. Os cabelos eram iguais, os olhos, o sorriso. Somente a tristeza é que era diferente.

— *Per favore, senhore* Silveira, entre.

— Obrigado, senhora.

— *Senhorina. Io non sono esposata.*

Ao ouvir aquelas palavras, interrompidas pelas lembranças amargas e pelas lágrimas que rolavam pelo rosto da jovem, Silveira a cada instante que passava mais se condoía do sofrimento dos dois.

— Mas me diga, *senhore* Silveira, como está *mio padre*?

— Bem, ele está bem, preocupado com vocês, com sua mãe.

— Minha mama já é morta — adiantou-se o garoto.

— Meus sentimentos — disse Silveira.

— *Si, ogi somo noi due. Io e mio fratelo* Bruno — contou a jovem Violeta, abraçando o garoto raquítico.

Os dias se passam e o garoto Bruno ia quase todos os dias ao acampamento onde os pracinhas da FEB estavam acampados. Ali ele ganhava algumas coisas, até algum dinheiro dos amigos de Silveira, que contou a triste história da família, para os amigos.

Gouveia, um soldado mineiro, se afeiçoou ao garoto e sempre dava umas moedas, ou barra de chocolate.

— Bruno! Venha até aqui.

O garoto mais que depressa corria até a barraca onde estava Gouveia.

— Pronto, *senhore*!

— Dê uma ajeitada nessas coisas e depois, se você aguentar, leve essas roupas para sua irmã lavar.

— Deixe que eu levo, Gouveia — prontificou-se Silveira.

Em toda folga, o soldado Silveira ia visitar a jovem Violeta. A semelhança entre as duas mulheres fazia com que Violeta e Silveira se aproximassem. Com certeza, a mãe seria também muito bela. Silveira ficou encantado com ela e ela também se enamorou do jovem soldado brasileiro.

A dor da distância e a saudade corroíam os corações dos soldados brasileiros. As cartas chegavam com notícias do Brasil. Os conselhos das mães, o amor das esposas, os beijos marcados nas cartas. Isso acalentava um pouco, mas, com o passar dos dias, o coração do soldado Silveira se entregou aos carinhos e à atenção da jovem Violeta.

Silveira não contou sobre a semelhança entre ela e Guilhermina, muito menos que era casado e tinha dois filhos, já que seu querido Paulo falecera poucos meses antes de ele partir.

"Na realidade, somos dois corações carentes que se encontraram", pensava ele. Porém, muita coisa havia entre os dois.

Os destinos se cruzam, não importa a distância em que estejam as pessoas.

Certa noite, Silveira cumpria o seu plantão. Logo que Moraes veio para substituí-lo, ele fugiu e foi ao encontro de seu novo amor.

Chovia e fazia muito frio. Ele andava se escondendo, pois não queria ser visto pelas patrulhas. Além do mais, tinha receio de encontrar algum soldado alemão.

Eram quase três horas da manhã quando ele chegou à casa de Violeta. Jogou uma pedra em sua janela e ela a abriu para ver quem era. Neste momento, um jipe com alguns soldados americanos que fazia a patrulha nas ruas da cidade passou pelo local. Rapidamente ele se escondeu atrás de alguns escombros.

Violeta foi até a janela, mas não viu ninguém, somente o jipe com os soldados americanos. Ela foi fechando a janela quando ele deu um assovio, e a chamou.

O coração da jovem bateu descompassado quando ouviu o seu nome. Ela reconheceu a voz de Silveira. Rapidamente desceu e abriu a porta para que ele entrasse.

Ela estava envolta em uma manta enquanto que ele tremia de frio.

— Violeta, eu não aguentei de tanta saudade.

— Você é maluco, Silveira — disse ela abraçando-o.

— Venha, tenho um chá quente, venha se aquecer — chamou ela subindo as escadas, quando ele a puxa para si.

— *Io* quero me aquecer em teus braços, minha italiana bela.

Ela se deixou levar e se entregou aos seus beijos. O frio que lá fora fazia foi aquecido pelo calor dos corpos. Silveira subiu as escadas, carregando-a em seus braços.

Os dois se dirigiram para o quarto, onde o pequeno Bruno dormia. Às vezes ele tinha sobressaltos. Por qualquer barulho ele acordava chorando.

Os dois amantes se entregaram à paixão.

De volta ao acampamento, Silveira, que estava deitado em sua cama de lona na barraca depois que os seus companheiros adormeceram, ficou a pensar.

"Meu Deus! Que significa tudo isso? Primeiro seu Gino, que conheceu Francesca, e depois dona Bianca. E agora sou eu que conheci Guilhermina e Violeta, ambas filhas de seu Gino."

Como seu coração queria estar em paz, foi conversar com o capelão, o frei Orlando.

— Capelão. Com licença, senhor!

O capelão, baixando os óculos e olhando-o, disse:

— Entre, meu filho. Em que posso ajudá-lo?

— Senhor, preciso me confessar.

— O frei, vendo a aflição do jovem soldado, falou:

— Você está muito triste. Sente-se aqui, enquanto pego os paramentos.

Silveira sentou-se ao lado do capelão, enquanto ele fazia uma prece. "Pai, dê as palavras certas para que eu possa aliviar o coração deste jovem soldado."

Cabisbaixo, escondendo os olhos com uma mão e a outra o capelão a tinha sobre sua bíblia.

— Diga-me filho, o que tanto o aflige?

— Padre, eu estou pecando.

— Conte-me, meu filho, abra o seu coração.

Silveira, como católico, que é, abriu seu coração ao capelão Orlando. Depois de ouvir o drama narrado pelo soldado, ficou pensativo.

— Meu filho, o fato de você estar arrependido é um bom sinal. Lembre-se do que Jesus disse a Maria Madalena: "Vá e não peques mais".

Neste instante, o frei foi intuído pelos mentores do plano maior, aos quais ele sentia a presença, e deu os conselhos para Silveira.

Ornela, se apresentando ao frei Orlando, disse:

— Meu querido frei Orlando, meu irmão em Jesus!

— Que Deus seja louvado! — responde ele em pensamento.

— Este soldado tem, no momento, um resgate duplo. Primeiro o de estar lutando pelo Brasil, com companheiros aos quais está ligado há séculos. E depois o fato de ter reencontrado um Espírito que, em outras vidas, ele fez muito sofrer, pois recusara o seu amor.

— Mas ele está se tornando bígamo? — pensou o jovem frei Orlando.

— Frei, Deus coloca em nossos caminhos pessoas as quais temos que conviver, e o Amor é o elo a nos unir. A cada vida que temos, nós reencontramos aqueles que nos foram caros e pelos quais temos um grande sentimento de Amor. Aquele Amor verdadeiro o qual Jesus nos ensinou.

— Mas ele está apaixonado por ela. Não é um amor fraterno, é um amor carnal.

— Frei, deixe a ele o livre-arbítrio.

Frei Orlando escutou os conselhos com muita atenção.

— A missão junto a esta jovem é de amparar e ajudá-la no momento pelo qual estão passando. Agora, se ele como homem e ela como mulher acabarem por se envolver, não podemos interferir.

— Mas isso estava previsto, eles se envolveriam?

— Lembremos que eles estão na matéria e o coração quando está carente, busca consolo e carinho. Ele tem seu livre-arbítrio, a jovem Violeta não sabe da verdade, mas esse jovem levará para sempre o peso da bigamia, o coração dele terá sempre a chama da traição.

Frei Orlando ficou pensativo sobre o que Ornela lhe falava.

— Meu filho! Jesus nos ensinou que devemos nos amar e que o amor é o alimento da nossa alma. Estamos caminhando para a construção da grande família universal.

Depois de alguns instantes, com os olhos embargados de lágrimas, Silveira pediu a bênção do capelão.

— A sua bênção, frei Orlando.

— Vá com Deus, meu filho. Ore a Jesus, pois tenho certeza de que Ele olhará por você.

O soldado saiu da barraca onde o frei Orlando provisoriamente atendia aos corações aflitos.

"Somos todos Irmãos, Orlando."

Ele ouviu essas palavras sendo pronunciadas ao ouvido. Olhou para os lados e não viu ninguém, mas sentiu uma energia o envolver.

O frei se voltou para o interior da barraca e, ajoelhando em frente ao altar que foi improvisado, colocou-se em prece. Rapidamente foi envolvido pelos amigos espirituais que ali estavam.

Frei Antônio Maria, juntamente com outros dois freis, que estavam ao seu lado. Com os olhos da alma, ele, emocionado, viu os companheiros de outras caminhadas evolutivas.

Frei Orlando saiu do corpo e, levantando-se, disse:

— Sabia que não estava sozinho nesta minha caminhada.

— Que a Paz do Mestre esteja contigo, meu irmão! — saudou frei Benedito.

— O Amor que nos une há muitas vidas é o elo a fortalecê-lo — explicou.

— Como vê, meu irmão, estamos auxiliando você na sua caminhada — disse frei Antônio Maria. Somos discípulos de Francisco de Assis e levaremos a paz onde haja discórdia. Por isso não nos separamos jamais. Caminharemos juntos rumo a Jesus. Ora estamos encarnados, ora no Plano Espiritual, mas sempre trabalhando.

— Viemos até você neste momento para lhe mostrar o nosso novo campo de trabalho — revelou frei Lucas.

— Vamos, meu irmão, convidou frei Benedito, o mais velho de todos.

Rapidamente os quatro pairam sobre a cidade de Assis e, neste instante, frei Orlando viu uma imensa Colônia de socorro. Eram várias barracas nas quais luzes coloridas irradiavam. Um anel luminoso envolvia a cidade de Assis.

— É uma proteção que temos para os ataques das trevas — explicou frei Antônio Maria, diante da curiosidade expressa em sua fisionomia.

A equipe se deslocou calmamente, passando por diversos departamentos nos quais milhares de soldados estavam sendo tratados. Muitas enfermeiras estavam ali. Frei Orlando detém-se em uma mulher que irradiava muita luz. Muitas enfermeiras se aproximavam dela e recebiam instruções. Ela caminhava e entrava em todos os compartimentos, levando a mensagem de Amor, até que, se aproximando do grupo, saudou-os:

— Frei Antônio Maria, sua bênção! — cumprimentou a enfermeira que, toda de branco, irradiava uma luz verde azulada de seu coração.

Frei Orlando observou tudo. Notou que, do lado direito do avental da enfermeira, havia um broche com o Cruzeiro do Sul em pedras que brilhavam e, no fundo, as cores verde e amarela, simbolizando a Bandeira Nacional.

— Que Deus, Nosso Pai, e Maria, Nossa Mãe, a abençoem, Ana.

A enfermeira Ana pediu a bênção dos demais freis e, quando olhou nos olhos de frei Orlando, viu que ele estava com a farda do Exército Brasileiro. Ela, então, perguntou:

— Frei?

— Sim, frei Orlando, servindo o Exército Brasileiro.

Ana ficou emocionada. Os olhos brilharam. Ela o abraçou carinhosamente, como se abraçasse um filho querido.

Emocionado com a energia que o envolvia e sentindo uma saudade imensa de sua mãe que sempre o visitava em sonhos, ele lhe retribuiu o carinho.

— Jovem soldado brasileiro, Deus lhe deu uma bela missão: defender aquele solo sagrado. E, ao mesmo tempo, levar as palavras de Jesus aos corações aflitos.

— Agradeço a Deus todos os dias — falou sem entender direito o porquê daquelas palavras.

— Quando da minha última experiência, estive ao lado dos meus filhos lutando pelo Brasil, nos campos de batalha — revelou a enfermeira Ana.

Frei Orlando ficou surpreso com aquela revelação.

— Frei Orlando, essa é nossa irmã Ana Néri, que hoje representa a Mãe de todos os soldados brasileiros. Ela, juntamente com outras, enfrentou os campos de batalha defendendo o país, mas principalmente levando o remédio para aqueles que pereciam, nas trincheiras. Levantando a bandeira do amor, ela se tornou um símbolo da mulher brasileira.

Diante da meiguice e serenidade que seus olhos transmitia, o frei Orlando respeitosamente beijou as mãos de Ana Néri, pedindo-lhe a bênção.

— Meu filho, que Deus o abençoe. Leve a bandeira da paz a todos aqueles que cruzarem o seu caminho. Lembre-se de que Jesus faz de você neste instante um servo Dele.

— Peço a Deus que me dê o discernimento necessário.

— Meu filho, todas as vezes que alguém pedir ajuda ao Pai, você será um instrumento ativo. Dentro de poucos dias, encontrará uma Irmã de Caridade e, com ela, recolherá os desabrigados da guerra, os filhos do medo, os órfãos e os velhos, cujas esperanças de vida estão se esvaecendo do coração.

— O que deverei fazer? — quis saber o frei Orlando.

— Receberá ajuda e montará um asilo.

— Asilo? Mas como irei mantê-lo.

— Não se preocupe, meu irmão, lembre-se dos exemplos de Francisco de Assis — ensinou Ana.

— Lembre-se do Apóstolo dos Gentios. Quando tiveres as mãos e os joelhos cansados, tornai a levantar, receberás a força, persistirá e seguirá — completou frei Antônio Maria.

Frei Orlando ficou pensativo por alguns instantes, mas foi trazido à realidade com o toque de corneta. Era a hora do lanche e todos já se dirigiam para receber a comida.

— O corpo precisa de alimento, assim como o Espírito precisa da paz e do amor. O meu acabou de fazer sua refeição junto aos anjos do Senhor — agradeceu o frei olhando para o céu de Assis e relembrando a imensa Colônia que ali estava instalada.

"Meu Deus! Um asilo? Como farei isso?", pensou ele enquanto caminhava para o rancho. Neste caminho, muitas crianças de Pisa, inclusive o pequeno Bruno, vinham até a pessoa do frei que os abraçava e os abençoava.

Além do gesto de carinho, o frei sempre dava a eles um chocolate, ou outra coisa qualquer. Ele sempre tinha nos bolsos alguma coisa, que arrecadava dos soldados.

As crianças viam nele um protetor. Por muitas vezes, as reunia em pequenos grupos e comentava alguma lição do Evangelho, da vida de Jesus ou, ainda, de Francisco de Assis.

Frei Orlando, apesar de estar em um campo de guerra, aproveitava o momento com as crianças, que para ele era celestial, e as envolvia em amor, oferecendo àqueles corações uma esperança, e dando aos olhinhos que só viam escombros e sofrimentos um pouco de brilho. Ele sempre tocava sua gaita no fim dos encontros.

Essa cena, que se repetia constantemente, trazia aos corações dos que viam a paz a certeza de que Deus não desampara os Seus filhos estejam onde estiverem, mesmo em um campo de batalha onde os semelhantes se destroem.

Capítulo XIV

A proteção que vem dos Céus

Livro *Palavras de Vida Eterna*

180 — Deus te Abençoa

"*Em qualquer dificuldade, arrima-te à confiança, trabalhando e servindo com alegria, na certeza invariável de que Deus te abençoa e te vê.*" Emmanuel

Enquanto muitos brasileiros partiam para o campo de batalha, no lado espiritual, os protetores e trabalhadores trabalhavam muito, já que os pracinhas brasileiros precisavam de ajuda.

Os protetores conversavam sobre alguns dos seus tutelados.

A FAB uniu-se aos pracinhas da FEB, na cidade de Pisa. Muitos deles foram levados até o Plano Espiritual durante o sono para receber instruções, diante do que estava por acontecer.

Os desencarnados eram tratados na Colônia que ficava sobre o acampamento da FEB. Essa Colônia tinha ligação direta com os hospitais da região. Muitos veículos traziam os Irmãos que precisavam de tratamento espiritual.

No céu, algumas carruagens nas quais os animais cavalgavam atravessavam as nuvens. Cães treinados para puxarem os trenós levavam os feridos, já desencarnados, para os locais onde receberiam tratamentos.

Feliciano, um trabalhador que conduzia um trenó, parou diante dos enfermeiros.

— Meus Irmãos, trago-vos aqui mais um jovem brasileiro.

No mesmo instante, Leandro e Clarice ajudaram o jovem.

Feliciano e Leandro pegaram a maca e o levaram para o local indicado por Clarice.

Assim que o jovem foi colocado na cama, Clarice se aproximou dele e, apertando sua mão, lhe disse:

— Seja bem-vindo. Está entre amigos.

O jovem, que estava com uma venda envolvendo os olhos, quis saber.

— Onde estou? Por que não ouço nada? — perguntou o pracinha levando as mãos até as faixas que também lhe cobriam os ouvidos.

Clarice acariciou suas mãos e, tocando-lhe o rosto, começou a fazer uma prece. De suas mãos saíam jatos de luz que se direcionavam para seu coronário e toda a sua cabeça.

O jovem adormeceu rapidamente. Leandro estava acompanhado da enfermeira Hilda, que estava desligada do corpo físico.

— O que houve com ele?

— Esse jovem foi atingido por uma granada, por isso perdeu a visão e a audição. Como continuou a andar, os alemães ainda dispararam uma rajada em seu peito — esclareceu Hilda se aproximando do jovem.

Clarice, ao conversar com Hilda e Leandro, notou que o jovem revivia todo o seu drama.

Ele estava, juntamente com outros pracinhas, vistoriando uma vila, que fora ocupada pelos alemães.

A neve cobria todo o lugar, e eles caminhavam prestando atenção a tudo.

O sargento que comandava aquele grupo se aproximou de um casarão e os demais pracinhas do grupo caminhavam encostados às paredes. O sargento entrou e logo depois os outros o seguiram.

A casa estava vazia. Havia um sentimento de alívio nos corações de todos. O sargento saiu e avistou outro casarão em frente. Deu sinal para que os praças contornassem o casarão. O vento frio fazia com que as portas e janelas batessem, deixando-os mais atentos a qualquer barulho.

Quando o sargento se aproximou com sua arma em punho, eis que um nazista apareceu em uma das janelas do casarão com uma metralhadora e o atingiu.

Ele caiu na neve que se formara em frente à casa. Os soldados se protegeram como puderam e rapidamente abriram fogo contra o casarão. O sargento, agonizando, ainda tentou levantar-se. Seus olhos enxergavam somente vultos. Ele passou a mão no peito e sentiu o sangue escorrer. Desesperado, conseguiu levantar-se e começou a atirar sem direção já que não sabia onde estava o seu inimigo. Neste instante, outros alemães dispararam. Ele caiu novamente e não se mexeu mais. Imediatamente, seu Espírito saiu do corpo e gritou para os seus soldados.

— Avante, vamos rodear o casarão. Atacaremos por trás.

Outros soldados, já desencarnados, ouvindo a voz de comando se apresentaram e começaram a executar as ordens do sargento.

Enquanto isso, seus homens, vendo o comandante da patrulha caído a poucos metros, tentaram socorrê-lo.

Eis que o jovem soldado disse aos demais:

— Deem-me proteção. Vou buscar o sargento.

Assim que o jovem correu em direção ao corpo que estava caído, os alemães dispararam contra ele. O jovem tentou se desviar das balas, correndo em ziguezague, mas neste momento outro atirou uma granada em sua direção.

Ela explodiu na sua frente e atingiu-lhe os olhos.

O jovem caiu e, desesperado, passou a mão sobre os olhos. Um barulho e uma dor insuportáveis foram sentidos nos ouvidos.

Desesperado, ele ainda tentou se arrastar em direção ao corpo do sargento.

— Sargento, estou indo, vou ajudá-lo, senhor! — gritou.

Uma rajada de metralhadora rasgou-lhe o peito. O jovem caiu. Mas, mesmo quase sem vida, ele ameaçou.

A proteção que vem dos céus

— Não vou morrer! Eu vou salvar o meu sargento. Vou acabar com esses soldados nazistas.

Hilda, a enfermeira que o estava ajudando no Plano Espiritual, se emocionou:

— Meu Deus! Mais um brasileiro. Até quando vamos lutar contra os nossos Irmãos?

Leandro a ampara, dizendo:

— Hilda, minha Irmã, os homens fazem as guerras, lutando pelos interesses, pelo poder, pelo domínio, não importando se com isso milhares de vítimas possam surgir.

Ela enxugou as lágrimas que rolavam de sua face morena. O pracinha ainda se debatia perdido em suas últimas lembranças.

Rapidamente, os enfermeiros aplicaram-lhe energias, acalmando-o. Depois, Clarice aplicou-lhe um medicamento que o fez dormir um sono profundo.

Leandro e Hilda, um de cada lado do soldado, faziam a higienização dos ferimentos. Com uma pinça, Hilda começou a tirar os estilhaços da granada que estavam encravados no rosto do jovem.

— Leandro, eu não pensei que tivesse força para fazer o que estou fazendo.

— Minha Irmã, ser enfermeira é uma das profissões mais nobres que existem.

— Sim, eu tenho consciência disso. Eu disse que jamais me passava pela cabeça um dia estar em uma guerra.

— Por que tomou a decisão?

— Perdi um ente querido há poucos meses quando a embarcação em que ele estava foi naufragada pelos alemães.

Hilda se emocionou quando relembrou o drama pelo qual centenas de famílias brasileiras passaram com os ataques às embarcações brasileiras.

— Mas a morte não existe e todas as experiências que temos são aprendizados riquíssimos.

— É verdade.

Neste instante, outro soldado que estava em um leito próximo começou a gritar.

— Alemães malditos, vou acabar com todos vocês.

Rapidamente, os enfermeiros se aproximaram. Clarice colocou a mão sobre a fronte do pracinha brasileiro e disse:

— Meu Irmão, acalme-se. Você já não está mais no *front* de batalha.

— Eu fui atingido — queixou-se ele com as mãos no peito.

— Sim, nós sabemos, meu querido, e como você pode ver já está medicado.

Ele olhou para o seu corpo e viu que realmente estava com faixas sobre o tórax.

— Onde estou? — perguntou ele.

— Você está em um hospital recebendo tratamento.

Enquanto Clarice conversava com ele, continuou a aplicar-lhe passes. Mais calmo, ele se deitou novamente e Clarice o cobriu com o lençol.

Leonardo e Hilda observavam tudo sem nada falar. Clarice olhou para os companheiros e apresentou:

— Este é o nosso cabo Silveira. Foi atingido pelos alemães enquanto as tropas brasileiras escalavam o Monte Castelo.

— É... foi uma conquista difícil. Fiquei sabendo pelo relato dos feridos — comentou Leandro.

— Realmente foi, mas conseguimos chegar ao topo graças aos aviões da FAB. Mas qual será o tratamento que ele receberá? — perguntou Hilda.

— Bem, minha Irmã, ele terá as partes recompostas, seus órgãos internos.

Clarice prosseguia a explanação quando se aproximou um casal de jovens. Eles se cumprimentam.

— Clarice! — exclamou Leonardo — Estes são Dário e Guilhermina.

Vieram ver o cabo Silveira.

Guilhermina aproximou-se do esposo que se encontrava em um sono profundo.

— Querido, sou eu Guilhermina. Acorde, por favor, eu vim vê-lo.

Hélio permanecia adormecido.

— Ele não acorda! — gritou Guilhermina, olhando para Clarice.

— Acalme-se, minha Irmã, ele está medicado.

— Mas eu preciso falar com ele, acordem, por favor! — implorou ela segurando as mãos de Clarice.

— Não posso minha Irmã. O sono para ele será importante, mas direi que você esteve aqui.

Chorando muito ela começou a mexer com ele sem obter resposta, começou a gritar.

— Hélio, meu querido, sou eu, acorde, por favor!

Guilhermina chorava sobre o corpo do esposo. Abrindo a roupa que Hélio usava, viu que ele estava com muitos curativos. Desesperada, gritou.

— Meu Deus! Hélio foi atingido. Ajudem-me, por favor, tenho que levá-lo para outro hospital.

— Acalme-se, Guilhermina — pediu Dário, seu cunhado.

— Como posso ter calma, Dário. Hélio está ferido!

— Ele já está medicado. Tenha calma, temos agora que esperar.

— Não posso esperar. Vou levá-lo comigo.

— Não podemos, minha querida. Venha, temos que voltar!

— Não, não irei, não vou deixá-lo aqui sozinho! Ele irá morrer — gritava ela.

Os amigos espirituais que ali estavam foram em auxílio de Guilhermina, que é envolvida por uma energia tranquilizadora.

Rapidamente, ela voltou ao corpo gritando.

— Hélio, não vou deixá-lo aqui — berrou ela, sentando-se na sua cama.

Guilhermina viu então que estava em seu aposento. Desesperada começou a chorar. Depois de muitas lágrimas derramadas, foi auxiliada pela protetora Ornela e, recompondo as forças que lhe restam, fez uma oração.

Ela pegou a foto do esposo que está no porta-retrato. Foi tirada um dia antes de ele partir para o Rio de Janeiro.

Colocando a foto ao lado da imagem de Nossa Senhora Aparecida, ajoelhou-se e, acendendo uma vela, orou fervorosamente.

Suas palavras eram de pura emoção. De seu peito jatos de luz envolviam a foto e, consequentemente, eles foram direcionados até a maca onde repousava o Espírito de Hélio.

— De onde vem essa luz? — perguntou Hilda, curiosa.

— Essa luz, minha Irmã, são as preces que a esposa faz neste exato momento em seu lar.

— Não imaginava que fosse assim — admirou-se ela.

— É o poder da prece, minha querida. Toda prece é endereçada ao Criador e, depois, encaminhada aos Irmãos necessitados.

— Minha Irmã, agora é hora de voltarmos ao corpo físico. Seu trabalho no plano terreno está prestes a continuar — ordenou Leandro.

— Em outra oportunidade, continuaremos as explicações — prometeu Clarice, se despedindo do casal de jovens enfermeiros.

Enquanto isso, no plano terreno, mais precisamente no hospital de Livorno, Hilda foi acordada para fazer o seu plantão. Ela se sentou na cama e, pegando a sua pequena medalha sagrada, beijou-a:

— Minha Nossa Senhora, me ajude, e ajude aqueles que tive oportunidade de visitar.

Na realidade, Hilda não conseguia se lembrar dos detalhes da viagem que fizera. Apenas uma lembrança vaga permanecia ativa em sua memória.

A jovem Aracy, também enfermeira e companheira de Hilda, perguntou:

— O que foi que você falou, Hilda?

— Nada não, minha querida — disse ela se levantando e terminando de se arrumar.

— Está muito frio lá fora, Hilda.

— Está bem, Aracy. Vou me agasalhar melhor — agradeceu ela, pegando outros agasalhos e saindo do quarto.

Lá fora o frio estava insuportável, Hilda caminhou pelos corredores do hospital de Livorno visitando todos os seus pacientes.

Em um dado momento, ela parou diante de uma janela que estava quase toda coberta pela fina camada de neve. Com sua mão, ela limpou um pouco o vapor e viu que lá fora a neve estava alta. O vento soprava, uivando, como um grito de socorro. Hilda apertou sua medalha nas mãos e pediu:

— Meu Deus! Já que estou aqui, me ajude a ajudar, a doar o melhor de mim.

Neste instante, Verônica, enfermeira da Cruz Vermelha, saiu no corredor e solicitou auxílio.

— Hilda, venha até aqui, preciso de ajuda.

Rapidamente ela se dirigiu até o fim do corredor e desapareceu atrás de uma porta.

Com certeza é mais um Irmão que estaria prestes a deixar o corpo físico. Amigos do Plano Espiritual circulavam pelos corredores, levando e trazendo centenas de feridos.

Alguns minutos após, Hilda entrou na sala dela e de lá saiu um capelão inglês, guardando os paramentos em uma bolsa e entrando em outro quarto.

Hilda aproximou-se do leito no qual a enfermeira Ilza cuidava de um jovem soldado alemão que estava muito ferido e fora resgatado pela patrulha de soldados brasileiros.

Ilza olhou para Hilda e surpreendeu-se:

— Não é incrível? Esse soldado alemão esteve no mesmo combate que este nosso pracinha. No fim, o nosso morreu, não resistindo aos ferimentos, e o alemão está sobrevivendo.

Hilda olhou para o jovem que estava com o rosto todo desfigurado e teve uma perna amputada, aproximando-se do leito onde estava o corpo do pracinha brasileiro, descobriu o seu rosto, puxando o lençol. E qual não foi sua surpresa. Ela vira aquele rosto.

"Onde?", indagava-a si mesma. "Onde vira aquele rosto?"

Depois, olhando para sua companheira, perguntou:

— Será que os alemães também cuidam dos nossos soldados que são capturados?

— Não sei o que lhe responder, minha amiga. Mas, se não cuidarem, com certeza, Deus cuidará.

O silêncio existente era cortado pelo vento que continuava a soprar lá fora e pelos gritos de socorro dos enfermos.

Rapidamente dois enfermeiros carregando uma padiola entram no quarto e retiram o corpo do cabo Silveira.

— Que destino! O Cemitério Militar de Pistoia em vez de voltar triunfante para casa — lamentou Nice, outra enfermeira da FEB.

— Como um herói! — completou Hilda.

Enquanto isso, Leandro acompanhava mais um grupo de desencarnados, que é levado para a Colônia.

Do lado de fora do hospital, a beleza da neve que caía suavemente sobre os telhados e árvores, deixando tudo parecer como nos sonhos de Natal. Cortando o céu, vários veículos, em uma estrada iluminada, iam e vinham da Colônia.

Sobre o céu da Itália, havia muitos trabalhadores. E nos campos de batalha muitos voluntários da Cruz Vermelha juntamente com as enfermeiras da FEB prestavam serviços aos nossos pracinhas.

No Plano Espiritual, São Francisco de Assis e Santo Antônio de Pádua gerenciavam grande número de trabalhadores.

Do Brasil, havia vários Irmãos de muitos credos, que, assim que se desligam do corpo durante o sono físico, eram levados pelos mentores espirituais para auxiliar os compatriotas.

Para Guilhermina, dias negros estavam por vir... o sofrimento para educar seus filhos, seu coração estava faltando um pedaço. Sentia muito a falta do seu amado, por vezes se revoltava. Mas, logo, ela era envolvida pelos amigos superiores e, mais calma, encontrava nas preces a força para enfrentar o dia a dia.

Capítulo XV

Monte Castelo

Livro *O Evangelho Segundo o Espiritismo*

Capítulo 17 — item 3 — O homem de bem.

"Ele tem fé em Deus, em sua bondade, justiça e sabedoria, sabe que nada acontece sem a sua permissão, e submete-se à sua vontade em todas as coisas."

Estávamos em meados do mês de fevereiro de 1945 e o Monte Castelo estava cercado pelos pracinhas brasileiros. Todos sentiam na alma que era chegada a hora derradeira de terminarem com aquela horrível guerra.

Os alemães contra-atacavam as tropas brasileiras, despejando morteiros para todos os lados, mas, aos poucos, a FEB ia ganhando as alturas.

O inverno rigoroso dos Alpes italianos, um inimigo tão arrojado quanto os alemães, fez também inúmeras vítimas.

A neve já começava a derreter, em meio aos estampidos das granadas e bombas lançadas pelos aviões. Entretanto, lá estava o homem de bem indo à frente, levando aos que estavam agonizando as últimas palavras do Cristo.

Frei Orlando encontrava-se próximo a uma trincheira quando se abaixou rapidamente.

Tiros passaram raspando o seu capacete, quase o deixando surdo.

Ele pulou rapidamente para o buraco onde se encontram três soldados brasileiros.

— Frei, ainda bem que o senhor veio — disse o sargento.

O religioso viu que dois soldados estavam muito feridos.

— Frei... — balbuciou um deles. — Não me deixe morrer!

O frei Orlando aproximou-se e, colocando a cabeça dele em seu colo, tirou-lhe o capacete. Fez o sinal da cruz em sua testa.

Neste momento, amigos do Plano Espiritual, acompanhando o nosso franciscano, o ajudaram.

Frei Orlando não teve tempo de terminar a oração dominical e o jovem soldado fechou os olhos para o plano terreno.

O sargento queixou-se:

— Perdi mais um homem, grande homem esse paulista.

— Todos somos grandes diante do pai — esclareceu o frei.

— Este jovem foi um filho que tive, mas nunca cheguei a conhecer — lamentou o sargento, apertando a mão do soldado.

— Filho! Deus nos coloca na hora certa em contato com as pessoas que precisamos caminhar. Somos samaritanos na estrada da vida. — ensinou o frei.

— Frei, será que este meu soldado será recebido por Deus?

— Claro, meu filho, não tenha dúvida.

— Mesmo estando num campo de batalhas, terminando com vidas?

— Sim, meu filho, Deus vê as causas, as razões. Nada em nossa vida é passado em branco.

O sargento deixou que a emoção o tomasse por completo. Depois de dias naquele lugar onde somente via-se a neve derretendo, misturada ao sangue, estava já esgotado e praticamente sem forças. Sua mente não conseguia mais distinguir o certo do errado, agia pelo instinto de sobrevivência.

Vendo a agonia que se passava não só ali naquela trincheira, mas em todos os locais onde a guerra passava, o frei elevou-se e, envolvido pela luz divina, proferiu uma prece emocionada.

— Ó Pai de Bondade e Justiça. Recebe este filho que acaba de partir, assim como os demais que estão indo sem uma palavra de conforto.

Faze, Pai amado, que Seu filho, Jesus, das alturas mande Teus emissários para socorrer nossos irmãos.

À medida que o frei Orlando elevava o coração, os socorristas do Plano Espiritual, aproveitando a luz que jorrava de seu peito retiravam os soldados já desligados do corpo. Muitos ainda insistiam em permanecer próximo ao corpo, continuando a lutar.

Os amigos espirituais envolviam o frei naqueles momentos cruciais.

O sargento acalmou-se e ficou sentado ao lado do soldado. Cabisbaixo, olhava o rosto do companheiro. Em sua mente foram recordados todos os momentos pelos quais passaram. Desde que eles se conheceram, houve entre eles uma afinidade muito grande. O sargento ensinou-lhe todos os movimentos da infantaria e do manuseio com as armas, aos quais o jovem pracinha tinha algumas dificuldades.

O sargento, apesar de ser durão e ser chamado pelos demais como Caxias, era, com o pracinha Ramos, austero, porém, no fundo, gostaria de abraçá-lo e chamá-lo de filho.

Numa tarde, recordou o sargento, depois de várias horas de ordem unida, o pracinha estava sentado em um banco próximo ao estacionamento onde ficavam as viaturas do quartel. Dirigindo o seu jipe, o sargento aproximou-se. Completamente perdido em seus pensamentos, o pracinha permaneceu.

— Soldado Ramos! — chamou o sargento.

Assustado, o jovem levantou-se e, fazendo continência, respondeu prontamente.

— Pois não, senhor! Soldado Ramos às suas ordens!

— Pode ficar à vontade, soldado — disse o sargento, aproximando-se e sentando no banco.

— Sente-se! Vamos conversar um pouco.

Meio sem jeito o jovem pracinha obedeceu, mas ficou ainda ressabiado, com certo receio.

O sargento então para quebrar o gelo falou:

— Hoje foi um dia difícil, não achou?
— Sim, senhor.
— Teve dificuldade?
— Não, senhor!

Vendo que o soldado permanecia muito preocupado, pois não era comum o sargento conversar com os soldados, insistiu:

— Fique à vontade, Ramos.
— Estou, senhor!
— Sabe de uma coisa, Ramos, vejo-o como se fosse meu filho.

Aquela frase tocou o coração do soldado e quebrou o gelo entre eles.

— O senhor tem filhos, senhor?
— Sim e não. Não conheço o meu filho.

A conversa dos dois prolongou-se por muito tempo. A tarde trouxe a noite. Muitas outras conversas ocorreram entre eles e, a cada dia, um sentimento que não é comum no militarismo brotou entre ambos. O sargento sentia-se mais próximo do soldado, queria protegê-lo, estar ao seu lado. Ele não entendia, mas gostava daquele jovem, aos poucos, se tornava mais parecido com ele quando era jovem.

Depois de se tornarem mais próximos, o jovem soldado contou um pouco de sua vida, o suficiente para que, buscando em suas lembranças do passado, o sargento fizesse a ligação dos fatos em comum na vida de ambos.

Enquanto as lembranças vinham com mais intensidade, o sargento tinha a certeza de que Deus não colocara aquele soldado em sua companhia por acaso. As palavras do frei tinham sentido.

Nesse instante, o outro soldado que estava gravemente ferido chamou pelo frei.

— Frei, dê-me a comunhão — sussurrou o soldado com dificuldade. Não quero partir sem receber a hóstia sagrada.

O religioso aproximou-se do jovem e, retirando o alimento espiritual, que naquele momento mais parecia uma brilhante estrela, a colocou na língua do pracinha brasileiro. Ele fechou a boca e os olhos, deixando-se envolver por aquele instante quase mágico se não fosse a dor que envolvia a todos.

O bom homem observou os ferimentos do pracinha, que agonizava.

Suas expressões faciais revelavam fortes dores, mas de sua boca não saía reclamação.

O frei, abrindo sua pequena bíblia, começou a dar a extrema unção.

Enquanto isso, os amigos espirituais aproveitavam para fazer o desligamento dos laços que o prendiam ao corpo físico.

No semblante do soldado, havia uma expressão de alívio. O pracinha, já desligado do corpo, ajoelhou-se diante dele e agradeceu.

— Frei Orlando, que Deus lhe dê em dobro todo o amor com o qual o senhor sempre envolveu a todos nós.

O frei chegou a ver o jovem ajoelhado à sua frente. Emocionado, percebeu que existiam vários Irmãos socorristas por todo o campo. Eles faziam o contraste, do frio da neve com o calor do amor, a negritude da guerra com a luz divina. Antes de deixar aquela trincheira, ele olhou para o sargento que tinha o pracinha nos braços e lhe disse:

— Deus o abençoe, meu Irmão. Sempre há tempo de resgatarmos algo, de amarmos ao nosso semelhante. Deus lhe devolveu nesses últimos meses o filho que lhe fora tirado do seu convívio.

Ao ouvir aquelas palavras pronunciadas pelo frei, que, naquele momento era intuído por outra entidade de luz, começou a chorar, abraçando e beijando várias vezes o corpo do filho já inerte.

— Filho, fique aqui! Logo virá socorro — aconselhou o frei.

O frei, então, saiu do local se protegendo para não ser atingido e não ser visto pelo inimigo que ainda estava no topo do Monte Castelo e atirava contra as nossas tropas.

Ali naquela trincheira, *fox role* como era chamado o local pelos americanos, permaneceu o pai abraçado ao filho.

A vida do sargento iria mudar, pois a guerra estava por terminar, mas a sua guerra íntima estava apenas começando. Entidades inimigas do passado o estavam rodeando, felizes com o sofrimento pelo qual ele passava.

De dramas em dramas, de trincheiras em trincheiras, nosso franciscano subia e descia o morro. Ora se escondendo, se arrastando, mas sempre chegando à linha de frente, levando alento para os pracinhas.

Certo dia, caminhava por uma estrada quando encontrou uma viatura do Exército Brasileiro. O jovem capelão aceitou uma carona oferecida pelo capitão Ruas e demais militares. Assim levaria o socorro mais depressa aos agonizantes.

Apesar de todo o sofrimento que havia ao redor, sempre levava uma palavra de ânimo e de alegria aos que encontrava. Porém, em seu peito sabia que algo estava por acontecer.

O jipe lentamente ia pela estrada quando parou de repente diante de um obstáculo. Uma pedra. Rapidamente os militares desceram e tentaram tirar a pedra do caminho.

O frei estava distante, observando os movimentos que faziam para a retirada da pedra. Olhava ao redor e via as montanhas cobertas pela neve. O sol timidamente aparecia e o vento soprava. Vendo aquela paisagem, rogou a Deus que abençoasse todo aquele lugar.

— Abençoe, Pai Amável a essa terra, essa gente que tudo perdeu, mas que ainda tem a fé no coração. Abençoe aqueles que não O conhecem. Abençoe esses Seus filhos que como antigamente se digladiam entre si.

Os amigos espirituais se aproximaram dele e o envolveram. Ele, emocionado, recebeu um abraço carinhoso de um Irmão. Neste instante, uma luz surgiu entre os dois.

Enquanto isso, no plano terreno, ouviu-se um disparo. Os militares olharam, e o frei caíra ao solo. Levou sua mão ao peito e ofegante continuou a orar.

Desesperados, eles correram para tentar ajudá-lo.

Ele fora atingido. Um soldado italiano que fazia parte daquela tropa, usando sua arma como instrumento inadequado, na tentativa de retirar a pedra acabou por dispará-la acidentalmente.

O desespero tomou conta de todos. O italiano, ajoelhado ao lado do frei, chorava compulsivamente.

— Frei, *perdona-me*! frei, me responde *per favore,* me responde — — suplicava o jovem italiano, chorando sobre o corpo do frei.

Ele é socorrido rapidamente, só que foi inútil. A notícia foi repassada a toda a tropa. Muitas lágrimas rolaram. Até daqueles militares que eram os mais durões se comoveram pela perda. Uma tristeza tomou conta dos pracinhas brasileiros.

— Morreu frei Orlando! Isso era ouvido em todo local onde a tropa brasileira se encontrava. Desde os comandantes até os soldados, todos ficaram tocados pela perda irreparável. O que se ouvia em toda a tropa era:

— Morreu nosso franciscano! — lamentavam.

— Morreu nossa luz! — diziam outros.

— Morreu nosso capelão!

Muitos não conseguiam expressar seus sentimentos com palavras, mas choravam a morte. Em muitos, o desespero acometeu-se, pois eles poderiam perder qualquer um, mas aquele homem, que sempre tinha nos lábios o sorriso, sempre tinha um aperto de mão, sempre tinha uma palavra de consolo, deixava todos órfãos.

Órfão como ele um dia foi, deixava os corações brasileiros órfãos.

Do outro lado, no Plano Espiritual, frei Antônio Maria vem receber o companheiro de jornada eterna.

— Venha, frei Orlando! Sua missão por ora terminou!

Emocionado, o frei caminhou até o velho amigo, que o esperava com os braços abertos.

A emoção foi muito grande. Todos os Espíritos que ali se encontravam foram saudá-lo. O recém-desencarnado ajoelhou-se orando a

Jesus, agradecendo a oportunidade. Neste instante, uma luz maior se aproximou de todos.

Todos ficaram em silêncio. E, quando o capelão do Exército abriu seus olhos, viam diante de si uma figura a qual ele, a princípio, não reconheceu, mas depois se deixou envolver, num abraço materno. E, como uma criança, ele se faz permanecer, por muito tempo. Aproveitando o instante em que mãe e filho se reencontravam frei Antônio Maria pediu aos trabalhadores do bem:

— Meus filhos, levem o frei Orlando para o repouso que se lhe faz necessário. Depois irei vê-lo.

Um caminho de luz se formou diante do grupo de socorristas, enquanto sua mãe, tendo-o ainda nos braços, volitou calmamente, alçando os céus da Itália, amparados pelos seus companheiros de jornada, frei Lucas e frei Benedito.

Um grupo de soldados desencarnados seguia a comitiva espiritual. Felizes, marchavam rumo à nova morada e enquanto a tropa envolta em luz cantava.

"*Você sabe de onde eu venho? Venho do morro do engenho...*

"*Por mais terras que eu percorra não permita Deus que eu morra sem que volte para lá*".

— Mais uma alma abençoada retorna ao seio do Pai Eterno. Um homem de bem que durante sua vida sempre fez a caridade, colocando em prática o Evangelho de Jesus — comentou frei Antônio Maria, olhando a tropa que desaparecia entre as nuvens deixando um caminho iluminado.

Naquela mesma noite do dia 20 foi celebrada a missa de corpo presente, pelos capelães brasileiros. Como era o seu desejo, estava trajando a veste franciscana. A tropa chorava, e a emoção vinha do fundo do coração. Todos os que chegavam próximos do seu corpo não acreditavam.

— Foi embora o Capelão.

— O Francisco de Assis brasileiro.

— O Francisco de Assis mineiro.

No dia 21 de fevereiro de 1945, o seu corpo foi enterrado no Cemitério Militar de Pistoia. Ali descansava o incansável capelão da FEB que, por onde passava, conquistava o amor e o respeito de todos. Sempre se manteve na linha de frente, às vezes contrariando ordens superiores.

— Esta é a minha missão. — dizia ele sorrindo.

Até em alguns soldados alemães aos quais pôde levar também a palavra de Jesus, o capelão plantou a semente do Amor, e na frieza da guerra fez nascer em vários corações a sementinha de luz de Jesus.

Retornou um homem de bem. Uma estrela brilhou no céu da Itália. Um anjo lá no céu acompanharia para sempre o soldado brasileiro, iluminando o caminho.

Ali, sob o céu de Pistoia, onde o vento soprava fazendo tremular a Bandeira Nacional e o Cruzeiro do Sul abençoava a todos, sob o toque do silêncio e a salva de tiros, descansava o corpo de um guerreiro, cuja maior arma fora o Amor Fraterno.

Os dias que se seguiram foram de tristeza. Por várias noites, muitos soldados olhavam para o céu, e com a estrela mais brilhante conversavam.

— Frei Orlando, sei que o senhor está olhando por nós.

— Intercedei a Jesus e a Maria, nossa mãe. Não nos deixe morrer aqui.

Súplicas subiam aos céus, cheias de sentimento sublime, e pétalas de luzes eram jogadas em direção aos pracinhas que lá estavam. Era o amor de um franciscano que, defendendo o Exército Brasileiro, suplicava ao Pai Criador as Suas bênçãos. O capelão frei Orlando amou a todos os que se aproximaram dele na sua jornada como Franciscano de Minas. O Franciscano da FEB...

Capítulo XVI

Senta a pua e a cobra vai fumar

O Livro dos Médiuns

2ª parte — Capítulo XXIX, Item 331.

"Uma reunião é um ser coletivo, cujas qualidades e propriedades são as resultantes de todas as dos seus membros, e formam como um feixe; ora, esse feixe terá tanto mais força quanto for mais homogêneo."

No Teatro de Operações da Itália, desde meados de setembro de 1944, o primeiro escalão da FEB, sob o comando do General João Batista Mascarenhas de Moraes, juntamente com a FAB. Aguardavam a hora decisiva, fato que ocorreu em fevereiro de 1945, quando o exército alemão ainda dominava as Montanhas dos Apeninos. A missão era mais uma vez desalojar os alemães do Monte Castelo, depois de muitas tentativas nas quais a FEB perdeu dezenas de homens.

A ofensiva do 4º Exército iniciou-se às 23 horas do dia 19 de fevereiro com o ataque da 10ª divisão de Montanha que, ao clarear o dia, conquistou Monte Belvedere e, em seguida, Gorgolesco. Na tarde do dia 20, caiu Mazzancana, bombardeada pelos aviões da FAB.

Apesar da tristeza que sentiam no peito, com a perda do capelão Orlando, a vida continuava e a guerra também. E, por isso, logo nas primeiras horas do dia 21, mais precisamente às 5h30, iniciou-se a batalha. Os pracinhas estavam com seus corações explodindo de tristeza, amor pela pátria, saudade da família e pelos companheiros que já tinham partido nos quatro confrontos anteriores. Superando tudo isso, nossos jovens determinados começaram o ataque a Monte Castelo.

O dia seria decisivo, por isso só tinham um objetivo: vencer o inimigo. Para tanto, não mediram esforços contra os ataques que vinham de cima, o gelo que enfrentavam, e começam a lançar os morteiros morro acima.

Nossos homens rastejavam morro acima. Metro a metro era comemorado, por todos. Assim escalaram o Monte e, com a ajuda dos aviões da FAB que lançavam bombas, o inimigo, sentindo-se pressionados, passou a deixar suas posições, à medida que nossos heróis avançavam. Até que, por fim, conseguiram tomar por completo o Monte Castelo.

Enquanto isso acontecia em terras italianas, o nosso herói recém-desligado do corpo físico recebeu o tratamento necessário, mas já pedia aos médicos e protetores que o deixassem voltar.

— Por favor, Irmã — pedia ele a Anna Nery[1], que carinhosamente cuidava dele.

— Acalme-se, meu filho, você acabou de deixar o corpo físico precisa se refazer.

— Se a senhora estivesse no meu lugar, não imploraria aos céus que a deixassem retornar e ajudar os seus irmãos?

— Tem razão, meu filho, imploraria sim, mas deixe que faça isso por você. Vou falar com nossos superiores, contanto que você fique repousando, combinado?

— Combinado, Irmã. Obrigado — agradeceu, beijando as mãos dela.

Antes de deixá-lo, ela ainda lhe disse:

— Vou para que você, meu filho, venha com minha equipe ajudar meus outros filhos.

Diante daquelas palavras, ele sorriu, enquanto Anna Nery deixou o local.

---

[1] **Anna Justina Ferreira Nery** — Nasceu na cidade de Cachoeira, em 13 de dezembro de 1814 e faleceu aos 66 anos de idade no Rio de Janeiro/RJ, em 20 de maio de 1880. Foi a pioneira brasileira da enfermagem. Ao irromper a Guerra do Paraguai (dezembro de 1864), Anna acompanhou os filhos e o irmão durante a guerra, para ao menos prestar serviços nos hospitais do Rio Grande do Sul. Em sua homenagem foi denominada, em 1923, *Anna Nery*, a primeira escola oficial brasileira de enfermagem de alto padrão.

Minutos depois, ela se reuniu com dr. Eugênio e com o frei Antônio Maria e relatou a situação.

— Mas, Irmã, nosso Irmão o frei Orlando acabou de chegar e já quer voltar? — perguntou o médico, um dos responsáveis pela Colônia.

— Ele, como um soldado, doutor, não consegue ficar à parte, mesmo ferido, sabendo que seus companheiros precisam de toda ajuda. Fique tranquilo, dr. Eugênio. Eu acompanharei Orlando — prontificou-se ela.

Diante das justificativas que ela dava a cada pergunta feita pelo dr. Eugênio, o frei Antônio Maria, que até então estava ouvindo calado, começou a rir e disparou:

— Doutor, se conheço bem esses dois, o senhor não terá sossego, pois eles insistirão até o fim. Deixe-a levá-lo consigo. E pessoalmente os acompanharei na missão de socorro.

— Fique tranquilo, dr. Eugênio, cuidarei dele como se fosse um filho.

Diante das palavras de Anna Nery, o dr. Eugênio sorriu, pois sabia da dedicação que a enfermeira tinha pelos soldados, principalmente os que estão lutando agora. O seu coração irradia amor, envolve a todos os que estão no caminho por onde ela passa. Vá, minha Irmã, socorra aqueles que estão ainda nas trincheiras do sofrimento, lutando em uma guerra, perdidos nas nuvens do ódio, se arrastando sobre o gelo.

Agradecida, Ana saiu acompanhada pelo frei Antônio Maria e se dirigiu ao ambulatório onde se encontrava nosso capelão.

Ao receber a notícia, o capelão sentou-se na cama, pegou seu crucifixo e, apertando-o bem junto ao peito, fez uma prece ao Pai Criador.

— Pai de Infinita Bondade, faça de mim um instrumento Seu. Deixe-me ajudar meus Irmãos brasileiros que precisam de mim. Muitos tombaram na neve, mas ainda continuam lutando. Dá-me Sua luz, Jesus, e o calor do Seu Amor para que eu possa aquecer o frio da saudade, do medo. Que Sua luz possa ser irradiada vencendo a escuridão do ódio. Faze de minhas mãos Suas mãos, Mestre Amado, e que eu possa curar as feridas do corpo e da alma. Que Suas Santas Palavras possam sair de meus lábios, e que eu leve o lenitivo aos que sofrem. Senhor Jesus, Mestre!

Já com a voz embargada, ele continuou orando.

— Sei por que estou aqui, por isso, peço-Lhe: deixe-me ajudar. Se, no passado, transgredi Suas leis, deixe-me refazer o caminho, levando o Amor, curando as feridas da Alma. Se eu caminhava na estrada escura, o Senhor colocou um anjo em forma de luz, que me direcionou até Sua presença. Ele me ensinou que somente o Amor e o perdão são nossos instrumentos de trabalho e que — ajudando nossos Irmãos desfalecidos de esperança e de amor, que perambulam pelos caminhos íngremes da vida — estaremos ajudando a Ti, Senhor. Eu Lhe peço humildemente: dá-me Sua bênção, ó Mestre Nazareno! Sei que posso ajudá-los, Pai.

Diante da prece feita com tanto sentimento, uma brisa leve o envolveu e ele fechou os olhos. Não demorou muito e começou a volitar, pairando sobre a cama. Isso aconteceu diante dos olhos de todos os que, em silêncio, acompanharam aquele momento. Frei Orlando foi envolvido por uma luz protetora que veio do Alto. Foi, então, que de seu peito saíram jatos de luzes coloridas.

Frei Antônio Maria se aproximou do pupilo e permaneceu com os olhos fechados. E, enquanto isso, a brisa aumentou e, aos poucos, o capelão do Exército Brasileiro se transformou em um monge franciscano com sua túnica rústica de cor marrom.

Quando a transformação se completou, desceu vagarosamente até a cama, abrindo os olhos e ficou feliz ao ver sua transformação. Olhou para seu mentor e disse:

— Estou pronto, frei Antônio Maria.

O religioso apenas sorriu, concordando.

Rapidamente ele desceu da cama e, quando deu os primeiros passos, o frei lembrou-lhe:

— Está esquecendo as sandálias, meu filho.

Ele as calçou e exclamou:

— Estou pronto! Jesus me chama!

— Antes, porém, meu filho, tenho que lhe dar isso — falou Anna. Ela colocou na túnica dele uma medalha na qual estava o Cruzeiro do Sul nas cores verde e amarela ao fundo e prosseguiu: — Agora sim, meu filho, poderemos ir. Somos soldados do Cristo, a serviço do Exército Brasileiro — sorriu ela.

Eles saíram da enfermaria e se dirigiram para fora do prédio, onde dezenas de grupos socorristas esperavam as últimas instruções.

As equipes deixaram a Colônia com destino às terras da Itália, mais precisamente à região do Monte Castelo.

Naquela mesma tarde, os pracinhas da Força Expedicionária Brasileira conquistaram o alto do Monte Castelo, mais precisamente às 17h30. A FEB viveu o seu momento mais emocionante no território italiano e celebrou o primeiro combate vitorioso. Com a conquista do valorizado objetivo, a FEB saldou um de seus mais sérios compromissos, pelos aspectos morais que continha.

Sorvedouro de centenas de vidas brasileiras, a conquista de Monte Castelo constituiu um dever de consciência e dignidade militar. Os soldados vibraram jogando os seus capacetes para o alto tão logo foi hasteada a Bandeira Nacional, que, pela primeira vez, tremulava nos Alpes Italianos. Muitos olhavam a bandeira lá no alto, e, em lágrimas, agradeciam a Deus pela grande conquista. Outros gritavam os nomes dos companheiros que haviam perdido a vida naqueles dias.

— Sargento Max! Essa vitória é para o senhor — gritava um cabo que, ajoelhado, começava a orar.

Sem que ele percebesse, diante dele se encontrava o sargento Marx, que ainda não se achava totalmente refeito, pois estava com muitos curativos, fora trazido pelos companheiros de sua Companhia, para ver a festa que os brasileiros estavam fazendo.

O sargento, olhando para o pavilhão e depois para a tropa toda que estava ali comemorando, disse ao companheiro espiritual que o acompanhava:

— Valeu a pena manchar a branca neve com o meu sangue. Sangue de um pracinha brasileiro, que não voltará para sua terra, mas continuará a batalha sendo um soldado do Cristo.

Ao ouvir aquelas palavras ditas sob forte emoção, Anna se aproximou dele e lhe falou:

— Meu filho querido, sob as estrelas do cruzeiro nos abençoando, iremos a qualquer lugar, lutando em nome de Jesus. Seja bem-vindo à 5ª Companhia do Amor a Jesus.

Ao perceber em sua frente a presença iluminada de Anna e reconhecendo-a, o jovem Sargento rapidamente prestou-lhe continência. E ela correspondeu. Depois, abrindo os braços, o agasalhou como um filho querido que retornava ao lar.

Sem saber, mas pressentindo, Anna recolheu os combatentes que, em outras épocas, já haviam estado com ela na Guerra do Paraguai e em outras batalhas.

A comemoração era de ambos os planos, pois muitos soldados desencarnados, sabendo ou não, estavam comemorando a vitória.

Nossos Irmãos em trabalho aos poucos iam recolhendo os pracinhas que estavam prontos para serem ajudados.

O frei Orlando e o frei Benedito se aproximaram de um jovem nazista que chorava copiosamente.

— Meu Irmão, por que choras? — perguntou frei Benedito.

O jovem, levantando a cabeça, olhou admirado para os recém-chegados e, batendo no peito, exclamou:

— Meu peito dói demais.

— Você está ferido. Não se preocupe, iremos ajudá-lo.

— Meu ferimento maior está na minha alma.

O frei Benedito ficou surpreso, pois o jovem falava fluentemente o português. Frei Antônio Maria que apenas observava ao ler o nome do soldado na tarja disse.

— Soldado Hummel?

— Sim, sou eu, senhor.

— Você é brasileiro, meu filho?

— Sim, frei, nasci no Brasil e vivi lá até os meus 15 anos. Meus pais ainda estão lá. Eu fui estudar na Alemanha. Faz cinco anos que estou vivendo aqui com meus tios. Meu tio é um soldado nazista e acabei tendo que me alistar, contra a minha vontade, no exército de Hitler. Fui obrigado a guerrear contra os meus próprios irmãos. Estive na Companhia que dominava Monte Castelo desde o início. Foi muito difícil, nos primeiros combates, em que eu era obrigado a atirar, não mirava. Atirava sem alvo. Só que diante da dor que passei a sentir, depois de cada combate, meus companheiros começaram a desconfiar, porque não vibrava a cada conquista que tínhamos. Depois dos combates, eu participava de um grupo que ia reconhecendo as vítimas, e enterrei muitos Irmãos.

O jovem não conseguiu terminar de falar. O pranto emocionado vinha do fundo de sua alma. Frei Orlando se aproximou do grupo e também ouviu o relato emocionado de um soldado de Hitler que era brasileiro e que não se sabia por que ali estava guerreando contra seus Irmãos de Pátria.

Vendo a sinceridade das palavras e as lágrimas sentidas que rolavam da face daquele jovem, frei Orlando, abaixando-se, tocou a mão dele e revelou:

— Filho! Também sou um soldado brasileiro e lutava nestas colinas há poucas horas. Ajudei muitos Irmãos nossos, inclusive soldados alemães que precisavam ouvir as Palavras de Deus, nosso Pai, que é sábio e generoso. Ele sabe o porquê de tudo isso acontecer com você, e tenha certeza de que Ele entendeu suas atitudes.

— Isso mesmo, meu filho! Tanto é que lhe mandou ajuda. Aqui estamos e vamos ajudá-lo. Muitas vezes estamos lutando de um lado, sem saber o porquê, como é o seu caso, mas saiba que Deus tem todas as respostas de nosso coração.

O frei Orlando estendeu a mão esquerda e tocou a mão esquerda do jovem que estava fechada.

— Levante-se, meu filho, iremos ajudá-lo.

— Com certa dificuldade, ele foi ajudado pelos freis Orlando e Benedito. O jovem não percebeu, mas perdera uma parte da perna esquerda.

Frei Antônio Maria o abraçou.

— Chore, meu filho, lave sua alma.

— Frei, preciso de ajuda.

Rapidamente, dois enfermeiros se aproximaram com uma maca, e os demais o ajudaram a deitá-lo.

Antes de levá-lo para o pronto-socorro, ele retirou uma tarja do bolso e disse:

— Isso pertence a um amigo de infância, que perdeu a vida aqui nos Alpes Apeninos. Ele foi um pracinha da FEB e eu o encontrei ainda com vida depois do terceiro combate que travamos. Minha equipe saiu recolhendo os vivos, mandando para os hospitais, e os mortos eram enterrados. Foi então que me aproximei de um corpo que morria em meio à neve. Quando o toquei, vi que estava vivo. Aquilo me deu uma emoção, ele não estava morto, viveria. Mas a minha surpresa foi maior quando o virei e vi, apesar dos ferimentos que tinha no rosto, a figura do meu querido amigo de infância. Quando ele me reconheceu, sorriu.

— Estou salvo. Graças a Deus! Emocionado, eu o abracei. Mas depois ele tentava desesperado se soltar do meu abraço.

— Juca, sou eu, seu amigo Luiz. Vou ajudá-lo, vou salvá-lo!

Desesperado, ele começou a gritar.

— Você é um traidor, lutando contra seus irmãos.

— Acalme-se! Eu posso explicar — disse-lhe chorando e tentando ainda tê-lo em meus braços. Por fim, eu exclamei olhando nos seus olhos, que mais pareciam duas tochas de fogo que me queimavam minha alma. Enquanto eu chorava, não conseguia dizer uma palavra sequer.

— Você é um assassino, veja quantos irmãos nossos você matou!

— Não, eu não matei, eu juro. Pelo Amor de Deus, me ouça.

— Você, nesse uniforme alemão... você é um traidor.

— Essas foram as últimas palavras ditas por ele. Eu o abracei fortemente no meu peito, Frei, e chorei.

— Por que Deus estava fazendo aquilo comigo? Naquele momento eu queria que uma granada explodisse ali, e assim poderia terminar minha vida ao lado do meu amigo. Mas nada aconteceu. Tive de ser forte, embora o coração estivesse explodindo de angústia. Fiz uma cova, coloquei o corpo dele ali, numa pequena cruz escrevi com meu canivete: "Aqui jaz um herói brasileiro". Foi a minha última homenagem a um grande amigo. Talvez eu tenha lhe tirado a vida. Sou um monstro. E ele está certo: sou um traidor. Como vou voltar ao meu país, quando tudo isso acabar? Como vou encarar a família dele, que são meus vizinhos? Não, eu não mereço ficar vivo.

Todos ficaram emocionados com o drama vivido por aquele soldado. Frei Orlando se aproximou dele e o tranquilizou.

— Meu filho, nós iremos ajudá-lo agora. Fique calmo. Esses enfermeiros o levarão para um pronto-socorro, onde receberá toda a ajuda que precisa.

— Frei, posso lhe fazer um pedido?

— Sim. Peça, meu filho.

— Por favor, tirem essa farda nazista que tanto me pesa.

— Entendemos, meu filho. Esses enfermeiros irão trocá-lo, antes de levá-lo à enfermaria.

Rapidamente, o jovem foi trocado. Ele ainda não se deu conta de que estava desencarnado e que perdera uma perna.

O grupo se afastou, e frei Benedito perguntou ao frei Antônio Maria.

— Ele não percebeu ainda que foi atingido?

— Não, meu Irmão. O drama dele é que em sua mente está fixada a cena do reencontro com seu amigo de infância e as palavras que feriram o coração dele.

— Mas como ele foi atingido?

— Meu Irmão Benedito, esse jovem — conforme nos contou — participava de um grupo que prestava socorro aos feridos depois dos combates. Ele estava desnorteado com o fato que tinha lhe ocorrido e não sabia mais o que fazia. Muito abatido, abalado emocionalmente, saiu correndo morro abaixo e acabou sendo atingido por uma mina alemã, que ele mesmo colocara no início da tomada alemã em Monte Castelo.

— Ferido pela própria arma? — admirou-se frei Benedito.

— Deus é sábio — concluiu frei Orlando.

— O que será dele agora quando estiver sendo tratado junto dos nossos soldados?

— Bom, não demorará e ele se reencontrará com seu amigo, em restabelecimento. Ajudado por seus protetores, acabarão por se perdoar.

Capítulo XVII

Declarando o amor

Livro *Leis Morais da Vida*

capítulo 55 — Ante o Amor

"Talvez seja necessário que o teu Amor atinja o martírio para alcançar o fim a que se destina." Joanna de Ângelis

Estávamos no mês de fevereiro de 1964, e os trabalhadores começaram a chegar ao Centro Espírita. Dona Felícia, uma das frequentadoras, conversava animadamente com Paulino, enquanto enchia os copinhos com a água que seria fluidificada.

— Pois é, Paulino, fiquei muito feliz quando tive a oportunidade de conversar com minha mãe, na noite passada.

— Fico contente por você, minha amiga. Eu lhe falei que não se preocupasse porque um dia você acabaria por se encontrar com ela.

— É verdade, Paulino, lembro-me dos seus conselhos. Só que a gente, por ser trabalhadora, pensa ter algum mérito a mais, e quer que as coisas aconteçam imediatamente.

— Quanto tempo faz que sua mãe partiu?

— Faz seis anos.

— Você lembra alguma coisa que conversaram no sonho?

— Alguma coisa, mas o que me deixou tranquila foi vê-la muito feliz e recuperada.

— Acha que exagero quando nas minhas orações peço para me encontrar com ela?

— Bem, dona Felícia, acho que a senhora deve se colocar à disposição dos amigos espirituais e não somente para ir ao encontro de sua mãe.

— Nossa, Paulino. Que egoísmo meu! Como trabalhadora da casa, eu deveria saber que a minha família não é só minha mãe, e sim todos os que Deus puser no meu caminho.

— Isso mesmo. Continue a trabalhar que o merecimento será só seu e depois, como diz o querido Chico Xavier, "o telefone toca de lá para cá".

A conversa foi interrompida com a chegada de outros trabalhadores do grupo. Felícia, pegando a bandeja com os copinhos, se retirou indo para sala de reuniões.

— Boa noite, Paulino — cumprimentou Dário.

— Boa noite, meu filho. Como tem passado? Está aproveitando suas férias?

— Sim, estou aproveitando para fazer uns serviços lá em casa.

— E como vão Guilhermina e os filhos?

— Estão bem. Somente Guilhermina que anda muito triste ultimamente.

— Algum problema que possamos ajudá-la?

— Não. Na realidade ela não esqueceu Hélio; por vezes acorda chorando, às vezes se sente culpada.

— Culpada? — perguntou Paulino.

— Sim, ela acha que depois que fui morar com eles ela está traindo o meu irmão.

— É você, meu filho, o que pensa disso?

— Penso que continuamos a viver e temos que remar nosso barco. Às vezes nós precisamos de alguém para nos ajudar, pois a correnteza parece muito feroz. Gosto muito dela, e ela sempre me ajudou. Quando terminou a Segunda Guerra e Hélio realmente não voltou, ela entrou em desespero.

— Coitada! Imagino o drama que ela viveu.

— Mãe prestimosa que sempre foi e mulher trabalhadeira, não tinha como educar e trabalhar ao mesmo tempo.

Nesse momento os olhos de Dário ficaram banhados em lágrimas. Paulino, olhando para o relógio, viu que faltava mais de trinta minutos para que o trabalho começasse.

— Meu filho, venha até a sala da diretoria. Vamos conversar. Acho que você está precisando.

Dário acompanhou Paulino. Sentou-se ao lado dele num sofá e desabafou.

— Não me vejo como traidor. Não traí o meu irmão, Paulino.

— Calma, meu filho.

Dário começou a chorar, pegou o lenço no bolso do paletó e enxugou as lágrimas que teimavam em correr pela face. No Plano Espiritual encontramos Abel, protetor de Dário; Claudius, mentor espiritual do Centro; e Otávio, antigo trabalhador da casa e tio de Elisângela.

Os amigos ouviam o relato de Dário, que desabafava, deixando que as emoções viessem à tona.

Otávio, vendo o drama pelo qual passava o coração de Dário, disse:

— Ele está sofrendo muito ao ver que Guilhermina padece, sente-se amargurado, pois não consegue fazer sua companheira feliz.

— Não será fácil, tanto Dário como Guilhermina terão que se policiar mais para não se deixarem influenciar pela negatividade — falou Abel, mostrando que ela se encontrava do lado de fora do centro.

— Meus Irmãos, vamos começar a ajudá-los — adiantou-se.

— O que pretende fazer? — perguntou Abel.

— Vamos falar com Elisângela. Já que ela o seguiu até aqui, é chegada a hora de esclarecê-la.

Os três Espíritos foram na direção dela que não conseguiu correr, pois foi imobilizada pelos guardas que protegiam o Centro.

Ela somente derramou palavras de ódio aos Irmãos e ao tio que tentavam ajudá-la.

— Elisângela, minha filha. Esqueça o seu passado. Veja quanto tempo você já perdeu prosseguindo com essa vingança inútil.

— Saia da minha frente! Não quero falar com você.

— Não seja tão recalcitrante, você só está arruinando a sua vida espiritual. Deixe Dário em paz. Abra o seu coração e comece a ser feliz.

— Minha felicidade está em persegui-lo e vê-los sofrer.

Elisângela não aceitava qualquer ajuda que fosse vinda dos Irmãos Espirituais. E, depois de muito conversarem, foi retirada do local.

— Você só entrará ali, minha filha, no dia em que quiser receber ajuda — explicou Claudius.

Como um animal que escapa da armadilha, ela desapareceu na escuridão da noite e do abismo em que se perdera.

Enquanto isso, a conversa de Paulino e Dário continuava.

— Paulino, eu juro por Deus, que somente fiz minha declaração à Guilhermina depois de quase quinze anos. Não aguentava mais vê-la sofrer.

Paulino apenas escutava o relato do amigo.

— Certa vez, cheguei à casa dela, levando uns livros e um blazer de presente para os rapazes. Você sabe que sempre os tratei como se fossem meus filhos. E eles também, na falta do pai, me consideram muito. E ela inspiradamente disparou:

— Você acostuma mal essas crianças, Dário.

— Porque eu os amo muito, você sabe.

— Sim, eu sei e sei também que eles gostam muito de você.

— Então por que você está falando isso? — perguntou.

Guilhermina, virando-se de costas para mim, pegou um porta--retrato com a foto do esposo que se encontrava no balcão da sala e apertando contra o peito começou a chorar. Aproximei-me dela, tocando-lhe nos ombros.

Guilhermina sentiu um arrepio estranho quando ele a tocou, foi como se fosse desfalecer. Sem forças, ela se amparou no móvel à sua frente. Dário a segurou e a virou, abraçando-a carinhosamente. Guilhermina sentiu como se estivesse nos braços de seu esposo. Chegou a sonhar que fosse ele. Como gostaria que fosse ele. Depois de tantos anos sozinha, era o primeiro abraço de um homem que ela recebia.

Dário, por sua vez, não disse nada, apenas a abraçava. Em sua mente e em seu coração, a vontade de dizer o quanto a admirava e a amava.

As palavras não saíram, mas os lábios se tocaram. Foi um beijo apaixonado. Dário estava sonhando e Guilhermina também, só que depois eles continuaram abraçados, mas ela chorava em seu ombro.

— Não, Dário, não podemos fazer isso.

— Por que não? Eu a amo, Guilhermina!

— Não podemos. Ainda amo meu esposo — dizia ela chorando.

— Também amo meu irmão, mas ele está morto. Você tem ainda esperança? Que esperança? Meu Deus! Acorde para viver!

— Não sei o que dizer. Às vezes o sinto bem próximo de mim.

— Guilhermina, eu sempre oro por ele e ele sabe que eu e você não o estamos traindo. O amor surgiu entre nós. Você é viúva, tem seus filhos para criar, precisa de um homem ao seu lado.

Nesse instante, um dos filhos chegou e viu os dois abraçados. Rapidamente Guilhermina se afastou de Dário.

— O que houve, mamãe. Por que está chorando? — perguntou Gustavo.

— Nada não, meu filho. Estou um pouco nervosa, só isso.

— Sente-se, filho, vou buscar o café. Sente-se também Dário, fiz aquele pão de que você gosta.

Dário sentou-se ao lado de seu sobrinho Gustavo, enquanto Guilhermina foi até a cozinha.

Os dois iniciaram uma conversa franca.

— Tio! Eu sei que você gosta muito de minha mãe.

Dário diante da afirmativa direta que Gustavo lhe fizera ficou sem saber o que dizer.

— Não se preocupe, tio. Meu irmão Agostinho e eu temos conversado há tempos sobre a necessidade de a mamãe refazer a sua vida.

— Meu filho, eu...

— Não diga nada, tio. Os seus olhos dizem tudo. Sei que o senhor gosta muito de nossa mãe e que ela sente pelo senhor uma ternura. Talvez seja uma forma de não sentir a falta do papai.

— Eu amo muito sua mãe, Gustavo, e lhe confesso agora que, durante o tempo em que seu pai esteve aqui, jamais a olhei com outros olhos.

Logo depois, Agostinho chegou e participou da conversa também. Guilhermina se demorava na cozinha, pois quando ela estava vindo para a sala ouviu a conversa e revolveu não entrar. Deixou que seus filhos conversassem com Dário.

Daquele dia em diante, ela realmente passou a pensar na possibilidade. Dário, que já tinha dado muitas cabeçadas na vida, se envolvera com algumas mulheres que o fizeram sofrer, sem falar no caso mais grave que teve com Elisângela, que acabou por ficar grávida dele e provocou o aborto.

Sempre nessas horas ele procurava amparo no ombro amigo de Guilhermina, que carinhosamente o aconselhava. Percebendo essa proximidade, Elisângela resolveu insistir no relacionamento com Dário. Ela tornou o caso público, deixando-o muito constrangido, pois ela frequentava o Centro.

Os amigos do Centro também o alertaram do perigo daquele envolvimento.

Novamente ela ficou grávida e, como já fizera um aborto, novamente o procurou exigindo dinheiro.

— Dário, quero que você me assuma e que passe sua casa para o meu nome.

— Como? Você está delirando, Elisângela.

— Não, não estou, tenho os meus direitos.

— Que direitos? Você não vive comigo.

— Mas estou esperando um filho seu.

— Olha, você pode até pensar que sou um idiota, mas sei muito bem que faz meses da última vez, portanto, esse filho não é meu.

— O que você está dizendo?

— Isso mesmo. Esse filho não é meu. Com certeza deve ser do André, o seu novo companheiro.

— Você não vai se livrar de mim assim tão fácil, Dário. Você se passa por homem direito, bonzinho, mas não é.

— Eu sei que não sou, Elisângela, mas também não sou idiota para assumir um filho que não é meu. Nós já não temos nada faz muito tempo.

A moça, com muito ódio no coração, saiu da casa dele, praguejando-o e prometendo vingança. Na realidade, ela queria aplicar um golpe, juntamente com seu namorado, André.

Diante da negativa em ajudá-la, ela optou por um novo aborto, só que desta vez acabou por falecer.

Dário entrou em profundo sofrimento, ficou afastado dos trabalhos mediúnicos por um longo tempo. Paulino foi quem lhe deu o amparo necessário, ciente do drama pelo qual passava o amigo. Guilhermina ficou ao lado do cunhado e o levou a fim de cuidar dele.

Por alguns meses ele ficou desnorteado. O espírito de Elisângela o acompanhava iniciando sua vingança. Paulino, conhecendo a personalidade do espírito de Elisângela e do que ela era capaz de fazer, iniciou um trabalho de ajuda espiritual ao amigo.

Alguns meses depois, ele se reergueu. Foi nesse período que o amor por Guilhermina começou a brotar em seu coração.

Os anos passaram e a união entre os dois se tornou realidade. Guilhermina e Dário, dois Irmãos Espirituais que se reencontraram com a finalidade de se auxiliar. Eles viviam como dois Irmãos Espirituais. Um amor verdadeiro, Dário ajuda na educação e na formação dos filhos de Guilhermina. Ela, por sua vez, o ajuda com seu discernimento nas decisões da vida.

O espírito de Elisângela não desistia e ora tentava influenciar Dário, outras vezes Guilhermina, incutindo nela o sentimento de culpa por ter esposado o cunhado.

Capítulo XVIII

Os reencontros da vida

O Livro dos Espíritos

P: 402 — Como podemos julgar a liberdade do Espírito durante o sono?

R: Pelos sonhos. Sabe que, quando o corpo repousa, o Espírito dispõe de mais faculdades que no estado de vigília. Lembra-se do passado e algumas vezes prevê o futuro.

Estávamos agora no ano de 1981. Depois de viajarmos no passado, quando Guilhermina reviveu grandes momentos de sua existência, vemos Agostinho e seu filho Henrique chegando ao hospital. Foram informados de que ela estava sendo atendida na emergência. Rapidamente eles dirigiram para lá.

Quando chegaram à sala de espera, encontraram Oliveira sentado em uma poltrona juntamente com os outros dois soldados.

Agostinho se aproximou e disse:

— Bom dia, senhores!

Oliveira, perdido em seus pensamentos, olhou para ele e o cumprimentou.

— Bom dia!

— Foram os senhores que socorreram dona Guilhermina?

— Sim, fomos nós — respondeu Oliveira.

— Sou Agostinho, filho dela, este é meu filho Henrique.

— Ela está sendo medicada, neste momento.

— Preciso saber dela, o que houve?

— Bem, pelo que o doutor me falou, sua mãe teve um derrame. Ele está fazendo alguns exames para saber melhor.

— Senhores, não sei como agradecê-los por terem salvado minha mãe — agradeceu Agostinho aos soldados.

— Não tem que agradecer a nós — disse o cabo Gouveia — Agradeça a Deus por estarmos passando ali naquele momento.

— Claro! O senhor tem razão, mas, se não fossem vocês, a esta hora... Agostinho não conseguiu terminar a frase.

Oliveira olhava para aquele senhor à sua frente e ficava a pensar:

— "Meu Deus, o que está acontecendo comigo, parece que já os conheço".

Não demorou muito e o médico chamou Oliveira que, se levantando, chamou Agostinho também.

— Senhor, com certeza são notícias de sua mãe. O senhor não quer vir?

— Sim, vamos — disse Agostinho entrando na sala onde o médico os esperava.

— Doutor José Carlos, este é o filho de dona Guilhermina, o senhor Agostinho.

— Pois bem, sentem-se, senhores — pediu o médico.

— Como está minha mãe, doutor? O que ela teve?

— Vamos por partes, senhor Agostinho. Sua mãe teve um desmaio e, com os exames que foram feitos aqui, constatamos que ela está com seu lado esquerdo sem os movimentos.

— Ela teve um derrame?

— Sim, e aconselhamos que ela consulte um cardiologista.

— É algo de grave que ela tem? — perguntou Agostinho, colocando a mão na cabeça.

— Fique calmo! Estou pedindo apenas que vocês a levem para um especialista. Sabe como é... ela já tem certa idade. É bom ter um acompanhamento.

— Sim, senhor, eu sei como é — concordou Agostinho, abaixando a cabeça.

— O que houve, senhor Agostinho? — perguntou o médico.

— Minha sogra faleceu enquanto estava sendo realizada uma

cirurgia de cateterismo e isso nos deixou traumatizados, só de falar em cardiologista. Meu Deus! Não gosto nem de lembrar. Todo o sofrimento que passamos.

O doutor permaneceu quieto por uns instantes e depois argumentou:

— Talvez sua sogra estivesse com as artérias muito comprometidas, por isso não aguentou. Isso depende do estado do paciente.

— Mas tenho medo do que possa acontecer com minha mãe.

— Sua mãe apresenta também um quadro de catarata adiantado — explicou ele, olhando os resultados dos exames em sua mão — Apenas aconselho a fazer uma visita ao cardiologista e ao oftalmologista.

— Doutor, ela faz um regime sério por causa da diabete.

— É como eu lhe disse, a visão dela está comprometida.

— Nossa, doutor, isso ela nunca nos falou. Então ela não está enxergando bem?

— Ela terá que ser operada com certa urgência. Meu colega que é oftalmologista já a examinou.

— Meu Deus, me ajude!

— Confie Nele! — exclamou Oliveira que observava tudo calado.

— Não há outra coisa a fazer neste momento — ponderou Agostinho.

— Eu vou transferi-la para um quarto, e logo os senhores poderão vê-la.

Enquanto isso, eu pediria ao senhor que fosse até a recepção e fizesse a internação dela.

— Doutor, coloque-a onde poderemos ficar ao seu lado.

— Pois bem! Fique tranquilo.

Enquanto o doutor saía, Oliveira disse para Agostinho:

— Senhor Agostinho, agora que está tudo bem com sua mãe, eu tenho que deixá-lo. Devo voltar para o quartel.

— Espere um momento, senhor! Não sei o que devo fazer para agradecer sua ajuda.

— Não deve fazer nada, senhor. Fiz o que deveria fazer. Gostaria de vir visitá-la. Posso? — pediu Oliveira.

— Claro, tenho certeza de que ela ficará muito feliz — respondeu Agostinho, estendendo a mão para Oliveira.

— Tenha um bom dia, senhor — disse Oliveira respondendo ao cumprimento e saindo.

Quando ele saiu da sala, sentiu uma energia invadindo-o.

— Meu Deus, isso de novo? — murmurou ele baixinho.

Agostinho saiu logo em seguida e, dirigindo-se ao filho que veio ao seu encontro, perguntou:

— Filho, você trouxe os documentos de sua avó?

— Sim, papai, por quê?

— Bem, ela terá que ser internada.

— Algo de grave?

— Terá que fazer alguns exames. Vamos até a recepção. Tenho que preencher uns papéis e depois aguardaremos o médico.

— Não podemos vê-la?

— O doutor irá nos chamar assim que ela estiver no quarto.

Passados alguns minutos, o doutor José Carlos os chamou.

— Os senhores podem vê-la agora. Venham comigo.

Eles acompanharam o doutor até que chegaram ao quarto. Eles entraram e viram uma enfermeira colocando remédios no soro que dona Guilhermina estava recebendo.

O filho se aproximou dela e, colocando sua mão sobre a dela, diz:

— Mãezinha, estou aqui. A senhora pode me ouvir?

— Ela está dormindo no momento, mas pode ficar tranquilo.

— Doutor, quando minha mãe ficará melhor?

— Fique tranquilo. Sua mãe ficará boa.

— Mas, e quanto aos seus movimentos?

— Bem, nesse caso, terá que ter muita paciência. Ela poderá ficar com alguma sequela e fará fisioterapia. No início da recuperação, sua fala será com muita dificuldade. E, quanto à visão, teremos que operá-la.

Agostinho olhou para sua mãe ali, imóvel e não acreditava no que estava acontecendo.

Henrique acariciou os cabelos finos de sua avó.

— Vovó, eu sei que a senhora ficará boa.

Enquanto isso, a viatura dirigida pelo cabo Oliveira cortava as ruas de São Paulo.

— Você está calado, Oliveira, desde que deixou o hospital — perguntou Gouveia.

— Estou me sentindo esquisito. Não sei... acho que devo consultar o médico.

— Vá ao ambulatório, deve ser sua pressão que está alterada. Eu medirei para você. Qualquer coisa eu aplico-lhe uma injeção na veia.

— Você está louco? — disse ele sorrindo.

— Amarelou? — brincou Gouveia.

— Não é isso. Sabe muito bem que não tenho medo de agulha.

— Eu sei, mas que você está esquisito. Ah! Isso está.

O restante do percurso foi tranquilo. O cabo Oliveira acabou por se entreter com a conversa com os amigos. O dia no quartel transcorreu normalmente. Após terminar o expediente, ele se dirigiu para sua casa.

Logo que chegou, encontrou um bilhete de sua mãe, que diz ter ido até o Mercado da Lapa. Ele aproveitou e tomou uma ducha fria. Depois foi até a geladeira e tomou um copo de leite. Em seguida, resolveu descansar um pouco, enquanto sua mãe não chegava.

Não demorou muito e ele pegou no sono. Saiu do corpo. Preocupado, ele foi até a sala e, pegando o telefone, tentou ligar para o hospital. Queria ter notícias daquela senhora.

Ficou agoniado, por não conseguir ligar. Foi até a janela e, olhando a rua que estava sem movimento, ouviu uma bela jovem chamá-lo. Ele imediatamente foi ao seu encontro.

— Como você demorou? — reclamou a jovem.

Ele nada disse e apenas a abraçou demoradamente.

— Fiquei tanto tempo esperando-o, meu querido.

— Não pude vir antes — explicou ele beijando uma lágrima que rolava na face da jovem.

Os dois saíram andando pela rua até chegarem a uma praça, na qual não existiam árvores, somente canteiros de várias flores. A jovem estava encantada com a beleza do jardim.

— Nossa! Nunca vi um jardim tão lindo.

— Pois é! Eu também não tinha notado que era tão belo. Acho que é a sua companhia, que fez o jardim ficar tão belo.

Os dois pareciam estar apaixonados. Continuaram a caminhar. Até que...

— Filho, você já chegou? — perguntou dona Esmeralda. Trazendo-o para a realidade.

— Ah! não, mamãe, a senhora me acordou! — queixou-se ele virando-se para o lado.

— O que foi? Não fiz nada!

— Eu estava tendo um belo sonho.

— Com uma garota? Acertei?

— Sim, minha mãe, uma bela garota.

— Por acaso era a Fernanda? Acertei?

— Não, minha mãe. Por que a senhora insiste com esse assunto? Eu e a Fernanda somos apenas bons amigos.

— Mas ela o ama. Você sabe muito bem disso.

— Mãezinha querida, pela enésima vez eu vou lhe dizer — sentou-se na cama e puxou sua mãe para que ficasse ao seu lado. Entre mim e Fernanda ocorreu um namorico de criança. Não é verdadeiro. É besteira. Entendeu?

— Entendi, mas que ela arrasta um bonde por você, filho, está na cara.

— Tudo bem, pode estar na cara, mas não no meu coração. Eu acho que encontrei o amor da minha vida.

— Que bom, mas quem é ela.

— Não sei. A senhora me acordou — sorriu ele.

— Enquanto você não encontra essa sua princesa encantada, que tal vir para a cozinha? Vou preparar uma panqueca de queijo para você. O que me diz?

— Só se a senhora me acompanhar com uma taça de vinho.

— Combinado, filho — disse ela beijando-lhe o rosto.

Depois de alguns minutos, eles estavam à mesa prestes a saborear as deliciosas panquecas que dona Esmeralda preparava. Antes, porém, ele abriu o vinho, serviu sua mãe e depois, erguendo sua taça, propôs um brinde.

— Façamos um brinde, minha mãe!

— Vamos brindar a quê?

— À vida — disse ele sorrindo.

— Ótimo! À vida, meu filho. Só tenho a agradecer a Deus pela vida que tenho. Ao amor, meu filho, que você encontre um grande e verdadeiro amor, assim como eu encontrei com o seu pai.

— Eu já a encontrei, minha mãe — falou, lembrando-se do sonho.

As taças se tocaram e pôde-se ver nos olhos de ambos um brilho de felicidade. Mais uma vez os caminhos começavam a serem traçados pela Providência Divina.

Capítulo XIX

O toque das mãos

Livro *O Evangelho Segundo o Espiritismo*

Capítulo XI — A Lei do Amor — item 8

"O amor resume toda a doutrina de Jesus, pois é o sentimento por excelência... Feliz aquele que ama, pois não conhece as angústias da alma e nem as do corpo! Seus pés são leves e ele vive como que transportado fora de si mesmo."

No quarto do hospital, encontramos Dona Guilhermina com o olhar perdido, distante de tudo o que ocorria à sua volta. Seu estado era delicado, pois ela sofrera outro derrame. Agostinho, seu filho, acabara de sair deixando sua sobrinha Elisa fazendo companhia a ela. Elisa cuidava da avó como se fosse de uma criança.

Dentro de seu peito uma tristeza se abatia ao olhar para aquele rosto transfigurado. Onde estava o belo sorriso que sua avó tinha? Em seu lugar se viam lábios retorcidos. De belo mesmo só os cabelos e os dentes alvos como pérolas. Os olhos estavam sem brilho algum.

— Vozinha, sou eu, Elisa, quem está aqui. Se precisar de algo mexa com os olhos, eu tentarei adivinhar o que a senhora está querendo.

Ela caíra na realidade de que sua avó não estava conseguindo falar. Como iria pedir ajuda? A jovem chorava, escondendo o rosto no travesseiro da avó. Sentia o perfume dos seus cabelos. Isso a fazia relembrar de fatos ocorridos quando era criança. Por alguns minutos, ela viveu de lembranças.

Passando algum tempo uma enfermeira entrou e fez a medicação. Logo depois o doutor entrou.

— Como está nossa paciente? — perguntou o médico de plantão.

— Na mesma, Dr. Cláudio — respondeu a enfermeira.

— Senhorita Elisa, quando algum dos filhos chegarem peça que passem na minha sala.

— Sim, doutor, pode deixar. Assim que chegar algum deles eu darei seu recado.

Elisa ficou sozinha no quarto, sentindo o coração despedaçado. Toda a agilidade de sua avó e agora somente os olhos é que se moviam.

A neta começou a alisar os cabelos da avó que mais pareciam fios de seda e, mentalmente, conversava com ela.

— Vovó, reaja, não se entregue. Confie! A senhora sempre foi uma mulher forte, não deixe que essa doença a maltrate, dê a volta por cima.

Os amigos espirituais que ali estavam observavam a cena. Enquanto falava com sua avó, Ornela, o anjo protetor de Guilhermina, ajudava para que ela pudesse sentir o amor que a neta a envolvia.

— O que aconteceu com ela? — perguntou o jovem enfermeiro que ajudava Ornela — parece que se entregou?

— Não, meu irmão, ela reagirá, espere e logo verá com seus próprios olhos.

— Ela não tem noção do que houve com ela?

— Não, Guilhermina está completamente à parte de tudo. No momento encontra-se mergulhada no passado, em ondas que relembram fatos que marcaram sua existência.

— Isso é a hora H?

— Não, Cristiano, não é chegada a hora de Guilhermina. Ela reagirá, pode ter certeza.

Neste instante, no Plano Espiritual, Hélio entrou no quarto, o jovem que é eternamente apaixonado por Guilhermina. Ao mesmo tempo adentrava o cabo do Exército Brasileiro Jaime de Oliveira. Ele trazia algumas flores para dona Guilhermina.

— Com sua licença — solicitou Jaime.

Ao ouvir aquela voz, Elisa o olhou com dificuldade. Não conseguia enxergá-lo direito e enxugou as lágrimas. Seus olhos viram um homem forte e belo à sua frente com algumas rosas brancas nas mãos.

Ela, a princípio, não soube o que fazer nem o que dizer, pois no momento em que seus olhares se encontraram algo aconteceu com ela e com ele também. Ele relembrou do sonho que tivera no dia anterior:

"Meu Deus! Ela é a minha princesa. A mulher do meu sonho".

— Com licença! — pediu ele novamente.

"Tomara que não seja sonho, de novo não", continuava ele a pensar.

— Pois não! Entre. Você com certeza deve ser o soldado que salvou minha avó.

— Sim, sou eu, senhora. Cabo Oliveira. Digo Jaime de Oliveira.

— Entre, por favor — pediu ela — E não sou senhora, sou senhorita.

"Será por pouco tempo, minha princesa, pensou ele."

— Trouxe essas flores para Dona Guilhermina — disse ele entregando-as para Elisa que, ao tocar em suas mãos, sentiu o coração pulsar mais forte.

Os olhares se encontraram novamente. Enquanto isso, no Plano Espiritual, Hélio comemorava, pois estava feliz pelo reencontro.

— Está feliz, meu irmão? — perguntou Ornela.

— Sim, minha querida Ornela, sabe como esperei por esse reencontro.

— Sim, eu sei — sorriu Ornela.

— E como está Guilhermina?

— Veja você mesmo.

Ele se aproximou e, emocionado, beijou-lhe a fronte dizendo:

— Minha querida, sou eu Hélio. Voltei, estou aqui do seu lado.

Guilhermina, ligada ao corpo, já que tinha medo de se ausentar dele, ouvia muito ao longe as vozes do seu grande amor, Hélio, e do jovem que a salvara.

— Ela está confusa, Hélio. Não estranhe, ainda mais que está sob o efeito dos medicamentos. Ela não está conseguindo discernir seus pensamentos — explicou Ornela

— Ela me ouve, Ornela?

— De muito longe.

Hélio sentou-se ao seu lado dela e acariciou o rosto de sua amada. O tempo marcara seu rosto e agora o derrame também, mas ela continuava, aos olhos de seu amado, linda como sempre.

Enquanto isso, no plano terreno, Elisa, mais tranquila, conversava com Jaime.

— Obrigada pelo que fez por minha avó.

— Sabe, sua avó não me saiu da lembrança. Estive pensando muito nela.

Elisa sorriu, reparando detalhadamente como era belo o rapaz. Ficou observando-o por longo tempo sem nada dizer. Jaime percebeu e sorrindo perguntou:

— Será que ela irá gostar das flores?

— Oh! Sim, gostei — disse Elisa.

— Da próxima vez trarei um buquê especial para você.

— Ah! Desculpe-me, disse gostei — quis tentar consertar, mas não conseguiu.

— Não tem importância, Elisa. Se você gostou, sua avó também gostará.

— Com certeza — concordou ela sorrindo.

Alguns instantes de silêncio entre os dois, mas os olhares pareciam fazer declarações de amor. Os corações pareciam saltar do peito.

— Você não quer um pouco de água? Está calor aqui — comentou ela.

— Não, obrigado. Sua avó é tão bela quanto você.

— Obrigada pelo elogio. Está sendo amável.

— Não! É verdade, sua beleza é encantadora.

"Ele deve dizer isso a todas as moças", pensou ela.

Mesmo assim, ao ouvir aquelas palavras, ficou vermelha de vergonha.

— Desculpe se a deixei sem graça.

— Não. É o calor.

— Elisa! — exclamou Jaime indo ao seu encontro e tocando-lhe as mãos pequenas e macias.

— Não sei o que está acontecendo comigo. Mas há muito meu coração aflito a buscava.

— Por favor, Jaime — pediu ela se desvencilhando de suas mãos.

— Não! — exclamou ele segurando em seus ombros.

— É verdade, não é galanteio. Você... eu... a gente já se conhece! Eu sonhei com você. Juro por Deus. Juro pela sua avozinha.

Elisa estava sendo envolvida por uma energia de paz e amor. Parecia que estava ouvindo uma linda música, que estava sendo tocada só para os dois.

— Não sei, mas meu coração sente a mesma coisa. Sinto que está sendo sincero. Mas, meu Deus! Não o conheço, acabei de o encontrar.

Ela permaneceu calada por um tempo somente fitando os olhos de Jaime e, depois, recobrando os sentidos, disse:

— Estamos em um hospital, minha avó está doente, devo respeitá-la.

Saiu do lado de Jaime e foi até o leito da avó.

— Vovó, me perdoe. Não sei o que aconteceu comigo — sussurrou ela chorando.

Neste instante, no Plano Espiritual, Hélio e Ornela se aproximam e os envolvem. Irradiando uma luz azul para o cérebro de Jaime, Hélio afirmou:

— O amor une os corações.

Enquanto Hélio continuava a falar por intermédio de Jaime, o Espírito de Guilhermina despertou para a realidade. Ela conseguiu vislumbrar o Plano Espiritual ali ao seu lado.

Ornela, aproximando-se dela, a ajudou a se sentar na cama. Diante da ansiedade que a invadiu ao ver a seu lado o grande amor de sua vida, Ornela a tranquilizou.

— Calma, minha Irmã. Você está muito fraca.

— Ornela! — chamou ela com a voz fraca.

— Sim, sou eu, minha querida.

— Estou contente em encontrá-la! — exclamou Guilhermina com os olhos brilhando e cheios de lágrimas que não demoraram a rolar por sua face.

— Fique tranquila, você precisa se recuperar.

— Eu morri?

— Não. Você teve um derrame, mas está medicada.

Os olhos de Guilhermina não conseguiam desviar dos olhos de Hélio. Depois ela viu que quem estava ao lado dele era o soldado que a ajudou.

— Minha Nossa Senhora! Hélio e o soldado que me ajudou. Juntos?

Emocionada, depois de algum tempo, prestou atenção às palavras ditas por Hélio à sua neta Elisa.

— Minha neta querida, seu avô sempre a amará. Quando você olhar minha foto — aquela que foi tirada dias antes da minha partida — creia que estarei também te envolvendo num abraço carinhoso.

Elisa estava assustada com o que estava acontecendo com Jaime. A voz dele estava diferente.

Quem teria falado a ele que ela conversava com a foto do avô que não chegara a conhecer? Ela acabara de conhecê-lo, mas seu coração dizia que não. Que já o conhecia. Mas de onde?

Ela se afastou de Jaime, que acordou assustado, pois não tinha certeza do que se passara, mas sabia que algo de estranho tinha acontecido com ele. Hélio aproximou-se de sua amada. Abraçando-a carinhosamente, cobriu-a de beijos.

— Minha querida Guilhermina, quanto tempo! Que saudades eu senti.

— Meu querido, eu também senti muitas saudades. Buscava-o nos lugares onde costumávamos passear, no olhar dos nossos filhos, nos presentes que me dera, na foto que tiramos dias antes de você partir. Eu, você e nossos filhos.

Ela não conseguu terminar a frase e começou a chorar.

— Meu amor, não chore! — confortou-a, acariciando seus cabelos.

— Eu acompanhei toda a sua jornada!

— Meu querido, perdoe-me! — implorou ela, emocionada.

— Guilhermina, você não tem que me pedir perdão. Tudo o que você fez foi por amor.

— Mas eu...

Ele não a deixou terminar, colocou os dedos em seus lábios impedindo-a de falar.

— Não! Não fale nada. Eu já lhe disse: foi por amor. Agora me dê um abraço. Estou com saudades.

— Você está mais bela. Sabia?

— Ora, não diga tolices. Estou velha. Você sim continua jovem e belo.

— Você continua a brilhar com seu amor assim, como o sol que brilha aquecendo a todos.

— Hélio, meu querido, você não está magoado comigo?

— Não. Não estou. Tudo o que você fez foi sob a orientação de Ornela, que caminhou com você toda a sua vida.

— É verdade, minha querida, em todas as situações de dor e sofrimento pelas quais você passou, nunca perdeu a fé e, por isso, eu conseguia sempre aconselhá-la nos momentos de indecisão.

— Obrigada, Ornela, pelo amparo que deu à minha querida Guilhermina.

— Hélio, quem é esse jovem que está conversando com nossa neta Elisa? Por que eu o vi quando olhei nos olhos dele?

— Você saberá logo que for permitido. O importante é que está voltando para a nossa família.

— Mas a semelhança que existe entre vocês dois é muito grande.

— Minha querida — disse ele, abraçando-a carinhosamente.

Todos estavam emocionados e observavam o encantamento que existia entre os dois jovens.

— Ele é muito belo, se parece muito com você — repetiu Guilhermina.

— É um jovem belo, realmente. Como era Hélio, ou melhor, ainda é — sorriu Ornela.

— Minha querida, com o vaivém de muitas vidas, nos reencontramos muitas vezes — explicou Hélio.

— Mas como pode ter ele estado ali, justamente naquela hora e me ajudar?

— O importante é que vocês dois se encontraram, melhor dizendo, vocês três — prosseguiu Ornela, olhando para o casal de jovens que se despediam.

— Pelo visto, vocês dois estão me escondendo alguma coisa? Estão com muito mistério! — completou Guilhermina.

— Sim e não. Tudo virá a seu tempo. Assim como a primavera vêm depois de um rigoroso inverno encantando nossos jardins, as revelações serão feitas uma a uma — comentou Ornela.

Enquanto isso, no hospital terreno...

— Posso voltar amanhã para vê-la?

— Sim, é claro. Eu o esperarei — respondeu Elisa encantada com a beleza dos olhos de Jaime.

— Aqui está o número do meu telefone. Ligue-me ainda hoje.

— Claro — concordou Elisa, ofegante.

Seus lábios estavam querendo os de Jaime, os dele também, mas tinham receio. Ele apertou sua mão e, fechando os olhos, sonhou que estava beijando os lábios mais belos que já conhecera. Ela também sentiu que estava nos braços de seu grande amor.

Uma paixão parecia brotar e, por fim, os lábios se encontraram em um beijo carinhoso. Neste instante, todo o ambiente ficou iluminado. Elisa pareceu ouvir o canto dos pássaros, ela estava realmente encantada.

Depois de algum tempo, eles abriram os olhos e o brilho estava presente nos dois.

"Um sonho real... Preciso voltar a vê-la. Não deixá-la escapar agora que a encontrei", pensou o jovem.

Elisa tocou com os dedos os lábios do rapaz que os beijou suavemente várias vezes.

Ela o acompanhou até a porta do elevador e, depois, voltando para o quarto de sua avó sussurrou:

— Vovó, estou apaixonada. Pensei que nunca me apaixonaria e, de repente, olha como me sinto — sorriu ela para a sua querida avó.

Elisa olhou para os olhos de Guilhermina, antes sem brilho, mas que agora pareciam se iluminar. De seus lábios retorcidos surgia um tímido sorriso.

— Ah! Como estou feliz, vovó! — comemorou ela beijando várias vezes os cabelos macios de Guilhermina.

"Meu Deus, o que está acontecendo comigo? Acabei de conhecer esse rapaz e algo dentro de mim aconteceu. A vontade que tenho é de ir atrás dele e ficar abraçada a ele, não perdê-lo nunca mais", refletia Elisa.

Jaime desceu pelo elevador com um sorriso estampado no rosto, ele estava tão feliz que tinha vontade de gritar.

"Encontrei o amor de minha vida", concluía ele. Ao abrir a porta do elevador, uma enfermeira entrou acompanhando uma senhora. Sem pensar na reação delas, ele as abraçou e beijou-as dizendo.

— Sou o homem mais feliz do mundo! Estou apaixonado!

Nisso, o elevador chegou ao térreo e a porta se abriu. Ele saiu e, olhando para o ascensorista e para um casal que chegando, revelou:

— Encontrei a mulher da minha vida.

Foi uma linda cena, na qual o sentimento de amor exalava o seu mais rico perfume: a felicidade. Quem a presenciou estampou no semblante um largo sorriso.

O casal que encontrou Jaime era Norberto e Nina, irmã de Guilhermina. Eles subiram sorrindo até o quarto e, quando lá chegaram, perceberam um sorriso nos lábios de Elisa.

— Olá, tio Norberto e tia Nina! Como vão?

— Bem, filha, e você? Parece estar feliz — perguntou Norberto.

— Sim, tio, muito feliz. Encontrei o homem da minha vida.

Os visitantes olharam um para o outro e começaram a ligar os fatos. Sorrindo, Nina disse:

— Por um acaso é um rapaz... e descreveu Jaime... que acabou de descer?

— Sim, vocês o conhecem?

— Acabamos de ver um jovem radiante, explodindo de felicidade lá no saguão do hospital — comentou Norberto.

— Parecia que tinha visto um periquito verde — brincou Nina.

— E viu, titia — retrucou ela prontamente, mas ficando vermelha de vergonha.

— Filha, não fique assim. O Amor é a coisa mais linda, portanto viva intensamente cada instante que você puder.

Capítulo XX

O ciúme

O Livro dos Espíritos

P: 933 – Se o homem é geralmente o artífice dos seus sofrimentos materiais, também o será dos seus padecimentos morais?

"Mais ainda, pois os sofrimentos materiais por vezes independem da vontade: mas o orgulho ferido, a ambição frustrada, a ansiedade da avareza, a inveja, o ciúme, todas as paixões são torturas da alma."

Na casa de Jaime, sua mãe estava preparando o jantar quando Fernanda, a jovem que fora criada praticamente com ele chegou.

— Boa noite, dona Esmeralda. Posso entrar? — perguntou Fernanda que trazia nas mãos um pirex coberto por um guardanapo branco.

— Claro, filha, entre. Você é de casa.

— Jaime já chegou? — quis saber a moça, eufórica.

— Sim, está no banho. Ele não demora.

— Vamos até a cozinha. Estou terminando de fritar os bifes à milanesa, que Jaime tanto gosta.

— Hum! está cheirando bem — disse a moça, indo até a cozinha para colocar um pirex sobre a mesa.

— O que traz aí, filha? — perguntou dona Esmeralda.

— Trouxe um pavê, sei que Jaime adora. Fiz hoje cedo e está geladinho.

— Parece estar delicioso — comentou dona Esmeralda, erguendo o guardanapo e dando uma olhada. Coloque na geladeira e, por favor, tire o suco que ele pediu que eu fizesse. Coloque também com os copos na mesa.

— Pode deixar! Será um prazer.

Dona Esmeralda, vendo toda a animação da jovem Fernanda, pensou: "É uma pena realmente que meu filho não queira namorá-la.

Daria uma ótima mãe e esposa. Atenciosa, bonita e caprichosa".

— O que foi, dona Esmeralda? — quis saber a jovem notando que a senhora sorria olhando para ela.

— Nada, filha, apenas pensava comigo mesmo.

— Pensando em quê? Posso saber?

— Que você seria uma ótima esposa para o meu filho.

— É — concordou ela. Mas Jaime disse que gosta de mim como uma irmã.

— E você, filha, o que sente pelo meu filho?

— Eu o amo muito. Ele é o homem da minha vida — lamentou a moça.

— Filha, não fique assim. Quem sabe ele ainda acorda e descobre em você a joia que é? Não fique triste. Você é muito bonita para ficar com este rostinho triste. Vamos! Alegria!

— A senhora tem razão. Nada de tristeza.

Nesse meio tempo, Jaime terminou o banho e, vestindo um roupão, foi até a cozinha.

— Mamãe, que cheiro delicioso — disse ele aparecendo na porta.

— Vista uma roupa, meu filho. Fernanda está terminando de pôr a mesa.

— Olá, Fernandinha, não sabia que você viria.

— Olá, meu querido, e trouxe um presente. Adivinhe se puder!

— Posso adivinhar? Ele pensou um pouco e disse: Sorvete de milho verde.

— Não! Errou. Só mais uma chance.

— Dê-me uma pista.

— Está bem — concordou ela. Não é para comer.

— Ah! Adivinhei! Você trouxe pavê?

— Assim não vale! Você acertou.

Ele, rindo, aproximou-se e a abraçou. Ela ficou feliz, ao sentir o abraço apertado que sempre costumava receber. Depois rodopiou com ela como se faz com uma criança. Ela não se controlou e o beijou rapidamente nos lábios.

Ele correspondeu, mas logo lhe surgiu a lembrança de Elisa. E a soltou rapidamente.

— O que houve? Você não gostou?

— Não, não é isso — disse ele, sem graça.

Dona Esmeralda fingiu não ver o que acabara de acontecer. "O meu filho ainda vai fazer essa pequena sofrer. Eu não gostaria nada disso", pensou ela.

Jaime foi até a geladeira, pegou a jarra de água e a colocou na mesa.

— Filho, fiz o suco que você me pediu.

— Desculpe, mamãe — falou ele recolocando a jarra na geladeira.

Dona Esmeralda viu que ele ficou sem jeito. Depois de se trocar voltou meio chateado.

— Vamos, venha sentar-se. Fernanda, sente-se aqui. Vou trazer os bifes.

Os dois se sentaram frente a frente.

O jantar transcorreu normalmente. Aos poucos, os assuntos foram surgindo. Jaime sempre olhava para o relógio na parede.

— O que foi, Jaime, está preocupado com alguma coisa — quis saber dona Esmeralda.

— Não, mamãe.

— Por que olha tanto para o relógio?

— Nada, não — desconversou ele.

Neste momento, o telefone tocou. Ele rapidamente saiu da mesa e foi até a sala.

— Pronto! Sim, sou eu.

Ele reconheceu a voz e o seu coração começou a bater descompassado. A sua voz quase não saía. Vendo que elas poderiam ouvir a conversa diz:

— Você está em casa? Não posso falar agora. Ligo para você do meu quarto. Espere dois minutos.

Ele anotou o número, colocando o telefone no gancho, virou-se e viu que Fernanda o observava.

— É um amigo. Vou falar com ele do meu quarto, mamãe. Ele está muito nervoso.

— Filho, espere! Venha comer a sobremesa que Fernanda fez para você.

— Eu já volto — prometeu ele, enquanto ia em direção aos seus aposentos.

Enquanto isso, Fernanda, que já tinha servido as três porções, sentou-se à mesa e duvidou.

— Um amigo?

— É, filha, deve ser coisa do serviço. Ontem ele chegou muito nervoso.

— Não, dona Esmeralda. Jaime não sabe mentir. Eu o conheço muito bem.

As duas saborearam a sobremesa praticamente caladas. Fernanda tinha vontade de sair e escutar com quem ele estava falando. Mas como fazer? Ficaria muito chato. Nisso a campainha tocou. Era a vizinha. Dona Esmeralda, olhando para Fernanda, falou:

— Filha, fique à vontade, vou atender dona Quitéria e já volto.

Era a oportunidade que ela estava esperando. Tão logo dona Esmeralda fechou a porta, ela correu para o telefone e delicadamente pegou a extensão. O que ela ouviu não gostaria jamais de escutar. As palavras de carinho e juras de amor que eram trocadas entre Jaime e Elisa.

O coração da moça estava sendo detonado, mas dentro dela ao mesmo tempo brotava um sentimento de ódio, capaz até de encobrir por completo o amor que desde criança sentia por ele.

Ela continua a ouvir.

— Elisa — disse Jaime —, não consigo tirá-la do meu pensamento.

— Eu também! Não via a hora de poder falar com você.

— Meu querido, eu nunca estive tão apaixonada como estou agora.

— Elisa, eu posso dizer-lhe o mesmo. Em toda a minha vida, nunca me senti como neste momento.

Fernanda sentiu como se tivesse sido apunhalada violentamente.

— Posso vê-la amanhã? — perguntou Jaime.

— Sim, claro. Amanhã é sábado, eu costumo ir ao parque caminhar.

— Ótimo. A que horas?

— Às oito horas.

— Posso passar aí para pegá-la?

— Claro, meu querido, estarei na portaria.

— Então, até lá! Sei que é cedo, mas no momento meu coração pede que lhe confesse: Te amo muito.

— O meu coração também pede o mesmo. Amo você. Beijo.

Eles desligam o telefone. Fernanda colocou a extensão devagarzinho e voltou para a cozinha. Não demorou muito e Jaime apareceu, meio sem jeito.

— Então? Posso saborear a minha sobremesa?

— Claro! Pode comer tudo se quiser — respondeu ela secamente.

— Nossa! O que houve?

— Nada. Por que você não vai comer com o seu amigo? Ou melhor, leve um pedaço para ele.

Ele começou a rir, notando que ela estava com ciúmes.

— Fernanda, por que falar assim comigo? Era apenas um amigo que está passando por um problema sério. Queria uns conselhos. Só isso.

— Não sabia que você agora era conselheiro — disparou ela.

Vendo que a conversa partiria para uma discussão, ele perguntou:

— Onde está minha mãe?

— Estou aqui, querido, estava atendendo dona Quitéria — respondeu dona Esmeralda entrando e sentando-se ao lado do filho. Fernanda estava em pé em frente aos dois.

— Sente-se, filha, você mal tocou no seu doce.

— Obrigada, dona Esmeralda. Senti uma dor de cabeça de repente.

— Quer um remédio? — ofereceu a senhora.

— Não. Prefiro ir embora. Amanhã tenho que levantar cedo.

— Mas amanhã é sábado — lembrou dona Esmeralda.

— Pois é, mas tenho um compromisso inadiável e não posso perder a hora.

Dizendo isso, ela beijou dona Esmeralda e saiu rapidamente.

— Fernanda! Estimo melhoras — falou Jaime.

Isso a deixou mais irada ainda.

"Desgraçado! Fazendo ironia", pensou ela.

Logo que a moça saiu, a mãe de Jaime lhe perguntou:

— Aconteceu algo enquanto estive conversando com dona Quitéria?

— Não, mamãe, ela ficou assim de repente.

— Quem era no telefone, meu filho?

— O Oswaldo — brincou ele.

— Filho, diga-me a verdade.

— Era a mulher mais encantadora que meus olhos já viram.

— Ah! Meu Deus! O que eu temia aconteceu.

— O que, mamãe?

— Fernanda, meu filho.

— Mamãe, já lhe falei que entre nós não existe nada. Gosto dela como uma irmã. Eu a amo como irmã.

— É, mas irmãos não se beijam na boca.

— Mamãe foi uma brincadeira que ela fez. Já fez isso outras vezes.

— E você correspondeu?

— Mamãe, por favor. Eu já lhe disse. Não há nada entre nós.

— Isso é o que você diz, mas não o que sente o coraçãozinho dela, meu filho.

— Vamos. Coma logo sua sobremesa. Depois conversaremos.

As horas passaram, ele conversou com a mãe e depois, deitado em sua cama, ficou pensativo. Não queria magoar Fernanda. Mas o que fazer? Ele não era apaixonado por ela. Amava-a sim, mas como uma irmã querida.

Em seus pensamentos por vezes vinha a figura encantadora de Elisa até que o sono o venceu e ele mal conseguia apagar a luz do abajur.

Capítulo XXI

A queda de Dário

O Livro dos Médiuns

Capítulo 20 — Influência Moral do Médium. Item 7— Por que permitem os Espíritos superiores que pessoas dotadas de grande poder como médiuns e que poderiam praticar o bem sejam instrumentos do erro?

R: "Eles procuram influenciá-los, mas, quando se deixam arrastar por um mau caminho, o deixam seguir. É por isso que delas se servem com repugnância, porque a verdade não pode ser interpretada pela mentira".

Enquanto isso, do outro lado do telefone, Elisa permaneceu sentada no sofá da sala. De camisola, segurando um livro sorri olhando para o telefone que está numa mesinha ao lado.

— O que está acontecendo, Elisa? Parece que viu um passarinho verde.

Essas palavras a trazem de volta à realidade.

— São notícias de sua avó?

— Não, Cida, não são. Estava falando com um amigo.

— Você não vai se deitar? Já é tarde.

— Não. Estou sem sono.

— Quer uma xícara de chá? Acabei de fazer.

— Não, obrigada, pode se recolher. Vou ver o vovô.

— Ele está bem, filha, está dormindo. Sua mãe está lá com ele.

Cida trabalha há muito tempo na casa de Guilhermina. Era considerada como da família. Ela praticamente criou todos os netos de Guilhermina, já que há mais de vinte anos morava com ela. Enquanto Cida se retirava para os seus aposentos, Elisa foi para o quarto do seu tio-avô.

— Mamãe, posso entrar?

— Pode, filha, estou dando mais um tempinho aqui com ele. Faltam quinze minutos para ela tomar outro remédio. Depois eu vou me deitar.

— Não quer que eu fique aqui para a senhora?

— Não, minha filha, hoje é a minha vez de ficar com ele.

— E papai, onde está?

— Gustavo está com sua avó lá no hospital.

— Mamãe, será que ele sabe o que está se passando? — perguntou a jovem vindo até próximo do leito.

— Não sei, filha. Às vezes, seu olhar fica parado. Outras vezes, escorrem lágrimas pela face. Acho que ele está sentindo a falta de sua avó.

— Meu Deus, que drama! Não quero ficar velha, mamãe — disse a jovem, beijando sua mãe.

— Boa noite, minha filha, durma com Deus.

Terezinha, a mãe de Elisa, ficou sozinha no quarto. Ela ajeitou o travesseiro do velho e revelou:

— Como eu queria vê-lo sorrindo novamente. O senhor é como um pai para mim, sabia?

Ela beijou a fronte de Dário várias vezes após dar o remédio para ele.

Depois se deitou em um leito que foi preparado ao lado do enfermo.

No Plano Espiritual, Hélio estava presente conversando com Abel, que é o responsável pela segurança daquele lar.

— Então, Abel. Como ele passou hoje?

— Meu querido Hélio, o estado de Dário é crítico. Hoje o médico foi obrigado a aplicar-lhe morfina.

Hélio aproximou-se do leito e o chamou.

— Dário, meu irmão. Você está me ouvindo? Sou eu, Hélio. Estou aqui para ajudá-lo.

— Não adianta. Hoje vieram algumas senhoras do Centro aplicar-lhe passes. Ele teve uma pequena melhora, mas logo voltou a sentir dor. E quando isso acontece sai do corpo.

— Você consegue conversar com ele, Abel?

— Não! Ele logo se afasta daqui. Fica constantemente ouvindo o apelo dos irmãos da sombra.

— Meu Irmão! O que eu poderia fazer por você? — quis saber Hélio.

— Agora ele e seu Espírito descansam. Aproveite para tentar conversar com ele, Hélio.

Mas a tentativa foi em vão. Existia um bloqueio que o impedia de ouvir e sentir qualquer ajuda.

Abel continuou a conversar com Hélio.

— O doutor Mário disse-me hoje que o tremor aumentou mais um pouco. Está se alastrando subindo agora para o cérebro, pois os seus olhos estão perdendo o brilho. E ele toca frequentemente com as mãos a cabeça como se quisesse retirar algo de dentro.

— Meu Deus! Meu irmão está sofrendo tanto.

— Hélio, ele simplesmente está colhendo o que plantou, não é mesmo?

— Sim, é verdade, quantas vezes eu lhe pedia que parasse de fumar. Ele ria somente. Certa vez eu lhe disse:

— Você sabia, Dário, que a cada cigarro que você fuma está diminuindo a sua vida?

— Ora, Hélio, não se preocupe comigo. Quer saber? Eu viverei mais que você, que não fuma — brincou ele.

— É mesmo. E o pior é que acertou — respondeu Abel.

— Acabou acertando, só que veja o estado dele agora...

Todos nós colheremos os frutos daquilo que plantarmos — observou Hélio sentando-se ao lado do irmão e permanecendo pensativo. E como estão se comportando os seus inimigos?

— Hélio, a situação às vezes parece complicar, por vezes eles tentam atacá-lo em grupos, tenho que pedir ajuda — respondeu Abel com o semblante de preocupação.

— Pois é. Dário é mais um dos Irmãos que não souberam usar a mediunidade.

— O que será dele logo após o desencarne, Hélio? Será socorrido?

— Certamente ele terá o socorro; só que pela ligação que fez com as trevas será quase impossível ajudá-lo. Ele não consegue perceber a nossa presença.

— Venha, Abel. Aproxime-se para ver.

Hélio, aproximando-se do corpo do irmão, ao tocar a sua cabeça, usando sua energia, conseguiu mostrar para Abel o interior craniano.

Abel ficou impressionado com o que viu: a massa encefálica de Dário praticamente estava tomada por células que se movimentavam, parecendo parasitas. Umas querendo destruir as outras. O câncer estava praticamente todo ramificado. Existiam vários pontos negros que injetavam um líquido escuro nas poucas veias que se podiam ver.

— O que são essas manchas negras? — perguntou Abel.

— Essas manchas negras são Espíritos que estão unidos mentalmente com Dário. São entidades que há décadas estão ligadas a ele.

— Meu Deus! — exclamou Abel, virando o rosto ao ver que das manchas negras repentinamente surgiam figuras horrorosas e deformadas.

Diante da queda do padrão vibratório de Abel, as figuras surgiram todas ao lado do leito de Dário que, quase sem forças, expressou uma fisionomia de pavor.

— Abel, meu irmão, não se deixe envolver pela situação. Lembre-se de que são espíritos que buscam a luz. Por isso, mantenha o pensamento elevado. Vamos orar.

Neste instante, os dois iniciaram a prece, embora Abel não conseguisse realizá-la com fervor, apareceu o Irmão Otávio que veio para ajudá-los.

Otávio aproximou-se das entidades e as isolou, deixando-as irritadas.

Uma delas era jovem que aparentava ter sido muito bela ironizou com muita raiva.

— Pronto... Chegou o todo-poderoso. Vem ajudá-lo novamente? — perguntou ela sorrindo sarcasticamente.

— Vim, minha Irmã, e não só a ele, mas a vocês também.

— Não preciso de ajuda. Assim como ele, não precisamos de você. Logo que se livrar desse corpo, ele virá correndo para os meus braços. E você, Otávio, não poderá fazer nada.

Hélio e Abel escutaram atentamente aquele diálogo entre os dois. Otávio usando de sua força magnética, tentou imobilizá-los um a um, mas quando eles notaram que estavam sendo envolvidos começaram a gritar amaldiçoando-o. Isso fazia com que outras entidades aparecessem para auxiliá-los. Gritos de blasfêmias, palavrões eram ditos por aproximadamente quinze espíritos.

— Você não vai nos vencer, Otávio. Somos mais fortes. O nosso número é maior.

— Tem razão, Elisângela, mas eu não desistirei. Dia virá em que todos vocês buscarão a Luz Divina.

— Luz divina? Não! — gritou ela. Prefiro a sombra.

Ela se desfez diante de todos e voltou para o local onde estava no cérebro de Dário.

— Meu Deus! — exclamou Abel, horrorizado com as cenas que acabara de ver. Por que tudo isso, todo esse ódio?

— Dário, como médium de muitas faculdades, falhou muitas vezes.

— Como aconteceu essa falha? Invigilância?

— Por muitas vezes, enquanto ele estava em transe, eu me aproximei dele e o instruía, aconselhava-o, mas, logo que terminava a reunião, ele se esquecia de tudo — explicou Otávio. Nosso Irmão Paulino, que dirigia os trabalhos de doutrinação, sempre aconselhava o jovem sobre o perigo das quedas a que todos nós estamos sujeitos.

Mas os conselhos de Paulino foram em vão, para nada serviam, ele estava deslumbrado com a mediunidade.

— Mas, quando chegou ao Centro, ele já tinha as mediunidades desenvolvidas? — perguntou Abel.

— Sim. Nos primeiros anos, Dário foi um trabalhador assíduo, não media esforços para ajudar aos necessitados — prosseguiu Otávio — ele era belo jovem, apesar do problema físico que tinha, isso fazia com que as moças que o procurava caíssem como presas fáceis em suas redes.

— Mas ele não tinha uma família? — quis saber Abel, olhando para Hélio sem entender.

— Sim, ele tinha uma família que era de sua responsabilidade, já que assumira a responsabilidade de ajudá-los em sua formação, ainda no Plano Espiritual.

— Ele não conseguiu?

— Graças à Guilhermina, ele não falhou nesta missão.

— Quem é essa moça Elisângela, que sente muito ódio por ele?

— É minha sobrinha — respondeu Otávio. Ela sempre foi uma jovem problemática. Com muita insistência, consegui que ela viesse procurar auxílio na Casa Espírita.

— Mas não adiantou nada — continuou Hélio. Meu irmão, quando a viu, logo começou a tramar sua investida. E ela, sendo bela e com o coração carente, se envolveu pelas belas palavras de Dário.

Abel escutava atentamente o relato sobre a queda de Dário.

— Certa noite, chovia muito. As pessoas deixavam a Casa Espírita. Dário já tinha tramado tudo. Ofereceu-se para levar Elisângela para casa.

— Você não quer que eu a leve, Elisângela? — perguntou Américo.

— Não se preocupe, Américo — respondeu Dário. Leve, por favor, o senhor Paulino e dona Carmem que eu deixarei Elisângela em sua casa. Preciso visitar um amigo que mora na redondeza.

— Imagino o que aconteceu — antecipou-se Abel, cabisbaixo, se aproximando do leito.

— Meu irmão deixou-se envolver pela insinuante Elisângela, a moça queria apenas conquistas materiais, ele acabou por se apaixonar por ela, fazendo de tudo para satisfazê-la. Não foram poucos os conselhos dados a ele para que abrisse os olhos — continuou Hélio falando sobre o seu irmão.

Abel ouvia atentamente, enquanto que Dário, mesmo dormindo, captou o que seu irmão estava falando. Uma tela mental se formou acima de sua cabeça e nela as cenas começaram a se desenrolar novamente.

Aos poucos Hélio que também assistia às lembranças do irmão, teve que sair, pois não suportou às cenas as quais seu irmão caía e ele, desesperado, tentava reerguê-lo.

Otávio e Abel viam o desenrolar das cenas, enquanto Hélio se dirigiu para o outro cômodo da casa. Ali, num canto da sala, havia numa cantoneira uma foto dele com sua querida esposa e os filhos pequenos. Ao lado, como sempre ficava um lindo vaso com flores naturais.

Seus olhos se encheram d'água ao relembrar aquele dia feliz, no qual todos estavam num piquenique.

— Meu Deus! Que saudades! Como eu fui feliz!

Elisa, sua neta, se aproximou e, beijando a foto, pediu-lhe.

— Vovô, de onde o senhor estiver me ajude a ser feliz. Peça a Jesus por mim em suas preces. Estou apaixonada, o meu coração me diz que encontrei o homem da minha vida!

Hélio, sentindo a sinceridade da neta, se aproximou e lhe beijou a face.

Ela rapidamente fechou os olhos e sentiu o toque dos lábios do avô.

— Eu quero ser feliz como o senhor foi com a vovó. Ajude-me.

Ele, se aproximando, sussurrou em seu ouvido:

— Filha, a felicidade é prometida a todos nós, e você será muito feliz. Creia nisto. Seus pais, Gustavo e Terezinha, terão muito orgulho de você.

Em seguida, ela se dirigiu para o seu quarto e ele permaneceu ainda alguns instantes olhando para as fotos que estavam espalhadas pelos quadros na parede da sala.

Capítulo XXII

O símbolo do amor

O Livro dos Espíritos

Penas e Alegrias Terrenas.
P: 920 — O homem pode desfrutar de uma felicidade completa na Terra?

R: "Não, pois a vida lhe foi dada como prova e expiação. Mas depende dele abrandar os seus males e de ser tão feliz quanto se pode ser sobre a Terra".

Amanhecia e Jaime quase não conseguiu dormir tal era a ansiedade em se encontrar com Elisa. O mesmo aconteceu à jovem. Por várias vezes levantou-se e ficou andando pelo apartamento. Foi até o quarto onde sua mãe dormiu na cama ao lado de Dário.

Foi diversas vezes até a cozinha, tomou um copo de leite morno, para ver se conseguia dormir, e depois um pouco de água com açúcar. Cida levantou-se para ver o que estava acontecendo. Elisa estava sentada à mesa tomando calmamente o copo de leite, perdida em seus pensamentos.

— O que faz acordada, filha. Não consegue dormir?
— Não, Cida. Estou sem sono.
— Quer que eu prepare um chá calmante para você?
— Não, obrigada. Já vou voltar para minha cama e tentar dormir.
Cida, sentando-se à sua frente, olhou nos olhos dela e perguntou:
— Elisa, estou enganada ou essa insônia diz respeito ao coração?
A moça sorriu, mas nada falou. As duas conversaram um pouco.
— Bem, mas agora vou tentar dormir porque sairei logo cedo.
— Vai ao hospital?
— Não, Cida, darei um passeio no parque.
— Está bem, filha. Vá dormir. Eu também vou voltar para a cama.

Logo surgiram os primeiros raios de sol. Cida, após preparar o café, foi até a padaria buscar pão e na volta encontrou seu Luiz, o porteiro, conversando com um jovem rapaz.

— Bom dia, Cida. Este jovem está perguntando pela senhorita Elisa.

Cida olhou para o jovem bem vestido, barbeado e perfumado. Ficou admirada pelo bom gosto.

— Ah! O senhor é o Jaime? — perguntou ela sorrindo.

— Sim, sou eu. Como a senhora sabe o meu nome?

— Deixe isso para lá. O senhor quer subir comigo e tomar um cafezinho da hora ou esperar aqui por Elisa?

— Acho melhor esperar aqui, senhora.

— Então está bem, ela descerá logo, assim que contar a ela. Mas primeiro ela vai tomar o seu café, depois eu conto que o senhor a espera. Certo?

— Tudo bem, eu cheguei adiantado — concordou ele.

Jaime acomodou-se no sofá da sala de espera, enquanto folheou a revista semanal. Seu olhar vagueou sobre as manchetes e os ponteiros do relógio que estava na parede à sua frente. Ele, ansioso, não viu a porta do elevador se abrir. Elisa se aproximou mais linda do que nunca.

— Bom dia, Jaime. Como está?

Ao ouvir a voz dela, o moço deu um salto e, não se contendo, a abraçou fortemente. Ela também o abraçou e, fechando os olhos, revelou.

— O mundo poderia acabar agora que eu não me importaria.

— Por quê? — perguntou ele.

— Estaria junto com você.

— Pois eu não quero que o mundo acabe agora, porque quero viver imensamente cada minuto dessa felicidade que estou vivendo desde que a conheci.

Seu Luiz, ao ver aquele encontro, ficou sorrindo. O jovem casal saiu do prédio e entrou no carro de Jaime. O que eles não sabiam é que Fernanda os seguia, em um táxi. Eles foram ao Parque do Ibirapuera, e

Fernanda os seguiu. O casal caminhou pelo parque e trocou juras de amor e beijos. Tudo isso foi presenciado por Fernanda que, disfarçada, observava de longe. Naquela manhã, muitas pessoas passeiam pelo local. Eles chegaram próximos a um lago. Jaime sentou-se ao lado de uma árvore, e Elisa deitou-se na grama com a cabeça em seu colo. Eles observaram as crianças que brincavam. Algumas aves faziam revoadas quando uma das crianças veio com sua bicicleta e as espantou. Eles ficaram rindo das brincadeiras dos pequenos com as aves.

— Sabe de uma coisa, querida? Eu nunca pensei em me casar, mas agora eu pretendo e quero ter uma casa cheia de filhos.

— Quantos? Três? Quatro?

— Quatro filhos está bom.

— Que tal dois casais? — sugeriu ela beijando-lhe as mãos que alisavam os seus cabelos.

— Parece que estou vivendo um sonho — falou Jaime, fechando os olhos.

— Pode abrir os olhos, pois isso não é um sonho; é realidade, meu amor.

— Sinto como se já a conhecesse.

— Eu também senti o mesmo quando o vi.

Não muito distante dali, Fernanda tinha vontade de ir ao encontro deles e estragar aquele namoro. Ela estava acompanhada de amigos invisíveis que queriam vingança, já que seu coração só sentia isso: muito ódio.

— Vou saborear o gosto da vingança, Jaime, você não perde por esperar — ameaçou.

Fernanda começou a maquinar como faria para se aproximar da jovem Elisa. Os espíritos zombeteiros ligados a ela faziam várias sugestões. A princípio, ela aceitou todas. Mas, depois, foi tramando melhor seu plano.

"Primeiro tenho que conhecê-la, tornar-me sua amiga, conseguir sua confiança e depois acabar com a sua felicidade. Não tenho pressa. Tenho todo o tempo do mundo", pensava ela.

A manhã passou rapidamente, o sol aqueceu o dia e o parque parecia mais bonito ainda. Os dois jovens enamorados passearam, assim como outras dezenas de namorados fizeram juras e planos de amor eterno. Fernanda voltou para a casa e à tarde começaria o seu plano. Faria uma visita como de costume à casa de dona Esmeralda. Tentaria conseguir alguma novidade.

Os dois, antes de retornarem, ainda foram a uma sorveteria na Avenida Paulista e ao Parque Trianon. Lá no parque Jaime avistou um jovem vendendo balões em forma de coração. Imediatamente, sem saber se ela queria ou não, ele lhe entregou um.

— Elisa, hoje está sendo o dia mais feliz de minha vida. Estou lhe dando o meu coração.

— Meu querido, vou guardá-lo bem próximo de minha cama, que é para quando eu acordar poder vê-lo primeiro.

— Esse coração é o símbolo do nosso amor — disse ele beijando-lhe os lábios.

— Espere. Quero tirar uma foto nossa com esse coração.

Elisa pediu a uma jovem que ali estava que tirasse com sua máquina Polaroid uma foto. Eles ficaram abraçados, olhando um para o outro e segurando o coração. A moça tirou a foto e, segundos depois...

— Ficou linda! — exclamou Elisa mostrando para Jaime.

— Então tire outra, por favor. Essa vou deixar na minha cabeceira.

Outra pose e mais uma recordação que ficaria gravada para sempre em suas memórias.

A moça sorriu e aproveitou para tirar mais uma, já que os dois estavam se beijando.

"Como é lindo quando a gente está apaixonada", pensou a jovem com a máquina na mão.

Assim eles passaram a manhã e uma boa parte da tarde, quando Elisa olhou no relógio e se surpreendeu.

— Meu Deus! Já são quatro horas, eu tinha que ir ao hospital com papai.

— Querida, desculpe. Eu não sabia que tinha compromisso. Mas não se preocupe. Deixarei você lá no hospital e depois irei para casa — ela abraçou Jaime e perguntou:

— Não queria me separar de você. Podemos nos ver logo mais à noite?

— Claro. Onde?

— Por que não vamos jantar fora? Eu conheço uma cantina no Bairro do Bexiga que é uma delícia. É de uns amigos nossos e tem um vinho delicioso — convidou ela.

— Combinado. Encontro você na portaria, às 8 horas.

— Sim, mas estarei no meu apartamento, pois tenho de pegar algumas roupas para mamãe e para mim.

— Então me dê o endereço. Estarei lá as oito em ponto — falou ele enlaçando-a pela cintura.

Como combinado, ele a deixou na portaria do hospital e se dirigiu para casa. Colocou uma fita com músicas italianas, aumentou o volume e abriu os vidros para sentir o vento no seu rosto. Ele estava feliz e era isso é o que importava. Ele cantou, falou alto. Um grupo de jovens andava pela calçada quando ele diminuiu a velocidade do carro e gritou:

— Eu estou apaixonado! O amor é lindo!

Capítulo XXIII

A porta estreita

O Livro dos Espíritos

capítulo IV — A VIDA E A MORTE
P: 68a — Pode-se comparar a morte à interrupção do movimento de uma máquina desorganizada?

R: "Sim se a máquina estiver mal montada, a mola quebra; se o corpo está doente, a vida se esvai".

Os dias passaram e chegamos ao mês de agosto de 1981. O estado de saúde de Dário era lastimável e irmãos do Plano Espiritual ali estavam para o momento final. Ele permaneceu ligado às entidades que o acompanhavam. Era em vão todo o esforço que seu anjo protetor, Abel, e o amigo Otávio faziam.

Encontrava-se presente também o velho companheiro de jornada, Paulino, já desencarnado há anos.

Sentado ao lado da cama do enfermo, Paulino olhava para Hélio e se perguntava:

— Onde foi que eu falhei, Hélio?

— Você não falhou, meu amigo — Comentou Otávio.

— Eu, como dirigente do Centro, deveria ter insistido com ele. Mas acabei por deixá-lo seguir o seu caminho, mesmo sabendo que caminhava com os passos errados.

— Paulino, meu amigo, quando você tem um filho pequeno, no início, quando ele está aprendendo a caminhar, você o ampara, está sempre ao seu lado para que, se cair, não se machuque, ou então o ampara para que não caia, certo?

— Certamente.

— Então, meu amigo. Dário já estava caminhando muito bem. Você fez a sua parte. De nada adiantaram os seus conselhos e exemplos dados pelos Amigos Espirituais, nos sonhos e desdobramentos que fazia.

— Exemplos não faltaram, Paulino. Quantos ensinamentos Jesus nos deixou? A porta da salvação é estreita, e a da perdição é larga — observou Otávio.

— Sim, mas eu tinha que ajudá-lo na caminhada. Era uma das minhas missões, e acabei falhando.

— Paulino, meu irmão. Todas as vezes que nós tentamos ajudar alguém, e essa pessoa não quer a nossa ajuda, não podemos interceder por ela. Do contrário, que mérito terá quando se apresentar do lado de cá? Além do mais sabemos que tanto Dário como muitos Irmãos nossos — que hoje têm a missão de impulsionar os ensinamentos do Espiritismo — receberam ensinamentos e muita proteção para vencer na missão que tinham por realizar. A preparação é feita, como você mesmo sabe, por vários meses e até vários anos. Portanto, meu amigo, não se culpe pela queda de Dário — destacou Otávio.

Otávio aproximou-se de Hélio e, sentando-se ao seu lado, pegou um livro que estava próximo e leu um trecho do livro *Obras Póstumas*, de Kardec, no qual ele descrevia o trecho intitulado "Minha Missão".

Hélio a tudo ouvia, sentado ao lado dos dois amigos. Depois de uma pausa na conversa deles disse:

— Quando nós deixamos essa escola e partimos para a prática, em que encontramos os mais variados encantamentos que nos desviam da rota, esquecemos nossos sentimentos verdadeiros e nossa sublime missão e nos deixamos envolver pelas alegorias e fantasias do mundo.

— É por isso que o Espírito de Verdade diz a Kardec: "Não te esqueças que tanto podes vencer como falir" — ensinou Otávio.

E prosseguiu:

— Os prazeres do sexo e da luxúria que o dinheiro sabe nos proporcionar são um brilho incandescente aos nossos olhos, e o brilho da humildade, que antes tínhamos nos olhos, são ofuscados pelas ilusões momentâneas.

— São as nossas ilusões perdidas? — indagou Abel, olhando para Otávio.

— Sim, lembrou muito bem, Abel. — Depois que entramos pela porta larga é difícil voltarmos atrás. Ali encontramos muitos companheiros também iguais a nós ou em piores situações, mas que acabam por nos convencer em permanecer no vício — respondeu Hélio.

— Hélio tem razão. Só vamos tomar ciência da nossa queda quando sentirmos que, ao nosso lado, já não encontramos mais a presença agradável do amigo e do anjo protetor — concordou Otávio. Aí vemos que a ferramenta de trabalho que nos foi dada para ajudar aos semelhantes já não é a mesma e que estamos acompanhados por outros Irmãos que nos fazem usá-las para outros fins.

Paulino e Abel ficaram pensativos diante dos esclarecimentos de Otávio.

— Mas não se preocupem, meus irmãos. Apesar de a situação mental de Dário estar ligada aos espíritos afins, ele não será abandonado. Claro que passará muito tempo na companhia deles em zonas inferiores, nas quais continuará a vivenciar tudo o que gosta. Mas, um dia, o resgate será feito — completou Otávio.

— Dário foi um bom companheiro para Guilhermina, além de pai, foi um tio excelente, sempre ajudando em tudo o que podia.

— Você tem razão, Hélio. Todos têm por ele um carinho muito grande — concordou Paulino.

Hélio ficou com lágrimas nos olhos, ao ver que seu filho acabara de entrar no quarto, acompanhado do padre Celso.

— A educação dada às crianças, o carinho e dedicação. Isso também contará na hora do acerto final. Ele não é um derrotado por completo, apenas não cumpriu toda a missão — observou Hélio.

— Mas quem de nós a cumpriu por completo? — perguntou Otávio.

O silêncio se fez entre os amigos.

Padre Celso, chegando perto do corpo quase sem vida de Dário, com seus aparatos e sua bíblia deu a ele a extrema-unção. Os familiares reuniram-se e fizeram uma prece sentida. Neste momento, os amigos espirituais aproveitaram e cortaram os laços fluídicos que ainda ligavam o Espírito de Dário ao corpo todo tomado pelo câncer.

A família foi envolvida pelos amigos espirituais, e todos receberam o conforto.

— Ele vai fazer falta — lamentou Agostinho abraçado ao filho Henrique e à esposa, Maria Antonia.

— Vou sempre me lembrar do que ele fez por mim no dia da formatura. Lembram? — perguntou Gustavo. Estava eu triste porque o terno que emprestara acabou não servindo e não tínhamos dinheiro para comprar ou alugar outro de última hora. E, horas antes, ele chegou com um embrulho e me deu, dizendo:

— Vá, filho, experimente.

— O que é isso, tio?

— É o seu terno, é o meu presente para você.

Mamãe veio com lágrimas nos olhos e falou: "Experimente, filho, é de coração". Ele tinha gastado todas as suas economias, que estava guardando para comprar uma viagem que ambos fariam à Itália.

Terezinha, a esposa de Gustavo, abraçou o esposo que chorava sobre o corpo de Dário já sem vida.

— Venha, querido, ele sabe o quanto você o ama.

Nisso, a bela Elisa entrou no quarto e chamou.

— Papai, venha. A vovó começou a falar.

Todos, apressados, foram para o quarto onde estava Guilhermina sendo atendida pela enfermeira.

No quarto de Dário, somente permaneceram os desencarnados, que faziam os últimos preparativos, quando surpreendentemente Dário despertou em Espírito e, revoltado com a presença de todos, ironizou.

— Lá vem o Paulino com seus conselhos. Estou cheio deles, por favor, deixe-me em paz, estou tendo um pesadelo. Você já morreu e mesmo assim não me deixa em paz.

— Isso mesmo, meu querido. Venha. Vamos sair daqui, temos muito que fazer, meu querido — convidou Elisângela, que se apresentava como uma bela e jovem sedutora.

— Dário, meu filho, por favor, me ouça pela última vez — suplicou Paulino.

— Olha aqui! O senhor não me venha com lição de moral, porque eu já estou cheia delas. Fique quieto! — ameaçou a moça.

Paulino foi consolado por Otávio.

— Paulino, meu querido irmão, não derrame lágrimas por eles. Deixe para derramá-las por um sentimento de alegria. No dia em que eles voltarão para os seus braços arrependidos e pedindo perdão, assim como o filho pródigo.

— Meu Irmão, isso vai demorar muito, você bem sabe.

— Sim, eu sei, mas não poderá ficar sofrendo com isso. Ore por eles e viva a sua vida, retorne ao seu trabalho de ajuda aos Irmãos da Casa onde tanto tempo trabalhou.

— Você tem razão, meu Irmão — concordou Paulino.

— A Seara de Jesus é muito grande. Vamos levar o remédio que o Divino Médico nos deu para colocar nas feridas que estão abertas nos corações dos homens.

— É verdade. Outros corações com as chagas abertas pedem pelo remédio salutar. Para eles, infelizmente, só o tempo será o lenitivo.

— Isso mesmo, Paulino, o tempo passará e dia chegará em que estarão de joelhos em frente ao Cristo pedindo ajuda. Sabemos que ambos voltarão em corpos e mentes incapazes de agirem sozinhos.

— Serão lírios dependendo do amor cristão — afirmou Paulino, enxugando as lágrimas.

— Sim. Voltarão como duas crianças que serão abrigadas nas Casas

André Luiz. Ali eles se reencontrarão. Não poderão usar nem a mente nem o corpo, mas aprenderão o valor do verdadeiro amor.

Ao ouvir essas palavras, Dário saiu acompanhado de Elisângela e de outros espíritos fazendo uma algazarra. Rapidamente a casa foi isolada para que ele não conseguisse voltar e atrapalhasse a difícil recuperação de Guilhermina.

Capítulo XXIV

A vingança de Fernanda

O Livro dos Espíritos

capítulo XII — Das paixões

P. 907 — Visto que o princípio das paixões é natural, constitui um mal em si mesmo?

R: *"Não. A paixão está no excesso provocado pela vontade. O princípio foi dado ao homem para o bem e as paixões podem levá-lo a realizar grandes coisas. É o abuso a que ele se entrega que causa o mal".*

Os meses se sucederam e estamos em Agosto de 1982. Na mente de Fernanda só havia a ideia fixa de se aproximar de Elisa. Ela passava dia e noite remoendo o assunto, até que, auxiliada por entidades da sombra, descobriu a solução.

— Ótima ideia! Como não pensei nisso antes, já que não posso ir contra ela, vou me aproximar. Seremos amigas.

— Poxa! Até que enfim você me ouviu, Fernanda — comemorou a entidade feminina que a acompanhava.

Fernanda aproximou-se da penteadeira de seu quarto e, olhando-se no espelho, disparou.

— Jaime, meu querido, você não perde por esperar.

Neste momento, a figura refletida no espelho se transformou, uma mulher com olhos vermelhos, muito transtornada, com os cabelos desfeitos começou a gritar.

Num segundo, Fernanda começou a reviver toda a sua experiência de uma vida anterior.

Ela se viu em uma rua da velha cidade de Ouro Preto, em Minas Gerais.

Uma senhora caminhava pelas ruas. Seu vestido era bordado com pedras preciosas e rendas portuguesas. Ao lado, uma escrava carregava uma criança. Via-se nitidamente que a criança tinha uma afeição muito grande pela escrava que a tratava com muito carinho.

A mãe caminhava toda soberba, olhando para os lados e escondendo seu sorriso atrás de seu leque. Ao aproximar-se de um sobrado, eis que um jovem bem vestido se aproximou dela e a cumprimentou:

— Boa tarde, senhora!

Ela não respondeu, mas inclinou o corpo e sorriu desviando o leque do rosto.

Ele então quis saber:

— Quando podemos nos ver novamente?

— No mesmo local, logo mais.

A escrava notou o galanteio do rapaz para a sua senhora, que continuou a desfilar pelas ruas da cidade de Ouro Preto. Quando chegaram à sua residência, a senhora ordenou que a escrava Rosária entrasse com a criança.

— Rosária, prepare o banho de José Raimundo e depois o coloque para dormir. Ele está cansado, o dia hoje foi muito quente.

A escrava imediatamente entrou no casarão e a porta se fechou atrás dela.

A senhora, então, se sentindo livre, olhou para os lados e aos poucos teve a certeza de que ninguém a observava.

Então deixou sua sombrinha escondida em uma folhagem que ficava próxima do alpendre e entrou pelo jardim adentro, desaparecendo por entre as árvores.

Enquanto isso, no andar de cima do sobrado, a escrava Rosária presenciou pela janela do quarto o que acontecia lá fora.

A escrava voltou e continuou a cuidar do pequeno que estava na cama.

— Meu *fio*, sua mãe não está agindo certo com seu pai. O sinhozinho não merece isto que *tá* acontecendo — lamentou a escrava Rosária, sentindo uma dor no peito.

"O que posso fazer, meu Deus! Sou uma simples escrava", pensou ela.

A criança apenas sorriu. Rosária fez carinhos no pequeno e aos poucos deixou lágrimas grossas rolarem por sua face.

Ao lado dela, encontramos dona Emerenciana, nobre trabalhadora, mãe de José Fernandes. Ela carinhosamente passou a intuir a escrava Rosária.

— Rosária, minha querida, não abandone por nada desse mundo o meu filho e meu neto. Se preciso for, dê sua vida por ele.

Neste momento, a escrava aconchegou o pequeno que estava sem roupa nos braços e o apertou com muita força. O pequeno sentiu o calor e o amor vindo da escrava. E começou a beijá-la. Ela, emocionada, chorou mais ainda.

— Meu *fio*, sou sua mãe preta. Nada deste mundo vai me separar *docê*. Se precisar, eu morrerei pra salvar *ocê*.

Dona Emerenciana foi até o pequeno oratório que existia no quarto e agradeceu a Deus pela proteção que estava sendo concedida a José Raimundo.

Enquanto isso, no jardim, a jovem mãe escondida se encontrou com o amante.

Eles se abraçaram, e ela se desvencilhou de algumas peças de seu vestuário. O moço tirou o paletó e jogou a cartola para um lado.

— Martinho, eu não estou conseguindo mais suportar o meu esposo.

— Acalme-se, minha querida, estou dando um jeito de fugirmos. O que você está fazendo? Tem feito como combinado?

— Sim, estou, meu querido. Estou, aos poucos, separando algumas pedras, consegui descobrir onde ele as guarda.

— Graça, minha querida, eu não vejo a hora de tê-la por inteiro em meus braços.

— *Vosmecê* já me tem, Martinho.

— Estou a cada dia mais apaixonado por *vosmecê*.

O casal trocou beijos e juras de amor.

Neste instante, Fernanda se viu nela, estava maltrapilha e então soltou um grito de pavor. Logo apareceu no espelho ao seu lado uma senhora que a consolou.

— Acalme-se, Fernanda, vamos nos vingar dos dois.

Ela começou a chorar e se debruçou sobre a penteadeira. Antes, porém, jogou todos os vidros de perfumes e bibelôs que estavam sobre a penteadeira no chão do seu quarto.

Enquanto isso, do outro lado da cidade, o jovem Jaime dirigiu-se até a casa de sua amada com a finalidade de ver dona Guilhermina.

Elisa atendeu à porta.

— Boa noite, minha querida!

— Boa noite, meu amor — sussurrou ela. Entre.

Alguns familiares estavam acomodados no sofá da sala, enquanto Cida, a empregada, serviu uma xícara de chá.

Agostinho, reconhecendo o jovem, levantou-se e foi ao seu encontro.

— Meu jovem, que bom que veio nos visitar.

— Como vai, o senhor, seu Agostinho?

— Indo. Como pode ver.

— Vim visitar a senhora sua mãe.

— Que bom! Ela ficará feliz em vê-lo. Minha filha! — chamou Agostinho a Elisa, sua sobrinha. Leve Jaime até o quarto de mamãe.

Elisa acompanhou-o pelo corredor até o quarto de Guilhermina. Antes de abrir a porta, eles param e, olhando-se nos olhos, nada disseram, mas seus corpos se aproximaram, num abraço carinhoso.

— Meu amor, quantas saudades eu senti!

— Eu também, minha querida, não estou conseguindo ficar sem vê-la. Carrego a foto que você me deu aqui dentro do meu bolso para senti-la bem pertinho de mim.

— Jaime, eu estou sofrendo muito. Tudo isso que estamos passando: o luto na família, a doença da vovó. Estou sofrendo muito, meu amor.

— Minha querida, eu gostaria de estar mais próximo de você. Nessas horas, sei que um ombro amigo a ajudaria muito, mas ainda não posso.

— É verdade, diante dos problemas pelos quais minha família está passando eles não entenderiam a nossa atitude.

— Serei paciente — prometeu Jaime, entrando no quarto onde dona Guilhermina estava.

Elisa foi até a janela e abriu uma pequena fresta para que um raio de luz adentrasse no recinto.

Jaime, olhando tudo à volta, sentiu-se como se já estivesse estado ali. Ele não se recordava, mas dias atrás fora trazido em sonho.

Ele se aproximou do leito de dona Guilhermina. Ela estava bela como sempre. Os olhos permaneciam fechados, mas tinha o semblante sereno. Nina, irmã de Guilhermina, folheava uma revista.

Elisa se aproximou de sua avó e, tocando delicadamente, a chamou:

— Vovó, a senhora tem visita.

Calmamente, ela abriu os olhos e, quando viu a figura de um homem fardado ali ao seu lado, exclamou:

— Que bom! — disse ela com muita dificuldade.

— Eu não podia deixar de vê-la, dona Guilhermina.

Ela apenas esboçou um sorriso, reconhecendo Jaime.

— Não consigo esquecê-la, até conversei com minha mãe sobre a senhora e ela deseja lhe fazer uma visita.

Guilhermina sorriu, como a consentir a visita da mãe de Jaime.

— Posso trazê-la?

Ela acena com a cabeça consentindo a visita! Ao mesmo tempo em que busca a mão de Jaime.

Ele começou a acariciar as mãos finas e delicadas de Guilhermina.

Elisa, do outro lado do leito, sobrepôs sua mão à deles. E, neste momento, Guilhermina que tinha os olhos voltados para Jaime, apesar de não estar enxergando muito bem, olhou para a neta e perguntou com muita dificuldade:

— Você o ama?

Diante da pergunta, os dois não sabiam o que dizer.

— Não precisa responder, minha neta — acena com a cabeça, mostrando um sorriso nos lábios.

E, depois, olhando novamente para Jaime, afirmou:

— Meu filho! Devo-lhe minha vida e abençoo esse amor.

— Vovó! Entendemos que nos abençoou. Obrigada, vovó.

Ela, com dificuldade, apertou a mão da neta e olhando na direção de Elisa disse em pensamento:

"Filha! Jaime também a ama e muito".

Os três ficaram em silêncio durante algum tempo. Elisa continuou a acariciar a mão de sua avó e de Jaime. Emocionada, ela começou a chorar.

— Minha querida, não chore! — consolou sua tia Nina.

Elisa apresenta sua tia-avó Nina a Jaime.

— Muito prazer, Nina — apresentou-se, estendendo a mão.

— O prazer é todo meu, mas acho que já nos conhecemos, não?

— Claro, meu filho. Dias atrás quando você saiu do elevador. Lembra-se?

— Ah! É mesmo.

Diante da emoção, Guilhermina não conseguia falar.

Os amigos do Plano Espiritual que ali estavam acabaram por traduzir aquilo que Guilhermina queria falar e Elisa entendeu.

— Filha! Reúna todos, vá chamá-los.

— Mas, vovó, não é o momento.

— Vá! — ordenou ela.

"Eu estou pedindo", dizia Ornela ao ouvido de Elisa.

A moça, sem entender o que estava acontecendo, já que ouvia a voz de sua avó dentro do seu cérebro, saiu, deixando Jaime com sua avó.

— Dona Guilhermina, eu gostaria de dizer que eu estou apaixonado por sua neta.

— Eu sei! — disse ela com dificuldade, mas sorrindo.

Jaime olhando para ela a elogiou.

— Sabia que a senhora tem um sorriso bonito?

"Filho, como posso ter um sorriso bonito com o rosto deformado", pensou ela.

— Eu não estou vendo esse sorriso externo que voltará a ser normal, e sim o sorriso que a senhora traz na alma — respondeu Jaime.

Ela, diante das palavras de Jaime, ficou emocionada.

— Meu filho! — consegue dizer.

"Não sei, mas desde o primeiro instante que o vi você me encantou. É como se nunca estivesse saído de perto de mim", pensou.

Com sua mediunidade aflorada, Jaime conseguiu entendê-la. Isso facilitou o diálogo entre ambos.

— "Eu também não sei o que aconteceu comigo. Como lhe falei, seu semblante não sai do meu pensamento. Sinto uma energia vinda da senhora, que me envolve."

Neste instante, Guilhermina percebeu a presença dos seus amigos, ali do seu lado. Hélio aproximou-se e falou-lhe ao ouvido.

— Estou muito feliz por vocês, meu amor.

Ela fechou os olhos e em pensamento lhe respondeu:

— Meu amor, sinto-me feliz. Esse jovem traz paz ao meu coração.

— O nosso amor é verdadeiro — disse ele, beijando-lhe a fronte.

Jaime, sem entender, conseguiu captar a imagem de Hélio ao lado de Guilhermina.

— Meu Deus, o que está acontecendo? Estou me vendo novamente?

Ornela, que ali se encontrava, aproximou-se dele e, colocando a mão sobre sua fronte, aplicou-lhe energias para que sua visão ficasse mais nítida.

É então que ele vê tanto Guilhermina e Hélio mais remoçados. Ambos sorriem para ele.

— Jaime, meu filho, sou eu.

Ele ficou sem saber o que fazer diante do quadro que se formava à sua frente. Do peito do rapaz saíam energias de amor, e ambos foram envolvidos por elas. Ornela explicou-lhe:

— Jaime, você acabou de reencontrar a sua família espiritual.

— Estarei contigo na sua caminhada, meu filho.

— Na sua missão — completou Guilhermina.

— Todos nós temos uma missão a realizar, Jaime — explicou Ornela.

Ele ficou sem entender e, quando foi perguntar mais sobre a missão, foi interrompido pela família que entrava no quarto e a visão se desfez.

Quando seus olhos voltaram a visualizar a cena do presente, vê que todos já estavam em volta do leito de dona Guilhermina.

Elisa aproximou-se e ficou ao lado de Jaime e de sua avó.

Depois de algum tempo, ela olhou para cada um que ali se encontrava e pediu:

— Elisa, minha filha! Abra a janela. Quero ver a luz!

Os filhos sorriram ao ouvir as palavras da mãe.

Com certa dificuldade, ela prosseguiu.

— Meus filhos, hoje o sol brilhou mais forte, em nossas vidas.

Os filhos não estavam entendendo o que ela queria dizer.

Agostinho a interrompeu.

— Mamãe, a senhora está se cansando, não se esforce tanto.

— Meu filho, eu... Estou bem.

Dizendo isso, ela pediu ajuda para se sentar na cama. Nina colocou algumas almofadas em suas costas. E ela, bem acomodada com certa dificuldade, pediu um pente, passando as mãos pelos cabelos.

Elisa, pegando o pente, tentou penteá-la, mas ela ordenou:

— Não, minha filha.

A família ficou feliz porque ela estava recuperando a fala, embora com muita dificuldade ainda.

E, pegando o pente, começou a se pentear. Ela não conseguia distinguir a todos, pois estava perdendo a visão.

Os movimentos eram lentos, mas ela conseguia pentear-se.

Todos ficaram felizes ao ver que ela, aos poucos, recuperava também os movimentos. Com o quarto mais iluminado, eles perceberam que a deformação do rosto estava desaparecendo.

— Mamãe, a senhora está bem melhor — alegrou-se Agostinho.

— Sim — concordou.

Depois de muitos comentários, Guilhermina terminou de se pentear e disse:

— Meus filhos, eu abençoo Jaime e Elisa.

Todos ficaram quietos, pois aquela era uma novidade que ninguém esperava ouvir.

Guilhermina continuou:

— Eu sei, meus filhos, que Dário já não está mais aqui.

— Mamãe, nos não queríamos contar, pois a senhora não estava bem.

— Dário veio se despedir de mim.

As palavras de Guilhermina tocavam a todos, já que sentiam a falta dele. Mas o momento era de alegria! Ela, com dificuldade, uniu as mãos de Elisa e Jaime.

A moça, muito emocionada, olhou para seus pais e depois para sua avó.

— Vovó, eu não sei como lhe agradecer.

— Eu a abençoo.

Jaime, emocionado, olhou para todos e depois para dona Guilhermina e disse:

— Bem, dona Guilhermina, depois de suas palavras, só me resta pedir aos pais de Elisa e à senhora autorização para que eu possa namorá-la.

Gustavo e Terezinha estavam surpresos.

— Bem, eu estou sem saber o que dizer, já que estou muito surpreso.

— Eu também, minha filha — falou Terezinha, sua mãe.

— Mamãe, aconteceu muito de repente, quando a gente se viu foi algo que nos tocou profundamente.

Henrique, filho de Agostinho e Maria Antonia, brincou:

— Prima querida, que você seja muito feliz. Só que nós não queremos esse pedido assim. Queremos uma festa, e tem que ser um almoço com muito vinho e música como a vovó sempre gostou. Não é mesmo, vovó?

— Isso — concordou Guilhermina.

— E Jaime trará a sua família — concordou dona Terezinha.

— Eu só tenho minha mãe, mas a trarei com muito prazer.

— Bem, então está decidido. Será em um domingo da primavera, para florir a vida de nossa filha — finalizou Gustavo, o pai de Elisa.

A felicidade invadiu o ambiente daquela casa.

No Plano Espiritual, Hélio, se aproximando de Ornela, comemorou, olhando para a família que estava com um semblante de felicidade estampada no rosto.

— Minha querida Ornela, Jaime está retornando para os braços de Guilhermina.

— Pois é, meu querido, e retornando duas vezes para os seus braços.

— É mesmo. Será que Guilhermina irá me perdoar?

Ornela, sorrindo, disse a ele:

— Na hora certa você saberá. Agora temos que ir.

— Está certo, antes, porém, deixe-me beijá-la novamente.

Hélio se aproximou de Guilhermina e a beijou na face.

Ela sentiu o beijo e, carinhosamente, passou a mão no rosto.

"Obrigada pelo beijo, querido", pensou.

Capítulo XXV

A conversa franca

Livro O *Evangelho Segundo o Espiritismo*

Capítulo X— Item 10 — O argueiro e a trave no olho.

"Um dos defeitos da humanidade e ver o mal de outros antes de ver o que está em nós... Que pensaria eu se visse alguém fazendo o que faço?"

J aime, com o passar dos dias, ficava cada vez mais apaixonado por Elisa. O brilho em seu olhar era evidente. O sorriso estava estampado em seu rosto. Numa manhã de junho, ele, ainda de pijama, apareceu na cozinha para tomar café com sua mãe, já que não iria trabalhar.

— Bom dia, mamãe!

— Bom dia, meu filho, dormiu bem à noite?

— Sim, minha mãe, sonhei com os anjos — contou ele abraçando sua mãe e beijando-lhe os cabelos cheirosos. Hum... Que cheiro gostoso!

— Do meu café? — brincou ela.

— Também, mamãe, mas é do seu cabelo.

Os dois permaneceram abraçados por algum tempo.

— Filho querido, sei que está muito feliz e eu também, pois o que mais quero na vida é vê-lo feliz.

— Que bom, minha mãe! Estou feliz porque você e Elisa estão se entendendo.

— É verdade. Ela é uma jovem muito carinhosa, parece ser boa pessoa. Seus olhos dizem isso.

Dona Esmeralda deixou transparecer uma preocupação no olhar.

— O que aconteceu, mamãe, está preocupada?

— Sim, é verdade, meu filho.

— O que a aflige? Posso saber?

— Filho, a causa da minha aflição se chama Fernanda.

— Pode ficar tranquila, minha mãe. Já conversei com ela pelo telefone. E já lhe contei sobre Elisa.

— E qual foi a sua reação?

— Normal, minha mãe. Parece que ficou feliz, disse que viria hoje aqui em casa.

— Sente-se, filho, e vamos tomar o café. Fiz aquele bolo de fubá que você tanto gosta.

Os dois saborearam o café e fizeram planos.

— Então, a senhora já está preparada para almoçarmos amanhã, na casa de dona Guilhermina?

— Sim, meu filho, estou ansiosa por conhecer essa senhora e toda a família de Elisa.

Depois de tomar o café, Jaime foi até uma oficina para arrumar o carro. Enquanto o mecânico realizava o conserto, ele aproveitou e foi até uma banca de jornal. Chegando lá, comprou um jornal, sentou-se num banco da praça e começou a ler as notícias, quando alguém apareceu.

— Bom dia, meu querido!

Ele, desviando o olhar de sua leitura, viu à sua frente Fernanda.

— Bom dia, Fernanda. Como vai? — cumprimentou ele levantando e beijando-a no rosto como sempre fazia.

— Vou bem, meu querido — disse ela, retribuindo o beijo.

— Sente-se um pouco. Vamos conversar — convidou ele.

Ela aceitou o convite e, durante algum tempo, conversaram até que o assunto passou a ser Elisa.

— Que bom que você encontrou uma pessoa que o ama — fingiu ela.

— Pois é, minha querida, você sabe bem da minha vida, todos os meus relacionamentos foram passageiros.

— Sim, eu sei, o que já passou este seu coração... — falou ela.

— Fernanda, você é mais que uma amiga. É a irmã que eu não tive, sabe da minha vida e dos meus sentimentos.

A conversa fluía entre os dois. E eles riem ao relembrar momentos vividos pelos dois. Só que, em seu íntimo, Fernanda estava suportando tudo ironicamente. Já que a entidade à qual ela estava ligada a auxiliava a fingir.

Ela ria, mas seu riso era falso.

— Jaime querido, você sabe que já fui apaixonada por você, na adolescência.

— Sim, eu sei.

— Para mim, você era o homem que eu queria para ser o meu companheiro. Mas o tempo passou e a infância ficou para trás.

— Vou lhe contar uma coisa. Você foi o meu primeiro amor também.

— Como éramos tão inocentes. Hoje você é um belo homem, desejado por muitas mulheres do bairro.

— Ora, que é isso, Fernanda? Você me deixa encabulado.

— É verdade. Você se lembra da Ruth e da Simone?

— As gêmeas?

— Sim, elas mesmas. Eram apaixonadas por você.

Ele começou a rir.

— Ainda outro dia estávamos no ônibus e passamos por você, que estava saindo da padaria. Era um dia de sol e você estava de camiseta e bermuda, elas o olharam e, sorrindo, me contaram: "Jaime a cada dia que passa fica mais bonito", comentou Ruth. "Como eu gostaria de ser a mulher que ele está namorando", completou Simone.

— Não sou assim tão desejado. Vocês estão brincando, aliás vocês só brincam.

— Sim, realmente nós gostamos de brincar, mas, que você ainda encanta muitos corações, isso é verdade.

Jaime ficou meio sem jeito com o rumo da conversa e, ao chamado do mecânico, despediu-se:

— Bem, eu já vou, meu carro já ficou pronto.

— Jaime, meu querido, estou muito feliz por você, quero que seja muito feliz.

— Obrigado, Fernanda.

— Gostaria de conhecer sua futura noiva.

— Bem, ela vira hoje à noite em casa. Por que não aparece por lá?

— Prometi à sua mãe que passaria por lá hoje, talvez deixe então para ir mais à noite.

— Será um prazer recebê-la em casa, minha grande amiga.

— Sempre que precisar de um carinho, de um ombro amigo, pode me chamar, estarei sempre por perto.

— Dê-me um abraço, meu querido — pediu ela abrindo os braços.

Ele a abraçou e ela o prendeu em seus braços, dando um abraço bem apertado.

— Eu quero que você seja muito feliz, meu irmãozinho — sussurrou ela em seu ouvido.

Ele sentiu uma energia estranha o envolver, queria se desvencilhar do abraço, mas achou melhor não. Depois de algum tempo, ela revelou olhando em seus olhos.

— Jaime, eu o amo e muito, e vou torcer para que você seja muito feliz.

— Obrigado, Fernanda. Muito obrigado mesmo.

— Lembre-se de que você terá sempre o ombro de uma amiga.

Os dois se despediram, ficando combinado que ela estaria logo mais à noite em sua casa.

Jaime, se dirigindo para casa, em seu carro pensou:

"Ora, estou pensando besteiras! Que é isso? Mas por que ela sussurrou no meu ouvido? E seu abraço cheio de desejo? Ora, Jaime! Deixe de pensar besteiras".

E, para desviar seus pensamentos, ligou o som do carro e começou a cantarolar acompanhando a música que tocava.

As horas passaram e pontualmente às oito horas Jaime chegou trazendo Elisa para sua casa.

Dona Esmeralda a recebeu muito feliz.

— Como tem passado, minha filha?

— Bem, muito bem. E a senhora?

— Eu vou cada vez melhor. Elisa, venha até aqui. Estou terminado de fazer uma torta salgada — convidou dona Esmeralda.

Quando Elisa chegou à cozinha, viu Fernanda.

— Esta é nossa grande amiga Fernanda — apresentou dona Esmeralda.

— Tenho muito prazer em conhecê-la, Elisa.

— Fernanda e eu fomos praticamente criados juntos, minha querida — explicou Jaime.

— É verdade, como dois irmãos. Tenho um carinho muito grande por ele. Pelos dois, já que dona Esmeralda, muitas vezes é uma mãe para mim.

— Que bom, é muito bom ter amigos assim. Prazer em conhecê-la, Fernanda — cumprimentou Elisa.

— O prazer é todo meu.

— Espero ser sua amiga também.

— Com certeza, Elisa, pois me falaram muito bem de você.

— Você poderá me contar algumas coisas sobre Jaime, que você o conhece tão bem.

— Claro, por que não? Eu sei cada coisa...

— Fernanda! — disse ele sorrindo. Olhe sua língua!

— Pode deixar, meu querido, não vou dizer nada que o comprometa.

Eles conversaram animadamente por muito tempo. Elisa sentiu uma afeição por Fernanda. Já dona Esmeralda ficou analisando as atitudes de Fernanda e por fim acabou por aceitar que realmente ela tinha mudado os sentimentos em relação ao seu filho.

Num canto da sala, a entidade que acompanhava Fernanda sorria.

— Muito bem, Fernanda, se mostre amiga dela, você tem que conquistar sua amizade.

Os amigos espirituais também ficaram observando o que se desenrolava no plano terreno.

Usando seu livre-arbítrio, Fernanda traçava um plano que a levaria a aumentar ainda mais os débitos para com aquela pessoa que, no passado, ela já prejudicara.

A entidade, por vezes, vinha até ela e falava-lhe ao ouvido.

Fernanda foi perfeita se não fosse o Plano Espiritual ver as atitudes e os pensamentos dela. Ela conseguia enganar a todos. Mostrou-se muito atenciosa e carinhosa.

— Eu gostei de conhecê-la, Fernanda. Acho que nos daremos muito bem.

— Eu tenho certeza, minha querida.

— Gostaria que você fosse almoçar conosco amanhã em minha casa — convidou Elisa.

— Não sei, Elisa, amanhã eu terei de levar os meus pais para a casa da minha tia, logo cedo. Se chegar a tempo, pode ser que consiga ir.

— Prometa-me que irá. Será muito importante.

— Nossa, dizendo isso, você me faz sentir muito importante.

— Você é — disse Elisa, abraçando-a.

— Amanhã será o dia do meu noivado e, como você praticamente faz parte da família de Jaime, não poderá faltar.

— Está bem, eu irei, já que insiste tanto.

— Vamos, Fernanda. — pediu dona Esmeralda.

— Está bem. Levarei os meus pais, e lá pelas onze horas já estarei de volta.

— Então está combinado, sairemos depois que você chegar — afirmou Jaime.

Fernanda deixou o local e voltou para sua casa. Ela estava feliz, pois conquistara a simpatia de Elisa.

A namorada de Jaime permaneceu ali por mais algumas horas. Dona Esmeralda trouxe uma caixa de fotos antigas e eles começaram a ver.

— Veja, Elisa, como era bonitinho o meu filho.

— Que gracinha! Você era muito fofinho mesmo — brincou ela.

— Ora, mamãe, esta foto?

— O que tem, meu filho, toda criança tira uma foto peladinho.

— Meu querido, tomara que nossos filhos sejam como você, fofinhos, dá vontade de morder — brincou Elisa apertando a bochecha de Jaime.

— Elisa, você aceita um cafezinho?

— Aceito, sim.

— Pois bem, vou buscar.

Elisa continuou a ver as fotos, quando Jaime lhe entregou uma que lhe chamou a atenção e tocou no fundo o seu coração.

— Estes são meu avô e minha avó — mostrou-lhe.

Elisa sentiu uma emoção ao ver o retrato.

— Quem são? — perguntou ela novamente.

— Meu avós. Eles estavam na Itália.

— Seu avô? — insistiu ela.

— Sim, ele era pracinha da FEB.

"Meu Deus, não é possível", pensou ela.

— O que foi, minha querida, você ficou pálida? Está passando bem?

— Não. Estou bem — disse ela.

— Aqui está o cafezinho — disse dona Esmeralda entregando uma xícara.

— Hum! Que aroma delicioso, mamãe!

— Deve estar uma delícia! — falou Elisa desviando o olhar da foto.

Mas em seus pensamentos uma dúvida. "Meu Deus! Eu conheço aquele senhor, eu já vi aquela foto. E aquela senhora, de onde? Quando?"

— Filha, você está bem? — perguntou dona Esmeralda.

— Sim, estou quieta, para saborear o seu cafezinho.

— Ah! Que bom, minha filha. Sabe de uma coisa, Elisa? Sinto como se eu já a conhecesse, ou melhor, senti uma sensação agradável quando a vi pela primeira vez.

— É engraçado, mas eu também senti a mesma coisa, é como se a gente já tivesse vivido em outras vidas.

— Sabe que eu também sinto a mesma coisa quando estou com sua avó? — revelou Jaime.

— Que engraçado — exclamou Elisa, relembrando a foto vista há poucos instantes.

— Temos muitas reencarnações, e a cada uma reencontramos velhos amigos, velhos inimigos.

— A senhora é espírita?

— Não sou praticante, mas leio muito e, às vezes, vou ao Centro Espírita.

— Gostaria de ir um dia. A senhora me leva?

— Claro, minha filha.

Jaime ficou calado somente ouvindo a conversa das duas.

— Você não quer vir também, meu amor?

— Não! Não. Tenho certo receio.

— Receio?

— Sim, Elisa, acho que não chegou a minha hora. Minha mãe sempre me diz: ou se vai pela dor ou por amor.

— Jaime tem uma sensibilidade muito grande, desde criança. Só que não quer vir comigo.

— Vamos, meu querido — insistiu Elisa.

— Um dia irei, meu amor.

— Só espero que meu filho não vá buscar o conhecimento pela dor. Isso é o que eu peço a Deus todos os dias.

Jaime sentiu um arrepio forte, ao ouvir as palavras da mãe.

Elisa estava cada dia mais encantada com Jaime e sua mãe. E

também intrigada com a foto que vira.

"Onde, quem"?, pensava ela. Somente o tempo iria revelar.

Capítulo XXVI

O noivado de Elisa

Livro *O Evangelho Segundo o Espiritismo*

Capítulo XI — A Lei do Amor — Item 8

"Feliz aquele que ama porque não conhece nem a angústia da alma, nem a miséria do corpo. Seus pés são leves e vive como transportado para fora de si mesmo."

A família de Guilhermina estava toda reunida. Cida, a empregada, estava arrumando-a na cama. Lá fora as flores embelezavam o dia. Chegara a primavera de 1982.

— A senhora está muito bonita hoje.

— Ora, Cida.

— Sabe de uma coisa, dona Guilhermina? Se eu chegar à idade que a senhora está, eu ficarei muito feliz.

— Por quê?

— Porque a senhora viveu intensamente cada momento de sua vida, faz muitos anos que eu vivo aqui, e a cada obstáculo que a senhora enfrenta a senhora mais forte parece ficar.

"O segredo da vida está justamente em saber enfrentar os obstáculos, Cida", pensou Guilhermina.

— Qual é o segredo? — perguntou Cida.

— Fé.

Ao olhar nos olhos de dona Guilhermina, Cida ficou pensativa.

Dona Guilhermina pegou o espelho e começou a se olhar. Passava os dedos sobre as rugas que fizeram marcas em seu rosto.

"Cada uma delas é um aprendizado, é o símbolo da luta."

— A senhora já desanimou alguma vez na vida?

— Não!

— É... a senhora é uma mulher de muita fibra.

"A fé é a ferramenta que faz com que ultrapassemos os nossos obstáculos", refletiu Guilhermina.

A idosa passou a recordar fatos que marcaram sua vida. Olhando a foto no porta-retrato, ao lado da cama, sentiu uma forte emoção.

Voltando no tempo, ela se viu no ano de l975. Sentada diante da penteadeira de seu quarto, ela está se arrumando para a formatura de seu filho Agostinho. Ajeitava o cabelo, quando Dário se aproximou e disse:

— Como você está linda, minha querida.

— Ora, como você é galanteador!

— Não, estou falando com sinceridade, Guilhermina, minha querida. Seus cabelos já estão começando a branquear e isso a deixa mais linda.

Guilhermina, tocando-lhe as mãos, falou:

— Estarei pronta em mais alguns minutinhos.

— Está bem, estarei lá na sala, esperando-a.

Dário saiu do quarto, e Guilhermina, olhando-se no espelho, viu a semelhança que existia entre ela e sua mãe. Uma emoção brotou do fundo de seu coração. Pegando o porta-retrato no qual estão ela, sua mãe, Bianca, e seu pai, Gino.

Ela voltou ao passado, mais precisamente no dia em que o Brasil disputou o final da Copa do Mundo com a Itália, no México.

Toda a família estava reunida. Seu pai como sempre fazia uma festa quando a família estava reunida. Apesar de o Brasil ter conquistado a vitória, jogando com a Itália, seu Gino estava feliz e tornava todos os que estavam ao seu redor mais felizes ainda.

Ele tomava vinho e cantava, enquanto que dona Bianca, Guilhermina e Nina, sua irmã, estavam na cozinha terminando a sobremesa.

— Então, filha, coloque muito amor nessa sobremesa — pediu seu Gino à Guida.

— Claro, papai. Com muito *amore*.

Seu Gino enfeitava sua casa com bandeiras brasileiras e italianas, nas janelas.

O jogo começou. Era uma emoção atrás da outra. A seleção canarinho disputou um dos seus jogos mais difícil. Foi uma alegria quando o Brasil marcou o gol.

Guilhermina, vendo a felicidade do pai, comentou:

— *Mama,* nunca vi o papai tão feliz como hoje.

— Eu também, filha, ultimamente ele está muito contente.

Todos os vizinhos saíram para a rua e passaram o dia comemorando. A família se reuniu para tirar fotos. Paulino, que viera a convite de Dário assistir ao jogo, tirava as fotos.

— Paulino, tire uma foto com minha filha Guilhermina e depois separadamente com os demais — gritou Gino.

— Pois então vamos para a pose — disse Paulino sorrindo.

— Olhe o passarinho!

— Essa foto, filha, é para você guardar num local especial — pediu o pai.

— Claro, papai, guardarei na minha cabeceira.

— E, quando você olhar para ela, filha, lembrará que o nosso amor é muito grande! — completou dona Bianca.

Paulino esperava seu Gino parar de se mexer.

— Gino, fique quieto, não vê que Paulino está esperando por você.

Flash!

Aquelas lembranças ficariam para sempre nos corações de todos os filhos de seu Gino e dona Bianca.

Ele se despediu de seus filhos e netos, beijando-os várias vezes. Para cada um, ele dizia uma palavra de carinho.

— Agostinho, meu filho, espero que você seja um grande homem.

— Serei nono — prometeu Agostinho.

— Ele será um grande contador, seu Gino — disse Dário.

— Tenho certeza. E você, Dário, faça minha filha feliz.

— Farei, prometi ao meu irmão que tomaria conta de sua família e o senhor sabe o quanto amo esses meninos e Guilhermina.

Antes de sair, seu Gino, abraçado à sua esposa, disse para Guilhermina:

— Filha *mia*, se *Dio* me levar hoje, irei feliz. Toda a minha família está reunida e feliz.

— Não diga isso, papai.

— Filha querida, nós dois, eu e seu pai, vivemos intensamente o nosso amor.

— E o que eu levo dessa vida? — perguntou ele. Somente o amor, filha querida.

As últimas palavras de seus pais deixaram-na pensativa.

— Ora, não fique preocupada, mana. Papai tem dessas conversas de vez em quando — disse Nina, abraçando-a.

Dona Bianca e seu Gino entraram no fusca verde todo enfeitado. Eles saíram acenando. Seu Gino buzinava e cantava até desaparecerem no fim da rua. O seu destino era a Marginal do Tietê.

A comemoração prosseguia. Guilhermina estava na sala conversando com sua irmã quando o telefone tocou. Ela pediu que abaixassem o som da vitrola, pois não estava conseguindo ouvir.

— Sim, é ela quem está falando?

— Aqui é do corpo de bombeiros.

Ao ouvir isso, Guilhermina desmaiou — rapidamente Dário pegou o telefone e ficou pálido diante da notícia.

Gino e Bianca sofreram um acidente na Marginal e tiveram morte instantânea.

Um dia de festa transformou-se em um dia de muita dor.

Ao relembrar aqueles momentos de sua vida, as lágrimas brotaram dos olhos de Guilhermina que rolam pela face linda que ainda possuía. Com um lencinho ela enxugou suas lágrimas.

Enquanto isso, na sala, os pais e os tios de Elisa conversavam com a jovem. Uma visita especial, a prima Guida, viera para o noivado, pois ela era a madrinha da Elisa.

Terezinha, a mãe de Elisa, juntamente com sua cunhada Maria Antonia e a prima Guida, conversavam animadamente com dona Esmeralda.

Agostinho dialogava com seu irmão Gustavo.

— Sabe, meu irmão, quando olho para minha sobrinha e vejo que ela já é uma mulher feita, vejo que a minha vida passou e que meu filho está criado. Eu não o vi crescer.

— Pois é, meu irmão, eu sei bem o que você está sentindo. Mas não se culpe. Henrique é motivo de orgulho para todos nós.

Nisso, Henrique se aproximou com umas taças de vinho.

— Papai, titio, vamos tomar um vinho, enquanto esperamos Jaime e sua família?

— Ótima ideia, meu filho — disse Agostinho.

— Façamos um brinde — sugeriu Gustavo.

Todos com suas taças se aproximaram do centro da sala.

— Vamos brindar a quem? — perguntou Henrique.

— Aos noivos. Que sejam felizes pela eternidade! — exclamou a madrinha de Elisa, dona Guida.

Tim-Tim — todos brindaram.

Henrique não tirava os olhos de Fernanda.

"Que criatura encantadora", pensava ele.

Fernanda também se interessou por ele. Dona Esmeralda ficou emocionada com a recepção feita pela família de Elisa.

— Onde está sua avó, Elisa? Gostaria de conhecê-la.

— Vovó já vem, dona Esmeralda. Cida está lhe servindo o jantar.

— Ela não vem jantar conosco? — perguntou Jaime.

— Não, meu querido, ela se sente constrangida.

— Não se preocupe. Ela virá logo.

A conversa fluía animada, e Henrique conversava com Fernanda.

— "Que homem bonito e interessante", pensava ela.

Jaime e Elisa estavam felizes e trocavam beijos e abraços. Ele se sentia o homem mais feliz, e ela, uma Cinderela que encontrara o seu príncipe encantado.

Enquanto isso, Cida depois de arrumar dona Guilhermina e de dar o jantar, perguntou:

— A senhora vai querer sobremesa?

— Não.

— Fiz pudim de leite. Vai resistir?

— Me dê.

Guilhermina sentiu os olhos arderem e uma sensação como se fosse desmaiar.

— A senhora não está bem? Está sentindo alguma coisa? Está um pouco pálida.

Ela fez um sinal que estava sentindo dor de cabeça.

— Vou buscar um remédio — prontificou-se ela saindo rapidamente.

Guilhermina aproveitou que estava só e, tateando com as mãos a cabeceira da cama, pegou um terço que ganhara de presente de sua mãe.

Ela começou a orar e logo viu ali a seu lado Hélio e Ornela.

— "Minha irmã e meu querido, ainda bem!", pensou ela.

Um diálogo importante iniciou-se entre os três.

— O que foi, minha irmã? — perguntou Ornela.

— Pensei que estivesse ficando cega. Não estava enxergando direito.

Hélio se aproximou da cabeceira da cama de sua amada acariciou o seu rosto.

— Por que ficou triste, meu querido. Está chorando?

— Não é nada, minha querida. Estou emocionado.

— Nossa neta ficará noiva hoje. Seria tão bom se você estivesse aqui para festejar conosco.

— Mas eu estou, Guilhermina. Como sempre estive — confirmou ele não escondendo a emoção.

— Acalme-se, meu irmão. Este é um momento de alegria para Guilhermina — aconselhou Ornela.

Hélio, em pensamento, quis saber:

— Ornela, justamente agora? Por que ela teria de sofrer esse derrame nas vistas? Tinha que ser agora?

— Não se desespere, meu irmão. Não vamos cobrar de Deus uma coisa que nós não sabemos. Talvez Deus esteja promovendo, e com certeza está, esse encontro para mais tarde.

Hélio analisou as palavras de Ornela e, enxugando as lágrimas, disse:

— Guilhermina, minha querida, estou feliz em encontrá-la e também por ver toda a nossa família aqui reunida.

— Você já viu a família do noivo?

— Já os conheço — afirmou ele, desviando o olhar dela para Ornela.

— Estou curiosa para conhecer a mãe de Jaime. Cheguei a sonhar com ela, mesmo sem conhecê-la. Já nos tornamos amigas.

— Vocês são mais ligadas do que você imagina.

— Como? Não entendi o que você quis dizer, meu querido.

Ornela vai interferir quando Cida aparece com o remédio.

— Pronto, dona Guilhermina, tome esse remedinho que vai ficar boa.

Guilhermina engoliu o comprimido e, olhando para Cida, solicitou com muito esforço.

— Ajude-me a sentar, Cida.

"Quero conhecer a família de meu novo neto", pensou ela.

Guilhermina se ajeitou na cadeira de rodas e Cida a conduziu para a sala onde todos a aguardavam. Hélio e Ornela as seguiram.

Guilhermina apareceu sorrindo, como sempre bem vestida e com os cabelos bem arrumados. Cida a colocou perto do sofá no qual estava seu filho Agostinho.

— Mamãe, a Senhora está linda!

— Obrigada.

Ela olhava e via apenas vultos, mas a sala estava bem iluminada, conseguiu saber quem era quem. Cumprimentou um a um com a cabeça. Para cada um ela dirigia uma palavra de carinho. Quando chegou a vez de Jaime, ela o chamou.

— Venha cá, meu neto.

Dona Esmeralda, ao vê-la, ficou emocionada, pois sua voz parecia com a de alguém muito próximo a ela. Jaime se aproximou e beijou suas mãos. Emocionada Guilhermina disse:

— Deus o abençoe, meu filho. Seja bem-vindo à minha família.

A emoção tomou conta de quase todos naquela sala diante do esforço que Guilhermina fazia para proferir aquelas palavras. Somente Fernanda não estava se importando com a emoção e sim com a beleza do jovem Henrique.

Capítulo XXVII

Planejamento familiar

Livro *Após a Tempestade*

Capítulo Anticonceptivo e Planejamento Familiar.

"*O homem pode e deve programar a família que deseja e lhe convém ter; número de filhos, período propício para a maternidade, nunca porém se eximirá aos imperiosos resgates a que faz jus, tendo em vista o seu próprio passado.*" Joanna de Ângelis

Estávamos no mês de setembro do ano de 1984. Elisa se sentia muito feliz, pois o dia de seu casamento se aproximava. Toda a família estava envolvida nos preparativos. Jaime conseguiu comprar um apartamento e estava terminando a reforma.

Através da janela de seu apartamento, o moço vislumbrava a bela Serra da Cantareira, ao fundo. Próximo da janela, havia muitas árvores, nas quais alguns pássaros faziam seus gorjeios.

Ele viajava em seus devaneios e não percebeu que sua futura esposa chegara e se aproximara dele, enlaçando-o pela cintura. Carinhosamente ela beijou o seu ombro e disse:

— Dou um beijo pelo seu pensamento.

— Se você adivinhar, eu lhe darei milhões de beijos — brincou ele, abraçando-a.

— Bem, você, com certeza, estava sonhando com os nossos filhinhos brincando no parquinho, certo?

Jaime, sorrindo, lhe falou:

— Posso começar a pagar a minha dívida?

Eles se beijam carinhosamente.

— Minha querida, eu tenho certeza de que seremos muito felizes.

— Teremos muitos filhos, quero ter três filhos — afirmou Elisa.

— Por que não quatro? Não gosto de número ímpar.

— Tudo bem, meu querido. Teremos quatro filhos.

O casal ficou por alguns instantes na janela, observando a paisagem. Jaime olhou para o parquinho onde várias crianças brincavam. Ficou prestando atenção nas brincadeiras que elas estavam fazendo. Neste instante, apareceram quatro crianças e começaram a acenar para ele e chamá-los de mamãe e papai.

Jaime ficou emocionado e acenou. Elisa pensou que ele estava acenando para as crianças que ela também via e começou a acenar também. Num instante, uma das crianças foi desaparecendo o que o deixou apavorado. As demais começaram a chorar e a gritar por socorro.

— Papai, venha nos ajudar, não deixe ele ir embora.

Jaime gritou da janela.

— Eu irei. Espere! Papai já está descendo.

Neste momento, Elisa o chamou para a realidade, puxando-o pela mão.

— Meu querido, aonde você vai? Quem o está chamando?

Ele voltou à realidade do momento, abraçou sua noiva e, emocionado, começou a chorar. Ela, sem saber o que fazer, permaneceu calada, apenas acariciando os seus cabelos. A visão das crianças gritando por ajuda não queria desaparecer da mente dele.

Elisa acariciava o noivo. Ela sentia que algo muito grave ele tinha visto.

— O que foi, meu querido. O que você viu?

— Nada não, meu amor, foi apenas uma visão. Estou preocupado, ultimamente tem acontecido muita coisa estranha comigo.

— Você não está fazendo o tratamento de passes?

— Sim, estou! Toda semana tenho ido com minha mãe. Só que na hora da reunião eu sempre durmo.

— Bem, acho que talvez eu tenha de ir com você também, já que estamos praticamente na mesma família.

— Será bom, assim você não me deixará dormir, já que minha mãe estará trabalhando lá no Centro.

Elisa beijou várias vezes o rosto do noivo.

Não fique preocupado, meu querido, o que você teve foi apenas uma visão. Nada tem a ver conosco.

— Espero, minha querida — suspirou ele, sentindo uma pressão dentro de seu peito.

O casal passou a tarde arrumando o apartamento. Elisa começou a limpar os cômodos que já estavam reformados. Jaime acabou por esquecer o que acontecera há pouco com ele. Elisa, por sua vez, não conseguia parar de se preocupar.

"Tenho que fazer algo por ele", pensava ela.

De volta à casa de Jaime, ela começou a conversar com sua futura sogra enquanto ele tomava banho. Os acontecimentos são relatados para ela que ficou muito preocupada.

— Então, o que a senhora me diz?

— Minha filha, eu já falei para ele que precisa frequentar constantemente o Centro. Mas ele não me leva muito a sério.

— O que a senhora acha de eu ir com ele?

— Ótima ideia, minha filha.

— Será que ele teve uma visão?

— Com certeza, minha filha. Eu vou lhe contar uma coisa: certa vez, Jaime adoeceu, ardia em febre, e eu já o tinha levado ao médico do posto de saúde. Estava tomando remédio, mas a febre não havia meios de abaixar. Foi então que minha comadre, a madrinha dele, me levou até a casa de dona Catarina. Ela benzia as crianças do bairro.

— E o que aconteceu?

— Quando eu entrei na casa dela, ela veio me falando:

— O que tem o pequeno Jaime?

— Eu fiquei admirada, pois nós não a conhecíamos. Ela então pegou o meu filho nos braços e, sentando-se em frente ao altar que possuía numa salinha em sua casa, começou a orar. Em suas mãos, somente um rosário. Havia uma vela acesa e muitas flores aos pés de uma imagem de Nossa Senhora. Na parede, tinha um quadro de Jesus benzendo uma mãe com uma criança no colo.

De repente, dona Catarina começou a falar estranhamente, numa língua enrolada, e, olhando para mim, falou:

— *Fia*, o nosso guri vai ficar bom. Fica tranquila. Acenda uma vela e dê um banho de sal grosso nele com muita arruda, depois de chá de camomila.

— Pode deixar. Eu vou fazer isso que a senhora me pede. Ela começou a sorrir quando eu a chamei de senhora.

— *Fia*, num é o aparelho que *tá* lhe falando. Sou o preto velho Joaquim.

E prosseguiu dona Esmeralda em seu relato:

— Falando isso, ele pediu que eu me aproximasse dele. Eu então me aproximei e ajoelhando-me bem perto dele. Ele me benzia, pois eu sentia um calorão invadir todo o meu corpo. A minha cabeça parecia que estava formigando. Tive a impressão de que eu estava saindo do meu corpo. Depois de algum tempo, ele me olhou e disse: Esse nosso guri vai ter uma missão muito importante, minha *fia*. Ele vai casar e ter quatro filhos, mas uma dor muito grande vai morar em seu coração.

— O que vai acontecer? Ele vai ficar doente?

— *Fia*, eu *num* posso mais dizer nada, mas esteja do lado dele quando isso acontecer, ele vai precisar muito de ocê.

A mãe de Jaime continuava o relato, e Elisa a ouvia atentamente.

— Mas o que será essa dor?

— Isso eu não sei, minha filha. Vamos mudar de assunto que ele já está saindo do banheiro e vem vindo para cá.

A mãe de Jaime não relatou toda a revelação que o Pai Joaquim lhe fizera, mas ficou pensativa relembrando cada detalhe que ele lhe falara. As coincidências são muito grandes.

— "Meu Deus! O meu filho vai sofrer"!, pensou ela.

Neste instante ela ouviu a mesma voz lhe dizer:

— *Fia*, quando a gente não vai até Jesus pelo amor, vai pela dor.

Ela sentiu um arrepio que quase veio a desfalecer.

— A senhora está passando bem? — perguntou Elisa, vindo ao seu encontro.

— Sim, estou, minha filha.

— A senhora ficou branca. Sente-se, vou dar um pouco de água.

Enquanto Elisa providenciou a água, sua sogra ficou debruçada sobre a mesa.

Neste instante, o preto velho Joaquim se aproximou e disse:

— Minha *fia*, fique tranquila que o preto *véio* não vai deixar vocês sozinhos.

Neste instante, ele lhe aplicou um passe energizante e, aos poucos, ela voltou ao normal.

Jaime não ficou sabendo da conversa que houve entre sua mãe e sua noiva.

Capítulo XXVIII

A viagem de Guilhermina

Livro *Sinal Verde*

Item 38 — SEPARAÇÕES

"Nas construções do bem, é forçoso contar com a retirada de muitos companheiros e, em muitas ocasiões, até mesmo daqueles que se nos fazem mais estimáveis." André Luiz

Guilhermina estava acompanhada da empregada Cida. Os demais saíram para providenciar os últimos detalhes para a festa de casamento de Elisa e Jaime.

Cida encontrava-se na cozinha, preparando um chá para levar para dona Guilhermina. Enquanto isso, a senhora estava próxima à janela de seus aposentos, ouvindo música.

Com o rádio ligado em volume baixo, ela ouvia as canções que fizeram parte de sua vida. Cada melodia que tocava era uma emoção que vinha à tona.

— Como fui feliz, meu Deus!

Com sua visão quase nula, ela no álbum de recordações vê nitidamente todos os personagens que fizeram parte de sua vida.

Muito emotiva, sentiu uma leveza em seu coração.

A todo instante, ela agradecia a Deus por tudo.

Passou por um cochilo quando viu se aproximar seu querido esposo, Hélio. Ele se mostrava feliz. Sorrindo veio e lhe beijou os cabelos brancos.

— Meu querido, que saudades! — suspirou ela se levantando da cadeira de rodas em que estava.

— Você está muito bela, minha querida.

— Você também — disse ela, estendendo os braços.

Hélio a envolveu em um abraço longo e carinhoso. Depois a convidou para passear.

— Não posso, Hélio. Uso cadeiras de rodas e dá muito trabalho sair com ela.

— Guilhermina, olhe bem para você. Não precisa mais da cadeira para se movimentar.

Assustada, ela se deu conta de que estava em pé abraçada a ele. Olhou para trás e viu o seu corpo marcado pelo tempo que ficou sentado na cadeira.

— O que aconteceu? Isto é um sonho?

— Não, minha querida, não é um sonho. É que chegou a hora de você fazer a grande viagem.

— O que você quer dizer com isso?

— Que você não precisa mais daquele corpo, Guilhermina.

— Eu morri? É isso que você está me dizendo? — assustou-se ela, sentando-se na beirada da cama.

Uma fraqueza a envolveu e, quase sem forças, pediu que ele a ajudasse a se deitar, pois não conseguia se movimentar.

Hélio a carregou nos braços e, olhando em seus olhos, a acalmou.

— Meu amor, não fique nervosa, tudo está bem. É apenas um torpor que você está sentindo. Logo ficará boa.

A respiração dela tornou-se ofegante, mas aos poucos foi ficando mais tranquila e ela adormeceu.

Hélio a arrumou na cama e depois pediu o auxílio de Ornela que estava ao lado de Violeta, a irmã italiana de Guilhermina. Violeta, que muito se parecia com Guilhermina, veio muito prestativa auxiliar a irmã.

— Ornela, como seria bom se nos pudéssemos ter convivido nesta vida!

— Sim, creio que sim, mas fomos separadas porque cada uma tinha resgates a serem feitos. Enquanto você passava pelos horrores da guerra, nossa Irmã Guilhermina sofria a dor da viuvez e o trabalho árduo para educar os seus filhos.

Hélio, segurando a mão da esposa, acariciava e via que ela ainda estava cheia de manchas e rugas. Ele a beijou várias vezes.

— Guilhermina, minha querida, acorde, sou eu, Hélio.

— Hélio, deixe-a descansar.

— Ornela, eu gostaria tanto de conversar com ela. Tenho tantas coisas a lhe dizer.

— Acalme-se. Ela precisa de um descanso — aconselhou Violeta.

— Vamos aplicar um pouco de energias revitalizantes. Isso dará a ela as forças das quais precisará.

Os três entraram em comovida oração. Ornela, direcionando sua mão em frente ao coronário, aplicou-lhe energias. Primeiramente, nos olhos e por fim sobre toda a cabeça. Uma luz envolveu Guilhermina. Do coração de Hélio e de Violeta saíam luzes. Ornela permaneceu ainda durante alguns instantes aplicando-lhe o passe.

Hélio ajoelhou-se aos pés da cama, fechou os olhos e orou. Domênico, o amigo protetor de Hélio, também se faz presente naquele instante. Vendo que o pupilo permanecia em oração pelo restabelecimento de sua amada, Domênico os envolveu com muita energia.

Alguns minutos se passaram e os amigos espirituais permaneceram ao lado da companheira. Aos poucos, Guilhermina se recuperou. À medida que foi abrindo os olhos, ela notou a presença de todos.

Olhando para Hélio, ao seu lado, ela lhe tocou os cabelos e disse:

— Meu querido, estou bem.

Hélio ergueu os olhos e exclamou:

— Guilhermina, amor de minha vida!

Emocionado, ele deitou a cabeça sobre o peito de sua amada e chorou como uma criança. Agora ele se sentia protegido nos braços de sua amada.

Guilhermina olhou para suas mãos e viu que estavam se transformando. Procurou as mãos de Hélio e, assim, os dois Espíritos ficaram unidos. Voltou a ter a forma bela e iluminada que um dia encantou o jovem soldado.

Ornela e Domênico sorriam.

Quando seus olhos se cruzaram com os de Violeta, Guilhermina não acreditou no que via.

— Meu Deus? Quem é ela? Serei eu?

Todos riem da colocação, até ela própria.

— Não, minha irmã. Esta é Violeta, sua irmã — apresentou Domênico.

— Irmã? — perguntou ela, admirada.

— Sim, minha querida Guilhermina. Mas é uma história muito longa que em outro momento nós contaremos.

Violeta se aproximou de Guilhermina e lhe estendeu a mão.

— Que bom reencontrá-la!

Neste instante, formou-se um elo luminoso entre as duas que emocionou a todos e elas, em um abraço carinhoso, selaram aquele reencontro.

— Obrigado, meu Deus, pelas filhas que ora se encontram — agradeceu Ornela.

Domênico aproximou-se dela e sugeriu.

— Ornela, por que não se une as duas? Afinal, você também é peça importante na vida das delas. Se elas venceram todos os obstáculos e construíram suas obras foi graças a você, minha querida.

Ornela, abraçando as filhas com olhos em lágrimas, beijou-as muitas vezes.

Naquele instante, as duas se recordaram do passado que as envolvia.

— Bem, já é hora de irmos — observou Domênico.

Guilhermina, olhando para ele, pediu:

— Gostaria de ver minha casa pela última vez.

O seu pedido é aceito e eles a acompanharam. À medida que ela olhava os quadros nas paredes, as fotos pareciam ter vida. Ela entrou na cozinha e viu sua amiga Cida que, durante muitos anos, a acompanhou. Ela estava preparando o chá.

— Cida querida, obrigada pelo carinho e pela amizade que sempre dedicou a mim.

Dizendo isso, beijou o rosto de Cida que, assustada, sentiu um arrepio pelo corpo, que fez com que ela jogasse longe a xícara que segurava na mão.

— Jesus amado! — benzeu-se ela fazendo o sinal da cruz.

— Desculpe-me, não quis assustá-la. Apenas quero dizer que a amo. Obrigada por tudo.

Dizendo isso se despediu e foi levada pelos amigos para o hospital, onde ela irá se restabelecer, pois ainda se sentia fragilizada pela mudança de plano.

Capítulo XXIX

Uma família feliz

Epístola de Paulo aos Romanos — 12:21

"Não te deixes vencer pelo mal, mas vence o mal com o bem."

Chegamos ao mês de setembro de 1989. Elisa foi levada para a maternidade, todos estavam ansiosos. As crianças ficaram com a avó paterna dona Esmeralda. Eles não veem a hora de receber os irmãozinhos. Tudo foi cuidadosamente preparado para receberem os gêmeos. Elisa foi conduzida para a sala de cirurgia e estava tranquila. Jaime permaneceu na sala de espera. Ele estava ansioso, parecia que era o primeiro filho do casal.

O relógio na parede marcava 11h5 quando nasceu o primeiro bebê. Depois de examiná-lo, o médico colocou o recém-nascido sobre o peito de Elisa que, feliz, acariciou a cabecinha de seu filho.

— Que bom que você veio, meu filho. Seja bem-vindo! — exclamou.

Ao terminar a frase, o bebê buscou o seu dedo mostrando insegurança como que pedindo proteção.

Emocionada, ela falou:

— Meu filho, fique tranquilo, nós lhe daremos toda a proteção.

Dois minutos se passaram e o segundo bebê veio ao mundo. Era uma linda menina. Assim a família com quatro filhos ficou completa.

— Que lindos filhos você teve, Elisa! — comentou o médico.

Depois de alguns minutos, a enfermeira entregou a menina para os braços da mãe que já segurava o outro filho.

— É uma linda menina. Minha filha! Que presentes, Deus me deu!

Os dois juntos sobre o peito da mãe e, para a surpresa de todos os que estavam ali, eles se dão as mãozinhas.

Enquanto isso, um enfermeiro informou a Jaime e à mãe de Elisa que tudo correra bem. Eles eram só sorrisos.

— Que Deus ilumine os seus filhos, meu querido — disse ela, abraçando-o.

O lar de Jaime e Elisa era repleto de felicidade e, assim, os meses, os anos se passaram. Os filhos foram crescendo, todos com saúde. O casal frequentava um pequeno Centro no seu bairro. Elisa ajudava na evangelização, enquanto Jaime auxiliava uma equipe que preparava toda semana sopa para os necessitados. Jaime se encontrou na doutrina, fez o curso de médiuns e se sentia muito feliz.

Todas as vezes que voltava para casa, depois do trabalho espiritual, eles conversavam.

— Então, querido, como foi o trabalho hoje? — perguntou ela arrumando a roupa e levando para ele que estava no banheiro.

— Bem, conversei com seu Pedro e ele ficou feliz com a minha ajuda no trabalho de hoje.

— Que bom, fico feliz por você!

Jaime fechou o boxe e, ligando o chuveiro, contou:

— Sabe, querida, tenho me desligado quase todas as noites ao dormir.

— Você se lembra para onde tem ido?

— Sim e não, depende da necessidade. Sei que quando estou no trabalho então me lembro, mas logo que acordo não.

— Mas isso penso ser normal. Acredito que os trabalhadores do Bem nos levam para continuar ou iniciar um trabalho que terá continuidade aqui, não é?

— Sim, querida, isso mesmo. Passe-me a toalha, por favor.

— Aqui está, enquanto você se troca, vou arrumar o seu jantar.

— Minha mãe ligou? Pensei que ela estaria no Centro hoje.

— Ia me esquecendo. Dona Esmeralda ligou sim e me disse que sua vizinha estava internada. O esposo pediu que ela ficasse esta noite no hospital.

O casal continuou a conversa depois do jantar.

— Sabe quem eu vi hoje andando na praça e nem me olhou na cara?

— Não. Quem?

— Fernanda! Eu a achei meio estranha, parecia estar no mundo da lua.

— Minha mãe me falou que ela está passando por momentos difíceis. Afastou-se da casa dela também. Antes ela ia quase todos os dias, agora passa semanas sem ir vê-la.

— Estranho! — continuou Elisa. Ela era tão amiga de sua mãe.

— Pois é.

— Querido, Fernanda o amava ou ainda o ama?

— Nunca tivemos nada, Elisa. Quando jovens tivemos um flerte, mas foi coisa de criança.

— Então pode ter certeza de que ela não o esqueceu.

— Imagine. Ela me esqueceu, sim. Já namorou outras pessoas, inclusive seu primo.

— Sim, só que não deu em nada.

— Sabe, minha querida, ela é uma pessoa muito boa, mas ao mesmo tempo vingativa.

— Credo! Que arrepio, me deu agora!

— Não se preocupe, querida. Nada de mal nos acontecerá.

— Outro dia, sua mãe me falou que Fernanda estava fazendo tratamento médico. E estava com depressão. Disse inclusive que ela tinha ameaçado o próprio médico que a atendia.

— Isso eu não sabia.

— Pois é. Tiveram que amarrá-la e aplicaram uma injeção tranquilizante. Dona Esmeralda disse que ela chegou a ficar internada por quase dois meses, você sabia? Quase perdeu o emprego, pois discutiu com a colega de trabalho e tentou empurrá-la pela escada. Isso só não aconteceu porque os colegas chegaram.

— Meu Deus! A coisa está assim? — surpreendeu-se Jaime.

— Está, meu querido.

— Certamente ela precisa de muita oração, vou levar o nome dela para os trabalhos espirituais.

— Eu também vou pedir em minhas preces por ela — completou Elisa.

Olhando o relógio, Jaime disse:

— Minha querida, já é tarde, vamos dormir. São 23 horas.

— Está bem, meu amor, até amanhã, durma bem — despediu-se Elisa beijando-o.

O casal logo adormeceu e ambos se desligaram do corpo físico. Jaime foi levado pelos amigos para o trabalho de socorro. Enquanto Elisa encontrou-se com um grupo de crianças que a esperavam num jardim florido. Logo que chegou foi saudada por todos. Ali estavam também os seus filhos. Todos prestaram muita atenção ao que ela lhes ensinava.

Uma irmã se aproximou e aguardou o término da instrução.

— Parabéns, Elisa. O seu trabalho está ótimo!

— Obrigada, Paula, sem a ajuda de vocês eu não conseguiria.

— Você é uma boa filha e tem se dedicado ao trabalho espiritual muito bem — afirmou Paula, abraçando Elisa.

Neste instante em que as crianças brincavam numa praça, Elisa viu que Fernanda apareceu e começou a conversar com seu filho João Carlos.

Os dois conversaram muito tempo. Elisa ficou intrigada. Seu filho nunca conversava assim com ninguém, pois era tímido.

Paula, vendo a preocupação da mãe, tocou-lhe o ombro e aconselhou:

— Confia em Deus, minha filha!

Elisa não entendeu o que Paula lhe dissera e foi ao encontro do filho. Quando ia se aproximando, ela o chamou.

— Filho, venha. Temos que voltar.

O menino abrindo um sorriso, deixou Fernanda e foi ao encontro da mãe.

— O que houve, meu filho? Você estava chorando?

— Não houve nada, mamãe — disse o pequeno enxugando os olhos.

— Você conhece aquela senhora?

— Não, mamãe?

— O que vocês conversavam? O que ela lhe perguntava, meu filho.

— Nada, mamãe.

— Mas por que você estava chorando?

— É que ela me disse que eu tinha que ir com ela.

— Como assim ir com ela?

— Não sei, mas eu disse que não iria deixar você. Então ela disse que você não poderia vir.

— Meu filho, não quero que você fale mais com ela.

— Eu não vou falar. Pode ficar tranquila — prometeu João Carlos abraçando a mãe.

Elisa envolveu o filho e encarou Fernanda que se afastava rindo alto. Elisa sentiu medo.

Ela acordou gritando.

— Não, meu filho, não! Meu filho, não!

Jaime acordou assustado, com os gritos da esposa.

O que houve, querida?

— Tive um pesadelo horrível.

— Acalme-se. Não foi nada, somente um sonho ruim.

— Sonhei que Fernanda estava levando nosso filho, eu gritava e ele também, mas mesmo assim ela o levou.

Elisa começou a chorar. Jaime então se levantou e foi até o quarto dos filhos que dormiam tranquilamente. Depois foi até a cozinha e trouxe um copo com água.

— Tome, querida. Foi apenas um sonho bobo.

Elisa pegou na gaveta um calmante natural e tomou com a água.

Jaime ficou pensativo, pois ligou o sonho da esposa com a visão que tivera pouco antes de se casar.

Deitando ao lado da esposa, ele a puxou para seu peito. Elisa acabou por adormecer enquanto ele não conseguiu mais pregar os olhos.

Ele via as horas passarem.

Já eram seis horas da manhã quando ele pegou no sono, ainda bem que era sábado e eles poderiam dormir até mais tarde.

Capítulo XXX

O desequilíbrio

Epístola de Paulo aos Romanos — 14:12

"Assim, pois cada um de nós dará contas de si mesmo a Deus."

O calendário marcava o ano de 1990, e a vida do casal corria quase que normalmente, porque eles começaram a vigiar mais as crianças. Neste momento, Elisa estava sozinha em casa. Tinha acabado de deixar os filhos na escolinha. Ela se preparava para iniciar o almoço quando o telefone tocou.

Ela foi atender e a pessoa do outro lado apenas ria.

— Quem está falando?

A pessoa continuou a rir.

— Quem está falando? Eu vou desligar.

— Você foi a causa da minha desgraça e por isso vai pagar com lágrimas de sangue.

A pessoa desligou. Ela sentiu o seu coração disparar. Já era a terceira vez naquela semana que ela recebia aquele tipo de telefonema.

Ela ainda não falara ao esposo para não preocupá-lo, mas diante dos acontecimentos contaria assim que ele chegasse.

A campainha tocou, e Elisa foi atender.

— Olá, prima. Que bom que veio! — cumprimentou Elisa abraçando-a e deixando que a emoção lhe brotasse dos olhos.

— O que foi, minha filha? — perguntou Guida.

— Prima, algo de ruim está para acontecer. Meu coração sente isso.

— Por que você está dizendo isso, minha querida?

— Tenho recebido telefonemas estranhos. A pessoa não se identifica, apenas começa a rir.

— Deve ser uma brincadeira de mau gosto, minha querida.

— Não, Guida. Hoje, ela falou que eu derramaria lágrimas de sangue.

Ouvindo essas palavras, Guida sentiu um calafrio percorrer a sua espinha.

— Meu Deus! Isso parece coisa de gente louca. Você já contou a Jaime sobre isso?

— Não. Não quis preocupá-lo, mas agora tenho que dizer.

— Isso mesmo. Não esconda nada dele. Vou orar por vocês. Fique tranquila. Quer que eu faça um chá? Eu também estou precisando — ofereceu Guida deixando sua bolsa sobre o sofá e indo para a cozinha.

As duas conversaram a tarde toda. Guida contou que estava indo para o trabalho no Centro em que frequenta na Vila Mariana, mas retomou o assunto.

— Querida, você não imagina quem possa ser essa pessoa?

— Não. Não tenho ideia.

— Quem você fez sofrer?

— Eu? Não sei, Guida — respondeu Elisa.

— Converse com Jaime. Se precisar estarei em casa à noite. Agora tenho que ir.

— Eu a acompanho, vou esperar meus filhos, eles estão para chegar.

Elisa se despediu de Guida enquanto ficou esperando a condução chegar com as crianças. Quando chegaram, os abraçou e entraram para casa.

Enquanto isso, Guida, dentro do metrô, se dirigia para o trabalho voluntário que fazia no Centro. O metrô está vazio. Não havia muita gente e ela aproveitou para ler trechos de um livro.

Antes, porém, proferiu uma pequena prece endereçada aos anjos protetores, pois via que ali próximo dela estavam vários irmãozinhos necessitados.

Guida foi auxiliada por seu anjo da guarda, que a envolveu em muita luz. Assim ela inicia lendo um trecho do livro.

Ela não percebeu, mas perto dela sentou-se uma moça. Ela está de costas para Guida.

Sua protetora, a irmã Clara, lhe chamou:

— Guida, veja quem acabou de entrar no vagão!

Guida, ouvindo, interrompeu a leitura e desviou o olhar.

Qual não foi a sua surpresa ao reconhecer Fernanda. Ela estava de cabeça baixa. Em torno dela uma nuvem negra se movimentava.

— Meu Deus, como ela está! — sussurrou Guida para seu anjo protetor.

— Guida, lembre-se dela hoje no trabalho. Nossa irmã está precisando muito de ajuda.

Ao ouvir as palavras de sua protetora, Guida teve um impulso. Levantou-se e foi ao encontro de Fernanda.

Ela não percebeu a aproximação e continuou a vasculhar algo em sua bolsa. Guida parou em frente dela e lhe pediu:

— Fernanda, posso me sentar ao seu lado?

Com seu olhar frio Fernanda olhou Guida dos pés a cabeça e depois sorrindo ironicamente lhe perguntou:

— Para que, dona Guida? O que a senhora quer comigo?

— Nada, Fernanda. Apenas acho que poderíamos conversar.

— Não tenho nada a dizer para a senhora, ou melhor, a senhora não tem nada a me dizer.

— Fernanda, não me olhe assim. Por que continua com tanto ódio em seu coração?

— Como a senhora queria que eu a tratasse depois do que me fez.

— Eu não fiz nada, filha, apenas a impedi de fazer algo de errado.

O desequilíbrio

— A senhora por acaso é a dona da verdade?

— Não e nem pretendo ser.

— Pois então, acho melhor a senhora ir andando. Sente-se em outro lugar.

— Fernanda, você não está bem, talvez eu possa ajudá-la.

— Não, a senhora foi um estorvo em minha vida. Se hoje sou infeliz foi por culpa sua.

— Não diga isso. Você estava buscando a sua infelicidade. E você sabe do que eu estava falando, quando a procurei dias antes do seu noivado com Henrique.

— Dona Guida, se a senhora já falou o que queria agora saia.

Fernanda estava envolvida pelo espírito de Martinho, que olhava para Guida com desdém.

— Diga a ela que ainda receberá o troco. Diga Fernanda.

Obedecendo ao seu amigo inseparável de muitas vidas, ela, com os olhos quase que transformados, ameaçou:

— A senhora impediu o meu noivado com Henrique, contando a verdade sobre a minha vida, sobre os meus problemas de saúde, mas ainda farei com que todos vocês paguem muito caro pelo que fizeram a mim.

— Se fiz algo de errado, Fernanda, perdoe-me, mas você não seria feliz e nem faria Henrique feliz. Você sabe muito bem. Queria apenas se vingar da família.

— Se eu queria ou quero me vingar o problema não é seu.

— Você tem que ter o ajuste de contas, Fernanda — sussurrou Martinho.

Guida, auxiliada pela sua protetora Clara, viu Martinho falando ao ouvido de Fernanda.

Começou a orar, o que fez com que ele ficasse irritado e se afastasse um pouco, permanecendo no mesmo vagão. De longe ele dizia palavras chulas para Fernanda dizer a Guida.

— Fernanda, deixe-me ajudá-la — insistiu Guida.

— Não quero sua ajuda, depois que a senhora acabou com minha felicidade não venha com palavras de doçura. Não quero ser ajudada.

A protetora de Guida, Clara, tentou envolver Fernanda, mas, neste instante, Martinho a puxou violentamente do banco, fazendo-a levantar-se e sair de imediato enquanto o trem estava parado na estação Liberdade.

Guida olhou tristemente para Clara e depois voltando-se para Fernanda que já estava na plataforma ainda a ouviu dizer bem claro:

— Eu vou acabar com a felicidade dele.

Guida ouviu aquelas palavras que mais pareciam um dardo venenoso que lhe foram endereçados ao seu coração.

Muito chocada, ela se segurou na proteção para não cair. Clara, vendo que Guida estava chocada com a situação de Fernanda, a confortou:

— Guida querida, não tema. Lembre-se de que Jesus estará conosco sempre, portanto nada de mal acontecerá a nós.

Naquele momento, Guida lembrou-se dos telefonemas que Elisa estava recebendo. Ao olhar para os seus pés viu que Fernanda deixou cair um pequeno pedaço de papel. Imediatamente ela se abaixou e pegando o papel leu.

— Meu Deus! Não acredito! Aqui está escrito o nome de Elisa e Jaime. O que ela está pretendendo? Por que o nome dos dois?

— Minha Irmã, vamos. Já temos que descer. A próxima estação é a nossa — lembrou Clara.

Na companhia de sua protetora, ela se dirigiu ao Centro. Chegando lá, após cumprimentar os seus amigos, ela entrou na sala de preparo.

Guida, tão logo se concentrou e iniciou sua prece, sentiu a presenças dos amigos espirituais. Solicitou que ajudassem Fernanda e protejessem Jaime e Elisa.

O dirigente abriu os trabalhos com uma prece comovida, Guida, acompanhada de trabalhadores, foi levada para um local onde muitos

Irmãos estavam esperando a vez de receber tratamento. Ela e os demais aplicaram energias e faziam curativos nos ferimentos dos enfermos que ali estavam.

Antes de retornarem, ela acabou se encontrando com Guilhermina e Hélio.

Emocionada, ela relatou o que estava acontecendo:

— Tenham fé. É só o que podemos dizer. Nada será cobrado daquele que não deve — esclareceu Guilhermina.

Os três conversaram por alguns instantes, mas quando Guida retornou para o corpo físico não se lembrava de muitas coisas que escutara.

Sentia a sensação de ser amparada, mas, no fundo de seu coração, tinha receio do que pudesse vir a acontecer com Elisa e Jaime.

Capítulo XXXI

O plano fatal

Livro *Leis Morais da Vida*.

HOSTILIDADES — Item 25

"Há quem hostilize o próximo por prevenção, despeito, inveja, ira, pelo prazer de inquietar. São os que estão de mal consigo próprios, seguindo a largos passos no rumo da loucura." Joanna de Ângelis

Estávamos em 1992. Com muito ódio no coração, Fernanda começou a executar o plano diabólico para se vingar de Jaime e Elisa. Martinho trouxe alguns espíritos cuja principal ocupação era praticar o mal por mero prazer.

Ele fez com que esses Irmãos carentes de luz envolvessem as pessoas as quais executarão os planos de Fernanda.

Ela não se conformava em ver a felicidade do casal e dos filhos, que formavam realmente uma bela família. Depois de ficar afastada deles, tentou se reaproximar. Elisa não conseguia sentir por Fernanda um sentimento fraterno, mas sempre que se encontravam tomava todo o cuidado e mantinha as aparências.

Certo dia, Elisa deixou, logo cedo, os filhos na casa de sua sogra, dona Esmeralda. Jaime levaria Elisa para realizar um exame médico, almoçariam na cidade e depois iriam visitar um amigo de Jaime que estava doente.

Dona Esmeralda levava as crianças para brincar em uma praça que ficava perto de sua casa.

Fernanda já sabia que as crianças estavam na casa da avó, pois ela estava na padaria quando viu o casal deixar as crianças com dona Esmeralda.

Rapidamente, ela retornou à sua residência e telefonou para um amigo.

— Olá, preciso de sua ajuda.

— Hoje?

— Sim tem que ser hoje.

— Que horas será isso?

— Esteja na praça por volta das dez horas.

— Como eu irei saber quem é?

— Simples. Eu estarei passando pela praça e me aproximarei da avó e logo sairei. Aí, então, você espera que ela se distraia e pronto.

— O que farei com a criança?

— Leve-a para bem longe e nunca mais volte com ela.

— Combinado, e o dinheiro?

— Ainda hoje estará em suas mãos.

A avó dona Esmeralda estava radiante com as crianças que brincavam no parquinho da praça. O filho mais velho do casal jogava bola com outros meninos enquanto que os demais estavam brincando na gangorra e no balanço. Dona Esmeralda estava atenta a todos.

As crianças corriam e gritavam, quando apareceu ali na praça um homem vendendo algodão doce.

A avó, diante do pedido das crianças, comprou para todos.

— Venha, João Carlos, a vovó comprou para você.

— Não quero, vovó. Vou continuar a brincar.

Dona Esmeralda, sentando-se no banco, beliscou o algodão doce, enquanto Fernanda se aproximava.

— Bom dia, como vai?

— Olá, minha querida, tudo bem.

— Que prazer em vê-la. Não tenho tido tempo de visitá-la, tenho trabalhado muito.

— Tenho sentido sua falta.

— Qualquer dia visitarei a senhora — despediu-se Fernanda.

Neste instante, a bola foi em sua direção e ela, pegando a bola, a jogou para que João Carlos pegasse. O menino agradeceu e então ela deu um sinal para seu amigo, indicando qual é a criança.

O jogo continuou e a bola acabou caindo em um quintal baldio que existia ao lado da praça. João Carlos foi buscá-la e não voltou mais.

Os amiguinhos, vendo que ele demorava, foram atrás e só encontraram a bola. Com medo do que acontecera eles foram saindo aos poucos e deixando apenas as outras crianças.

A avó não notou que as crianças pararam de brincar. Ela, depois de alguns minutos, chamou os pequenos para irem embora. Quando ela chamou por João Carlos, aí sim é que ela olhou ao seu redor e não viu mais as crianças jogando bola.

Desesperada, ela começou a gritar pelo nome do neto mais velho. Outras pessoas que estavam próximas se achegaram dela e ajudam na busca.

Ela, com os outros três netos, voltaram para casa.

Quando Elisa e Jaime chegaram, a mãe estava em prantos. As vizinhas foram ajudar dona Esmeralda que tinha tido uma crise de nervos. Logo que Jaime e Elisa entraram, os três filhos do casal foram abraçá-los chorando.

— O que está acontecendo aqui? — perguntou Jaime abraçando aos filhos.

Ao ouvir a voz do filho, dona Esmeralda apareceu na sala amparada pela amiga Joana.

— Meu filho, aconteceu uma desgraça.

— O que foi, mamãe?

Ao ouvir o relato, Jaime ficou sem forças. A visão que ele tinha tido há anos atrás voltava à sua memória.

Elisa, abraçada aos outros filhos chorava muito, enquanto Jaime sentando-se no sofá, escondeu o rosto com as mãos e começou a gritar.

— Meu Deus! O que fizeram com meu filho?

Diante do desespero do casal, as pessoas ficaram emotivas com o sofrimento que se abateu no seio da família. Esmeralda aproximou-se do filho e o abraçou.

— Filho, me perdoe. Eu não vi quando ele sumiu.

— Com quem ele estava, mamãe? O que ele estava fazendo?

— Ele jogava bola com outros amiguinhos dele daqui da vizinhança enquanto eu olhava os outros pequenos.

Neste instante, dona Alice entrou na casa com seu filho pelas mãos. Ouvindo o relato da avó que tentava em vão consolar o filho e a nora, dona Alice pegou o filho pela mão, se aproximou e disse:

— Jaime, o meu filho Ângelo estava brincando com seu filho e outras crianças.

Ele parou de chorar e olhou para o menino que estava assustado e perguntou:

— Você viu o meu filho?

— Sim, ele foi pegar a bola que chutaram no matinho.

— E o que aconteceu?

— Ele demorou. Nós fomos atrás e não o encontramos. Somente a bola é que estava perto do muro.

— Ninguém mais o viu? — perguntou Elisa.

— Não, filha. Nós já demos uma busca pela redondeza e ninguém viu o João Carlos.

Os dias que se sucederam foram de agonia. Ninguém entrou em contato com a família. As noites pareciam não ter mais fim. Jaime entrava em contato com a polícia de duas a três vezes ao dia.

Cartazes foram feitos e distribuídos pelo bairro, fotos do pequeno João Carlos estavam pelos jornais. O tempo passava e ficavam as perguntas:

"Onde estava João Carlos? Quem faria uma coisa dessas com eles".

Ironicamente, Fernanda retornou, ao convívio da família mostrando uma compaixão, uma amizade que outras pessoas que não a conheciam diriam: "Que amiga prestativa eles tem!".

Ela se prontificou para fazer tudo. Inclusive a cuidar de dona Esmeralda que, a partir do acontecimento, entrou em depressão profunda. Ela chorava noite e dia, não queria mais frequentar o Centro onde era trabalhadora. As amigas passaram a visitá-la constantemente, mas ela não queria mais a visita de ninguém.

Esmeralda, que tinha no filho o seu maior tesouro, passou a sentir-se a única culpada pelo acontecimento.

Os inimigos do passado se aproveitaram vendo a fragilidade em que ela se encontrava e se aproximaram dela. Além dos inimigos dela, os amigos de Fernanda, dispostos a fazerem o mal, também se aproximaram.

Por muitas vezes, Esmeralda, colocando as mãos nos ouvidos, gritava.

— Não, eu não quero ouvir, se afastem de mim.

— Esmeralda, você foi a culpada — gritava Martinho.

Ela já não conseguia mais dormir. Parecia um zumbi, andava pela casa dia e noite sempre falando sozinha, ou melhor, conversando com Martinho.

A situação delicada da mãe que se negava a receber ajuda era uma preocupação a mais para Jaime.

— Mamãe, vamos voltar para o Centro. A senhora precisa de um tratamento de passes — pedia Jaime.

— Não, eu estou bem, se eu sair de casa eles irão me pegar.

— Eles quem, mamãe?

— Você não os vê? Eles ficam ali do lado de fora esperando que eu saia.

Jaime não conseguia vê-los, mas sentia uma vibração negativa muito forte. Ele vivia constantemente em preces. Nas noites em que dormia na casa de sua mãe ele quase sempre dormia mal. Martinho aproveitava e aproximando-se dele enquanto dormia tentava sufocá-lo.

Desesperado, ele acordava suando. Sentava-se na cama e punha-se em prece.

Os dias passavam e Jaime estava em sua casa quando recebeu um telefonema de um amigo dizendo que dona Esmeralda estava internada.

— O que aconteceu com ela, Carlos?

— Não se preocupe. Já está fora de perigo, mas é bom você vir vê-la.

— O que ela fez desta vez?

— Ela tomou uma dose de comprimidos antidepressivos.

Jaime foi visitá-la.

— Mamãe, por que a senhora fez isso? Quer aumentar mais ainda o meu sofrimento?

Ela ouvia o filho falar, mas não conseguia pronunciar palavra alguma, pois estava sob efeitos dos remédios. Apesar de terem feito uma lavagem estomacal, ela ainda estava abobada.

Jaime conversou com sua mãe, embora não ouvisse resposta alguma, falou com o coração.

— Mamãe, por favor, reaja, eu preciso de você.

No Plano Espiritual, as entidades da sombra colocaram na mente de Esmeralda que só a morte poderia salvá-la. Todas as vezes que seu filho e sua nora olharem para você eles a estarão cobrando.

Uma simbiose estava sendo concretizada. Esmeralda teve alta, mas o médico disse para Jaime que ela não deveria ficar sozinha, pois estava muito fragilizada.

O casal resolveu então que Jaime ficaria com a mãe enquanto não arranjassem uma enfermeira para cuidar dela. Elisa ficara na companhia de tia Guida.

— Filha, eu ficarei contigo até que Jaime arrume essa situação.

— Mas, tia, a senhora tem sua família.

— Não se preocupem. Meus filhos estão criados.

— Está bem, se a senhora quer mesmo ajudar-me não me negarei a sua ajuda.

— Então, minha querida, vá para casa. Eu passarei a noite aqui com minha mãe — disse Jaime.

Dona Esmeralda estava descansando em seus aposentos. Jaime aproveitou para tomar um banho.

Mal ele entrou no banheiro, sua mãe foi despertada pelas entidades que a ajudam a levantar-se e caminhar pela casa.

Ela foi até a cozinha, abriu a gaveta e pegando uma faca ameaçou cortar os pulsos.

— Não, isso não! — falava um — Você só vai sofrer mais.

— Tem que ser uma coisa mais rápida — sugeria Martinho.

— Então vá a até a janela — mandava uma mulher.

— Isso, a janela. Será rápido.

Esmeralda caminhou em direção à janela e abrindo-a olhou para baixo.

— Isso mesmo. Vá, coragem! Seu sofrimento acabará. Você não será mais culpada pelo sofrimento do seu filho — sussurrava um.

— Ninguém a culpará mais pelo sumiço de seu neto — berrava outro.

Ela hesita. E, como eles queriam aproveitar os minutos em que Jaime estava no banho, resolveram usar outra tática.

— Você quer encontrar o seu neto? — perguntou uma senhora.

— Sim, eu quero — respondeu Esmeralda.

— Então olhe bem. Lá está ele! — apontava Martinho para a rua.

— Enquanto isso outra entidade se transforma numa criança e no desespero de Esmeralda vê naquela pessoa a figura do neto que lhe acenava.

— Venha, vovó. Eu estou aqui!

A campainha tocou desesperadamente. Jaime saiu do banho enrolado em uma toalha e foi atender.

— Calma, já vou.

Quando ele abriu a porta, era seu Jorge, vizinho do térreo que estava branco como uma cera.

— O que aconteceu, seu Jorge?

— Jaime, meu filho, é sua mãe.

— Minha mãe está dormindo em seu quarto.

— Não, meu filho, ela não está — disse ele olhando para a janela.

E agora? Mais um drama. O coração de Jaime estava dilacerado. Era um sofrimento atrás do outro. Os amigos do Centro, os do serviço e os velhos amigos do quartel vieram prestar condolências. Todos gostavam de dona Esmeralda. Ela fazia questão de tratar bem os amigos de seu filho.

Nos dias que se seguiram, Jaime teve de procurar ajuda de profissionais da área médica, pois não estava conseguindo trabalhar e dormir. Por várias noites, ele ficou acordado. Elisa também estava sob os efeitos de tranquilizantes. Procurava ajuda nos livros e no Centro onde trabalhava.

A vida de calmaria tinha se tornado uma tormenta.

Os amigos, muitas vezes, realizaram com o casal o Evangelho no lar, trazendo aos poucos um pouco de paz.

Foram muitas as vezes em que Jaime acordou desesperado gritando pelo nome da mãe e do filho.

Os amigos do plano maior estavam auxiliando, dando ao seu coração a esperança e o discernimento de que precisava. Em uma noite, Jaime e Elisa foram levados em Espírito para receber ajuda.

Abatidos, eles chegaram a uma casa onde foram recebidos por amigos do casal. Jaime estava triste, e quando viu a figura de seu pai, foi ao encontro dele e o abraçou.

— Pai, por quê? Por quê?

— Acalme-se, meu filho, tudo irá passar. Tenha fé!

— Fé? Pai, acho que não sei mais o que é isso.

— Não diga isso, meu filho.

— Pai! Nossos corações estão detonados. Se meu filho tivesse morrido, acho que eu aceitaria, mas, não. Alguém o levou praticamente dos meus braços? — Quem poderia me odiar tanto assim?

Seu Raul, o pai de Jaime, acalentava o filho, enquanto a Elisa recebia ajuda dos seus avós.

Dona Guilhermina e o esposo Hélio amparavam a neta que não tinha forças para dizer nada. Apenas deixava que as lágrimas rolassem pela face abatida.

Capítulo XXXII

Convivendo com a inimiga

Evangelho segundo Mateus — Capítulo V:44

Disse Jesus: *"Amai os vossos inimigos e orai pelos que vos perseguem"*.

Fernanda, logo que soube do que acontecera com dona Esmeralda, desapareceu, ninguém sabia de seu paradeiro. A família de Elisa e Jaime aos poucos está recebendo ajuda e se fortalecendo.

Passados dois anos, Guida, conversando com Elisa e Jaime perguntou.

— Meus filhos, os detetives não conseguiram pistas?

— Não, até agora nada de novo.

— Jaime, você já pensou que tudo isso possa ter sido tramado por uma pessoa muito próxima de você?

— Como? O que a senhora está dizendo?

— Isso mesmo, meu querido. Uma pessoa muito próxima de você.

— Mas quem faria uma coisa dessas, Guida? — perguntou Elisa.

— Talvez uma pessoa que quisesse se vingar.

— Vingar-se de quem? Não temos inimigos? — disse Jaime.

Às vezes pensamos que não temos, mas, como você sabe e tem aprendido na doutrina, encontramos pessoas que foram inimigas nossas e que hoje Deus as colocou ao nosso lado para aprendermos a amá-las.

— Mas quem? Eu não.

Jaime não terminou a frase e sentiu-se mal. Um calafrio o envolveu. A figura de Fernanda veia em sua mente.

— Fernanda! — exclamou ele olhando para Guida que acenou com a cabeça afirmativamente.

— Fernanda? — gritou Elisa. Meu Deus! Como pudemos esquecer. Sim, foi ela, os meus sonhos, foi ela — desesperou-se a jovem senhora.

— Acalme-se, querida, vamos agir com calma — pediu Jaime.

Depois da conversa com Guida, na qual ela relatou o encontro que tivera com Fernanda no metrô e unido as pedras do quebra-cabeça, eles já não tinham mais dúvidas. Se não fora ela, com certeza estaria envolvida.

Jaime deixou Elisa com Guida e se dirigiu até a delegacia, na qual um amigo investigador que trabalhava no caso. Lá chegando, relatou a descoberta que fizeram. Algumas horas se passaram, Jaime ainda estava conversando com o seu amigo investigador. Eles foram até um bar onde tomaram um café.

— Minha vida se transformou num inferno, Juliano.

— Posso imaginar, Jaime.

— E como está sua esposa?

— Ainda muito abalada, está fazendo tratamento.

— É... na semana passada, eu a vi recebendo passe lá no Centro, mas, como estava trabalhando, não pude conversar com ela.

— Pois é, Juliano, se não fosse o apoio da doutrina e dos amigos, eu já teria posto fim à minha vida.

— Não fale isso, meu amigo.

— Sei que é besteira, mas confesso que me senti sem chão.

— Bem, vamos voltar. Gouveia já deve ter levantado a ficha da Fernanda.

Os amigos atravessaram a rua e quando entraram na delegacia ouvem o delegado ao telefone. Ao seu lado, estava Gouveia com uns papéis na mão.

Os dois se aproximaram e Gouveia entregou para Juliano os papéis.

Ele ficou impressionado com o que leu. E depois, olhando para Jaime, disse:

— Estou surpreso, eu não sabia do passado de Fernanda.
Jaime leu os documentos e sentiu um certo alívio.

— Então, delegado, nós temos razão. Ela pode estar envolvida, sim.

— Nós já estamos dando uma busca. Avisei o amigo da delegacia do bairro onde Fernanda mora. Ele já está chegando no local onde ela reside.

— Você quer um pouco de água? — ofereceu Gouveia.

— Não, obrigado quero ver essa mulher, o mais depressa possível, presa.

— Jaime, apesar de Fernanda estar envolvida em tentativa de assassinato, agressão, de estar sendo procurada por envolvimento com drogas e um furto, não temos a certeza de que ela esteja envolvida no caso do desaparecimento do seu filho.

— Pois eu aposto de que ela está por trás disso — disse Jaime, convicto.

Logo chegou a notícia. Fernanda não era vista no bairro havia semanas, os vizinhos contaram que ela foi vista pegando um táxi e com várias malas.

Jaime, desesperado, sentou-se num banco da delegacia e começou a chorar.

— Meu Deus! Dai-me força, estou perdendo as esperanças.

— Acalme-se, Jaime — confortou Gouveia.

— Pensei que estivéssemos chegando ao fim deste mistério.

— Estamos sim, meu amigo. Agora vai ser mais fácil.

— Com certeza ela está envolvida e não está sozinha — concluiu o delegado.

— Ela foi vista com um sujeito chamado Nivaldo. Eles partiram juntos e, pelo visto, estavam por demais apressados, pois ele brigou com o motorista que estava demorando em arrumar a bagagem no porta-malas do carro.

— Vamos achá-la, não demorará, fique tranquilo — prometeu Juliano.

— Volte para sua família. Com certeza, sua esposa está precisando de sua companhia. Deixe isso conosco.

A família de Jaime estava mais confiante com a descoberta sobre o passado de Fernanda.

Os dias passaram e a polícia recebeu uma notícia de um homem que foi encontrado morto numa praia ao sul do Estado. O corpo já estava em decomposição, mas a polícia científica o identificou. Era Nivaldo, o parceiro de Fernanda.

— Ele foi morto com um tiro nas costas — disse Jaime fechando o jornal.

— Meu Deus! E Fernanda, onde está? — quis saber Elisa.

"Quando esse drama vai acabar?", perguntou Guida.

Algumas semanas depois uma jovem acompanhada por um senhor de meia-idade embarcou no aeroporto de Buenos Aires com destino a Madri.

Ela, abraçada a ele, toda sorridente e com um novo visual procurou o seu lugar na primeira classe.

— Venha, Consuelo — chamou o senhor — sente-se aqui.

— Querido, estou tão feliz.

— Sua felicidade apenas começou, vai ver quando chegarmos a Madri.

— Sim, não vejo a hora.

— Espere. Vou até o toalete.

A moça, ao sair do toalete, foi surpreendida pelos policiais.

— A senhora quer, por favor, nos acompanhar.

— Não, eu não irei — gritou ela agredindo uma jovem policial.

Outro policial então lhe deu voz de prisão.

— A senhora está presa.

— Presa? Por quê?

— Tráfico. Por favor, queira nos acompanhar.

Ela olhou para o corredor do avião e viu que seu companheiro já estava algemado.

Na sala da polícia, a surpresa. A moça estava usando uma identidade falsa, assim como o seu companheiro. Ela, na realidade, chama-se

Fernanda Rodrigues.

A polícia federal brasileira foi informada e, dias depois, Fernanda chegou a São Paulo. Ela confessou o envolvimento no caso do desaparecimento do filho de Jaime.

Fernanda ficou presa no presídio feminino, mas depois, com sérios distúrbios mentais, foi transferida para um hospital psiquiátrico. Quanto ao corpo, jamais foi encontrado, já que ela apenas ria muito quando era perguntada pelo fim que deu ao corpo do menino.

Capítulo XXXIII

O retorno

Evangelho segundo João — Capítulo XVI:33

Disse Jesus: *"Haveis de ter aflições no mundo; mas tende bom ânimo, Eu venci o mundo".*

Alguns anos se passaram depois do desaparecimento do filho mais velho de Elisa e Jaime, chegamos a 2006. Com os corações marcados pela perda — embora a esperança de encontrá-lo não tenha desaparecido —, já que o corpo não foi encontrado, Elisa e Jaime continuaram a vida se dedicando aos outros filhos do casal.

O tempo, porém chega, e com marcas profundas de sofrimento. O amor pelo filho parecia que estava sendo reservado para o dia em que ele voltasse.

Fernanda estava completamente isolada. No hospital, ela, calada, andava de um lado para o outro. Tem seus momentos de crise em que chega a agredir os enfermeiros e outros internos.

Martinho, seu amigo inseparável, agora tinha também companhia do espírito de Nivaldo que a atormentava, chamando-a de assassina, traidora e gritava: "Você vai me pagar"!

Ela parecia estar alheia a tudo ao seu redor.

Sua fixação por Jaime não tinha fim. Muitas vezes, ela ainda chamava por ele. Completamente envolvida por seus obsessores numa simbiose perfeita já não se sabe quando é Fernanda ou quando são os outros.

Nos trabalhos em que frequentam, Jaime e Elisa sempre direcionam vibrações de amor para Fernanda que, infelizmente, não chega a sentir.

Certo dia, Elisa estava preocupada com a saúde de sua empregada, Luiza que andava se sentindo mal.

Maria Luiza era prima de Elisa e morava com a família havia mais de cinco anos.

Ela veio do interior do Paraná, para morar com Jaime e Elisa, depois do desencarne da mãe.

Maria Luiza encantou-se pelo jovem Maurício que trabalhava como frentista num posto de gasolina próximo da residência. Apesar da idade, ela era uma pessoa inexperiente. Namoraram por mais de três anos, até que ficou grávida. Quando soube da notícia, o rapaz simplesmente desapareceu. Desde então, Maria Luiza anda sofrendo com a saudade e a incerteza do filho que está por vir. Sua gravidez era considerada de alto risco, pois ela tinha 39 anos e fazia tratamento para hipertensão.

Numa noite, após o jantar, Elisa foi até o quarto de Maria Luiza e a encontrou-se contorcendo de dor.

— Luiza, o que está acontecendo?

— Estou sentindo as contrações.

— Vou levá-la para o hospital. Onde estão suas coisas?

— Estão todas prontas na bolsa azul.

Elisa pegou a bolsa com as roupas do bebê e a sacola com as roupas de Luzia e se dirigiu à sala onde se encontrava Jaime que assistia a um filme.

— Querido, temos que levar Luiza para o hospital. O bebê está para nascer.

Jaime rapidamente levantou-se e, pegando a chave do carro com os documentos, disse:

— Dê-me essas bolsas. Espero vocês lá no carro.

Jaime dirigia velozmente pelas ruas de São Paulo até chegar à maternidade, onde Luiza daria à luz.

Para sorte dela, quem estava de plantão era o médico que fez o pré-natal.

Eles esperavam a enfermeira a levar para o quarto e, quando ela se despediu de Elisa e de Jaime, olhando nos olhos da prima, explicou:

— Elisa, se algo acontecer comigo, por favor, cuide do meu filho.

— O que você está dizendo? Não irá acontecer nada. Confie em Deus!

— Eu confio! Por isso, estou lhe dando o meu filho. Outra coisa: doe os meus órgãos. Sempre tive esse desejo, assim poderei continuar viva, dando vida a outros que não estão podendo viver.

Emocionados, Elisa e Jaime entreolharam-se e prometeram.

— Cuidaremos de seu filho com todo o amor.

— Se isso a deixa mais tranquila, mas você voltará para casa com ele nos braços — destacou Jaime.

Já sabendo do problema de hipertensão que Maria Luiza tinha, a enfermeira apressou-se.

— Senhores, tenho que levá-la rapidamente.

A enfermeira aferiu a pressão e constatou que estava alta. Ela, com urgência, avisou o médico, qua a medicou e, somente depois de alguns minutos, ela foi levada para a sala de preparo.

O doutor Gastão e sua equipe iniciaram o parto de Maria Luiza. Tudo estava correndo bem. Mais uma criança viera ao mundo. Ela teve dilatação suficiente para ter o filho por parto normal. Os amigos espirituais estavam ao lado da mãe.

Minutos depois que a criança nasceu, a enfermeira já estava terminando a assepsia na mãe quando ela a chamou e reclamou de dor de cabeça. O doutor Gastão e equipe já estavam dando o parto por encerrado quando foram avisados por uma enfermeira que ela estava tendo uma atonia uterina. Imediatamente, ele iniciou o socorro para tentar estancar o forte sangramento. Os amigos espirituais que ali estavam a auxiliam fazendo-a adormecer. Antes, porém, ela pediu para carregar o filho.

Neste instante, a enfermeira, não sabendo por que estava fazendo aquilo, colocou o bebê nos braços quase inertes da mãe. Ela, com as últimas forças que tinha, conseguiu apertá-lo contra seu peito. Os médicos tentaram salvá-la, mas foi impossível.

Uma energia se fez presente no ambiente, e todos os que ali estavam puderam sentir. A equipe médica ficou impressionada com o fato, porque logo depois ela foi calmamente soltando a criança. A enfermeira então começou a orar e, pegando o bebê, pediu:

— Que Deus o abençoe e que você possa ter uma família que o envolva em muito Amor.

Neste instante, o espírito de Guilhermina envolveu a criança com uma bênção. Depois beijou carinhosamente Maria Luiza e disse:

— Minha querida Irmã, você, no último instante de vida, nos deu uma lição de Amor.

Adormecida, ela foi levada à enfermaria do hospital espiritual.

Guilhermina, acompanhada de Raul, pai de Jaime, foi em direção aos seus filhos que esperavam.

Os pensamentos deles estavam nas últimas palavras da Maria Luiza.

Eles se aproximaram e ficaram a envolvê-los em energias de paz, quando a enfermeira que veio buscá-la chegou.

— Senhores!

Eles voltaram para a realidade.

— Já nasceu? — perguntou Elisa.

— Sim, nasceu, é um menino, um belo menino.

— E a mãe, como está? — quis saber Jaime.

— Infelizmente, ela teve uma atonia uterina e não resistiu.

— O que você quer dizer? Não entendi?

— Meu querido, eu sei o que a enfermeira quer dizer. Ela teve um forte sangramento.

— Ela não resistiu?

A enfermeira confirmou com a cabeça.

Elisa abraçou Jaime e começou a chorar. Neste instante, Guilhermina e Raul envolveram os dois, abraçando-os.

— Meus filhos, Deus sabe o que faz — confortou Raul.

— Tudo na vida é um acertar de contas — completou Guilhermina.

Depois de algum tempo, a enfermeira disse:

— Eu presenciei o pedido da Maria Luiza e sei que vocês cuidarão muito bem do lindo filho que ela deixou para vocês.

— Meu Deus! — disse Elisa enxugando as lágrimas. Eu quero vê-lo.

A enfermeira os levou até o berçário e, pelo vidro, mostrou o bebê. Ele estava peladinho e com os olhinhos abertos, parecendo visualizar o mundo.

Jaime comentou com Elisa a semelhança que existia com seus filhos.

— Querida, como ele se parece com nossos filhos quando bebês!

— É mesmo. Não puxou a mãe.

— E nem o pai, porque conheci bem o Maurício.

Quando a enfermeira saiu com ele, ela o vira e o casal percebeu um sinal nas costas do lado direito e, admirados, lembram que João Carlos também tinha o mesmo sinal.

Jaime e Elisa se abraçaram emocionados. Neste instante, eles tiveram a certeza de que estavam recebendo o filho de volta.

Depois de algum tempo, eles foram até a capela e oraram, emocionados, pela alma de Maria Luiza e pelo bebê que acabaram de ganhar.

Jaime tomou todas as providências necessárias para o sepultamento de Maria Luiza. E colocou também seu amigo Emerson, que era advogado, para cuidar dos papéis de adoção do bebê.

A assistente social intercedeu pelo casal, já que a enfermeira relatou o pedido da mãe. Eles conseguiram ter a guarda da criança, até que todos os papéis para a adoção definitiva saísse.

Os órgãos de Luiza foram doados, neste simples gesto de desapego do corpo físico, ela deixou mais uma lição de vida.

Os filhos do casal já estavam todos criados. Apenas Elaine ainda morava com os pais, já que os outros dois, Wilson, o mais velho, e Edson, já tinham constituído família. A família inteira estava eufórica com a chegada do novo integrante.

— Amanhã pela manhã, eu e seu pai iremos buscá-lo no hospital.

— Fico feliz por vocês, mamãe, e por essa criança. Tenho certeza de que ela virá trazer muita luz para esta casa.

— Que bom, minha filha, que você pensa assim!

A alegria estava prestes a voltar ao coração daqueles pais.

À noite, eles realizam o Evangelho no lar para agradecer e também envolver a Irmã que voltara ao Mundo dos Espíritos. Foi um momento de muita emoção. Depois se recolheram aos seus aposentos e rapidamente o sono chegou tanto para Jaime quanto Elisa. Desligados do corpo físico foram recebidos por Guilhermina.

— Meus queridos filhos, que Jesus os abençoe.

— Vovó, a senhora viu a semelhança com o nosso filho João Carlos?

— Sim, minha filha, eu vi.

— Será o nosso filho que está voltando? — perguntou Jaime.

— Precisa de resposta, Jaime? — sorriu Guilhermina.

O casal ficou emocionado com aquela revelação. Guilhermina os convidou:

— Venham, meus filhos, levarei vocês a um local onde poderemos conversar.

Os três saíram rapidamente volitando e chegaram a uma sala toda branca. Jaime observou a inscrição na parede.

"É preciso renascer de novo para conhecer o Reino de Deus."

— Onde estamos? — perguntou ele.

— Estamos num centro de estudos onde nossas vidas estão gravadas. Aqui vocês terão as respostas que precisam.

Guilhermina colocou um livro sobre a mesa e falou:

— Vou contar a vocês a história do nosso querido João Carlos. Por volta do ano de 1900, ele vivia no nordeste brasileiro, na cidade de Olinda. Ele era mercador de escravos e negociava com a vida. Depois da libertação dos escravos, ele continuou a negociar qualquer coisa que lhe pedissem, desde que pagassem bem. Sempre prestou serviço a José

Raimundo, um rico comerciante de cacau casado com dona Ana. Ela, uma mulher com muitos problemas de saúde, lhe deu apenas uma filha, pois, como o parto fora muito difícil, eles não tiveram mais filhos. José Raimundo então contratou João Carlos para raptar o filho que ele teve com Rita, uma jovem pobre que vivia no sertão nordestino. Depois de muito procurar, José Raimundo ficou sabendo que ela vivia em plena miséria, no interior de Sergipe e que o menino estava também passando fome, mas, tendo a certeza de que a mãe jamais daria o filho por bem, resolveu ele raptá-lo. Assim foi feito. Só que, no momento do rapto, Rita, chegou e acabou por lutar corpo a corpo com João Carlos e sem pestanejar ele lhe tirou a vida. Ainda agonizante ela lhe promete vingança.

— Você vai sentir na pele o que é perder alguém que ama.

Os dois prestavam atenção a cada detalhe que Guilhermina contava.

— Por isso ele passou pela experiência de ser tirado dos braços dos pais? — perguntou Jaime.

— É a lei da causa e do efeito, filho.

— Mas por que eu e Jaime, vovó? O que temos a ver com essa história tão triste?

— Simples, minha filha. O pai que raptou o filho hoje é você.

Elisa ficou perplexa com a revelação.

— Calma, minha querida — pediu a avó.

— Jaime, por sua vez, foi à esposa que não pôde lhe dar o filho, mas que cuidou do pequeno como se fosse seu, e o amou com muita intensidade.

— João Carlos então foi o raptor? — surpreendeu-se Elisa.

— Sim, filha, exatamente.

— E quem é mãe verdadeira do menino?

— Essa Irmã que precisa muito de nossa ajuda é Fernanda, que ainda está sob os efeitos dos seus obsessores. Ela precisa de muita luz.

— Quem foi e onde está o menino?

— Bem, ele já voltou ao Plano Espiritual. É nossa Irmã Esmeralda.

— Meu Deus! Vovó, mas João Carlos já pagou sua dívida ou ainda será retirado de meus braços? — perguntou Elisa, impressionada com os fatos.

— Não, filha, ele voltou agora para cumprir sua jornada completa. Ele será um médico e levará ajuda para os doentes psiquiátricos. A ligação que existe entre todos nós vem de muitas experiências anteriores.

— Estivemos interligados em mais que uma vida? — quis saber Elisa.

— Sim, filha, nossos caminhos não se cruzam por acaso.

— E sempre erramos! — falou Elisa.

— Filha! Vejamos na oportunidade que Deus sempre nós dá. E continuará a nos conceder.

— Então houve mais erros e acertos? — concluiu Jaime, pensativo.

— Sim, meu filho, mas o que vocês precisam saber por enquanto é isso: nada aconteceu por mero acaso. Fernanda é um espírito que precisa de nossas orações. O amor que sentimos um pelo outro devemos irradiar para aqueles carentes que Deus colocou no nosso caminho.

Guilhermina retirou do livro uma foto. Seus olhos encheram-se de água, suas mãos acariciam a foto tirada com seus pais minutos antes de acontecer a tragédia que abalou a todos. Ela é amparada por Elisa e Jaime.

— Vejam, meus filhos, é difícil, mas tudo tem a sua razão de ser. O importante de tudo isso é que o nosso amor nos deu a força para continuar a nossa luta.

— Onde estão seus pais hoje, nona?

— Já voltaram, filha, estão na nossa família, continuam a se amarem como irmãos.

Depois de conversarem, eles andaram pelo jardim da instituição e se encontraram com Hélio e Violeta.

Violeta veio com a notícia de que estaria reencarnando em breve. Bruno, que fora seu irmão no período da guerra na Itália, já havia voltado e a receberia como filha. Violeta estava radiante.

Violeta, a pedido de Guilhermina, voltou com Jaime e Elisa para o plano terreno, enquanto o casal ficou a observá-los se distanciando, indo em direção ao portal.

— Minha querida, sente-se aqui ao meu lado — pediu Hélio.

Guilhermina sentou-se ao seu lado e, tocando-lhe nas mãos, destacou:

— Meu querido, que trajetória a nossa!

Ela olhou para Jaime e Elisa que acenavam para os dois.

— Jaime, meu filho que não conheci, e meu neto — concluiu Hélio, com lágrimas nos olhos — Você me perdoou de verdade?

— Quem ama perdoa, meu amor. Sei que o amor que você, quando jovem, sentiu por Violeta, minha irmã, foi verdadeiro, como ainda hoje é.

— Violeta é uma Irmã em Cristo.

— Amor! Essa é a palavra-chave. — Agradeço a Deus por devolver-me o filho que tão cedo partiu dos meus braços e depois voltou como Jaime, para fazer minha querida neta feliz — completou Guilhermina.

— Será que um dia o homem vai amar o próximo como Jesus pediu? — questionou-se Hélio.

— Um dia isso certamente acontecerá, querido.

— Mas o homem tem que primeiro amar a Deus e o que Ele criou.

A natureza florida era magicamente envolvida pelo balé das borboletas que sobrevoavam o jardim.

Os dois caminharam em direção à Santa Casa de Misericórdia Maria de Nazaré.

Lá no horizonte o sol brilhava, desenhando um belo crepúsculo, um novo dia, uma nova esperança, uma nova vida. Um dia sem guerra, um dia cheio de Paz, Amor.

E que nós aprendamos a agradecer a Deus pela oportunidade de conviver com Irmãos, marchando rumo ao Cristo Jesus, vencendo as imperfeições e servindo cada vez mais ao nosso próximo.

Caminhamos para conquistar a vitória que virá, pois o Amor sempre vence a guerra.

Capítulo XXXIV

Novo amanhecer

Livro O *Evangelho Segundo o Espiritismo*

Capítulo 11 — Item 10

"Amar, no sentido profundo da palavra, é ser honrado, leal, conscencioso, e fazer aos outros aquilo que se deseja para si mesmo. É procurar aliviar as dores dos Irmãos que nos rodeiam."
Sansão-Paris — 1863

Estávamos no mês de junho de 2008, no Centro Espírita Nosso Lar Casas André Luiz, na cidade de São Paulo, durante trabalho de esclarecimento aos Espíritos. Os amigos trabalhadores da Casa já se encontravam no ambiente havia horas, e os companheiros faziam a leitura do Evangelho e de *O Livro dos Espíritos*. O dirigente iniciava o trabalho com uma comovida prece.

Várias equipes socorristas trouxeram muitos sofredores. Em uma ala víamos Irmãos que ainda sofriam com as lembranças da guerra que ficaram gravadas em suas mentes e ferimentos em seus perispíritos. Em outra víamos Irmãos recebendo auxílio, fazendo a desintoxicação, pois são dependentes de drogas e álcool. Um grupo muito grande de monges e franciscanos trazia aqueles Irmãos.

Dentre muitos Irmãos que estavam encarnados como crianças nas Casas André Luiz, vemos o espírito do capitão Werner, que fora trazido para ter contato e também esclarecimento pela equipe do Irmão José Carlos.

— Então, José Carlos, como está indo? — quis saber frei Orlando.

— Estou trabalhando muito, meu Irmão, tentando recuperar o tempo que perdi em erros.

— Quem é esse irmão que se coloca próximo ao médium?

— Esse Irmão, assim como eu, foi um seguidor de Hitler e teve a oportunidade de renascer e ser recebido aqui nas Casas. Trata-se do capitão Werner.

— O responsável pelo naufrágio de vários navios brasileiros?

— Isso mesmo, frei Orlando.

O religioso demorou-se observando-o, apesar de estar com o perispírito deformado por causa de seu novo corpo, ele ainda deixa transparecer sua galhardia e até certa arrogância.

— Veja bem, frei. Ele continua com ódio em seu coração, não aceita o corpo nem o tratamento que lhe dão — observou José Carlos.

Uma trabalhadora se aproximou e lhe aplicou passes, para facilitar a comunicação. Logo que sentiu as energias, ele começou a se agitar como se quisesse limpar as energias que o envolviam.

— Ele não aceita os passes?

— Isso mesmo. E o corpo, para ele, uma prisão.

— E quem é aquela senhora humilde, José Carlos, que está encarnada e olha carinhosamente para ele?

— Sua filha, na época, é hoje uma das humildes trabalhadoras da Casa e que carinhosamente o auxilia, sentindo por ele uma forte ligação, sem saber por quê. Somente quando ela se aproxima, ele se deixa envolver pela ternura.

— Ele tem alguns momentos de lucidez?

— Muitas vezes, frei. Ele a vê como sua filha de pele clara e uma beleza ariana, olhos azuis e cabelos da cor do sol, outras como a funcionária de pele morena, com seu jeito simples e humilde. Nesse instante, ele se revolta ainda mais contra Deus, ao saber da sua realidade.

A comunicação prosseguiu e ele, relutante, reclamava de tudo. Estava realmente revoltado. Aproxima-se dele nossa Irmã Maria Fanquin e o Sr. Valdir, velhos trabalhadores da Casa e dos trabalhos espirituais. Eles ajudam, mas pouco podem fazer, pois ele estava muito revoltado. Werner foi adormecido e voltará em outra oportunidade.

Maria e Valdir se aproximaram de José Carlos e do frei Orlando e iniciaram uma conversação esclarecedora. Enquanto isso, após o desligamento com o médium, ele, livre do corpo, saiu desesperado.

— Para onde ele vai fugindo daquela maneira? — perguntou frei Orlando.

— Quase todas as noites, frei, esse nosso Irmão, durante o sono físico, volta para os seus líderes. Numa cidade réplica da cidade de Berlim dos anos 1940, construída no subterrâneo do planeta. Lá ele se encontra com outros comandantes de Hitler. Há milhares de soldados ainda sob o comando da suástica. Veja naquela tela ali. Acompanhemos a viagem desse nosso Irmão — concordou Valdir.

As cenas iam passando, enquanto Valdir ia relatando.

— Esta cidade é protegida por cercas elétricas, um pântano grande deixa a cidade ilhada. Com sua vegetação característica, ainda tem árvores repletas de parasitas e um forte odor. Irmãos nossos, que tiveram o perispírito transformado em formas de répteis ficam à espera, camuflados no lodaçal ou na vegetação, esperam aqueles que tentam escapar da cidade. Além disso, existem soldados fortemente armados e com cães ferozes que intimidam aqueles que porventura tentem escapar. O céu é cinzento e não penetra a luz solar. Equipes socorristas de várias instituições cristãs vão até o pântano resgatar aqueles que estão aptos a se modificar. Há lutas entre os dois lados. Os soldados do Bem descarregam raios paralisantes contra as aves e os répteis, mas eles, em grande número, voltam a atacar.

— Meu Deus, isso se passou há tanto tempo, e eles continuam a viver sob as ordens de Hitler — admirou-se o frei.

— Meu Irmão! A guerra que você participou e na qual deixou lá o seu corpo físico em nada se parece com essa, não é mesmo? — comentou Maria.

— Com certeza, minha Irmã. Essa guerra é pior. Eu ia de trincheira em trincheira, de barraca em barraca, levando a palavra do Cristo Jesus. E aqui como trabalham os socorristas?

— Bem, temos muitas equipes. Frequentemente somos obrigados a mudar a roupagem do nosso perispírito para poder nos aproximar desses locais. Somos atacados por essas aves e pelos guardas. Temos de estar vigilantes e não mudarmos o nosso padrão vibratório, porque, se isso acontecer, acabamos por cair com nossos Irmãos que estão sendo auxiliados. Veja frei, como o ataque ocorre — apontou José Carlos para a tela.

Nesse instante, dois Irmãos socorristas carregaram em uma maca um ser totalmente disforme, que gemia de dor, pois estava muito ferido. Enquanto os dois permaneceram em prece e envolveram a vítima. Ela tampou os olhos para não ver o voo rasante de uma ave que mais parecia uma gralha.

Ao se aproximar, ela gritou e ele, desesperado, começou a se defender na maca. Os dois Irmãos em prece tentaram ajudá-lo, mas ele pulou fora da maca e saiu correndo, voltando para o pântano e mergulhando como se estivesse num rio.

— O medo fez com que ele perdesse essa oportunidade — lamentou o frei, com os olhos marejados.

Um instante de silêncio se fez no ambiente. Eles não veem que frei Antônio Maria se aproximava do grupo. Após as saudações, o religioso, olhando para a tela, explicou para frei Orlando.

— Eles voltam para os presídios subterrâneos que existem sob a cidade, ou acabam caindo no pântano, vítimas dos animais que lá vivem. Existe hoje, meu querido Orlando, nas Casas André Luiz um grande número de ex-soldados nazistas. Muitos deles encarnados, outros não, mas estão ainda sob o comando de outros líderes, fazendo rondas periódicas e tentando resgatar os que aqui estão encarnados ou ainda recebendo ajuda no Plano Espiritual, num plano superior ao nosso. Com o corpo e a mente incapacitados de agirem contra o bem, eles resgatam um pouco das atrocidades que fizeram à Humanidade.

Frei Orlando ouvia a tudo calado. Por sua mente passavam quadros aos quais ele vivenciara: a fome e o sofrimento do povo italiano. Ao mesmo tempo, luzes brilhavam no escuro das noites frias. Eram os ataques dos nazistas. Ele, em sua barraca, ajoelhado, pedia proteção aos céus. Enquanto relembrava tudo isso, lágrimas rolavam pela sua face, chegando a embaçar as lentes dos óculos que ainda usava.

Eles estavam emocionados ao relembrar, mas o trabalho teria de continuar. A equipe se separa, deixando o frei Orlando conversando com José Carlos, enquanto que o frei Antônio Maria, Valdir e Maria retornaram para suas equipes de trabalho. Vendo que a emoção tomava conta do frei, José Carlos trouxe-o pelo braço e o fez sentar. Depois de um tempo, prosseguiu:

— Impedi-los de sair como fugitivos, indo ao encontro dos seus comandos, é impossível. Com muito Amor, várias equipes de trabalhadores acompanham cada passo desses espíritos desligados do corpo físico.

— Mas existem companheiros que participaram desse horror, auxiliando no resgate? — perguntou frei Orlando, guardando o lenço em seu bolso.

— Sim. Temos os trabalhadores do Bem, que trabalham incansavelmente. São equipes formadas por ex-combatentes da FEB, ex-chefes militares nazistas, que participaram dos campos de concentração na Polônia — disse José Carlos.

— Ah, os campos de concentração. Meu Deus! Não chegamos a ver, mas depois do meu desencarne, acompanhei uma equipe socorrista. Era algo horrível — relembrou o frei.

Sem atentar para o comentário que tinha acabado de fazer, o frei percebeu que a fisionomia de José Carlos mudara. Ele, de repente, empalideceu.

— Meu Irmão, desculpe. Isso deve mexer muito com você. Perdoe-me.

— Isso me machuca muito mesmo, frei, mas é uma marca que está em meu coração que busco desesperadamente por cicatrizar. Participei desse horror nos campos de concentração — lamentou José Carlos.

— Vamos mudar de assunto. Você não vai me mostrar mais das Casas?

— Sim. Mostrarei, mas preciso falar das minhas dores.

Então, José Carlos, como que revisitando os locais, relatou ao frei:

— Veja, frei, foram milhares de Irmãos nossos que foram vitimados. Nos campos de Auschwitz, mais de 2 milhões de seres humanos foram sacrificados em Treblinka, cerca de 840 mil; em Sobibor, cerca de 250 mil judeus; em Majdanek, foram realizadas as primeiras experiências em laboratórios com cerca de 200 mil judeus.

Conforme o relato era feito, na tela mental de ambos, as cenas iam se passando. O frei tirou seus óculos e deixava as lágrimas correrem copiosamente enquanto envolvia em prece o Irmão que também chorava, ao relatar todo o horror.

O religioso o abraçou carinhosamente. José Carlos colocou a cabeça no ombro do frei e se deixou envolver pela emoção. Neste instante, do coração do frei jatos luminosos envolviam o coração de José Carlos. De seus olhos, lágrimas rolaram em um silêncio que só era cortado pelos gritos de horror que se ouviam das vítimas do holocausto.

As lágrimas rosadas, às vezes negras, que vinham de seu interior, o remorso o qual ele não escondia de ninguém. José Carlos foi envolvido pelo amor do frei. Abraçados, os dois permaneceram por algum tempo até que ele se recuperou e prosseguiu.

— Dachau foi o primeiro campo de concentração nazista aberto na Alemanha. Ficava localizado ao norte de Munique. Esse campo ficou conhecido como "o primeiro campo de concentração, para prisioneiros políticos". Além desses campos de concentração, havia outros espalhados pela Alemanha.

— Meu querido Irmão, vejo em suas lembranças o quanto foi dolorida essa experiência e como tem sido trabalhar com esse remorso e essas vítimas — comentou o frei.

— Acalenta um pouco quando consigo ajudar a trazer alguns Irmãos e eles se deixam ser ajudados.

— É só através do trabalho e do amor que você dedica a eles é que saldará seus débitos.

— Tenho plena consciência disso, frei, por isso é que estou nesse trabalho há décadas. Às vezes chego a desanimar, mas os companheiros que estão comigo me ajudam.

— Bem, a reunião está para terminar. Vamos nos aproximar do grupo — chamou o frei.

Enquanto isso, no plano terreno, a reunião prosseguia e estava próxima do final. Muitos Irmãos foram auxiliados.

José Carlos e frei Orlando retornaram para o convívio dos companheiros que estavam analisando todos os relatórios dos Irmãos que se preparavam para o resgate desta cidade.

Doutor Alfredo foi apresentado ao frei Orlando, que o reconheceu de outras passagens. Quando o médico estendeu a mão para cumprimentá-lo, o frei, puxando-o para si, lhe deu um envolvente abraço.

— Dois Espíritos guerreiros se reencontraram, levantando a mesma bandeira — observou José Carlos.

Dr. Alfredo relatou ao frei Orlando o trabalho que fazia:

— Temos várias equipes, médicos, enfermeiros e samaritanos que trabalham na recomposição do perispírito logo que são resgatados. Depois de muito trabalho, eles são transportados para setores nos quais serão esclarecidos e reiniciam assim a sua jornada de transformação. Não vou aqui relatar os nomes dos trabalhadores ex-combatentes porque muitos deles querem esquecer que fizeram parte dessa mancha escura que marcou a trajetória evolutiva da Humanidade.

— Entendo muito bem a posição deles, meu irmão — disse frei Orlando. Por intermédio do Amor eles envolvem a todos os ex--companheiros de batalhas e as centenas de vítimas que estão lado a lado vivendo numa casa onde o sol maior aquece o coração de todos os que lá adentram. As bênçãos do Cristo transformam as sobras em pontos de luz.

Quando quiser, frei Orlando, poderá acompanhar nosso dia a dia, aqui na Casa.

— Virei assim que tiver consentimento, meu Irmão.

Depois de se despedir do dr. Alfredo e dos outros trabalhadores, emocionado, o frei Orlando perguntou a José Carlos:

— Está cansado? Vamos continuar? Afinal o dia já nasceu.

Lá no horizonte o sol já estava alto.

— Não. Estou bem disposto — sorriu ele.

José Carlos, colocando seu braço sobre o ombro do frei, o convidou:

— Que tal você conhecer primeiro como é a Casa no plano terreno?

— Pois então vamos.

Eles, volitando por alguns minutos, chegaram até a Instituição e desceram até o solo, bem em frente à entrada principal.

— Bem, meu Irmão, aqui você vai ver a Casa onde muitos de nós, inclusive eu, recebem o amor e a bendita oportunidade de conviver.

Eles entraram e começaram a visita, enquanto José Carlos relatava os momentos em que ali viveu internado por quase vinte.

O frei ficou encantado com a vibração que envolvia as crianças. Saindo da Unidade II, Chica, a pajem, empurrava um cadeirante que, sorrindo, percebia a presença dos dois, e, quando passou por eles, acenou.

À frente algumas Irmãzinhas carregavam bonecas como suas preciosas filhas.

— Veja, frei, quantos dramas no passado desses Irmãos.

— Olhando assim, sem o enxergar da alma, passa-se despercebido, mas, quando o coração começa a enxergar, vemos os laços de amor e ódio — comentou o frei.

Eles caminharam pela alameda e depois entraram em todas as unidades. Há elevadores que ligam a Casa terrena com o plano acima, nos quais os espíritos desencarnados ou desligados do corpo físico estão recebendo tratamento. O movimento é muito grande de pessoas e espíritos que se cruzam.

Eles passam por quase todos os leitos, nos quais José Carlos faz um breve relato de cada Irmão.

Muitos ficam alienados, porque ainda estão sob a orientação dos espíritos trevosos.

— Veja aqueles que ali estão sentados nas calçadas, outros deitados. Estão ligados aos seus obsessores por fios quase imperceptíveis aos nossos olhos — mostrou o frei para José Carlos.

— Exatamente, frei. Muitos deles ficam do lado de fora da Instituição, mas, como a ligação é muito grande, mesmo sob nossa vigilância, ela não é cortada totalmente, já que os que estão sob as ordens se acostumaram e sentem falta. Quando estão recebendo os passes, essas ligações chegam a se romper. Por alguns momentos ficam tranquilos, mas, logo que se veem adormecidos, voltam correndo para os seus elos do passado.

— Nesse caso é uma dependência mútua — completou o frei.

— Exatamente, ambos têm de serem acolhidos e socorridos, quase que ao mesmo tempo. O trabalho é demorado, porque existe uma falange que observa e dirige cada ação nossa no intuito de ajudá-los a acordarem.

— É a eterna guerra do bem contra o mal, da luz contra as trevas. — falou o frei acariciando uma criança que permanecia agachada junto aos cogumelos de onde saía o som de uma música.

Depois de conhecer toda a Instituição, o frei e José Carlos se aproximaram do local onde são realizados os trabalhos espirituais.

Eles se sentaram num banco da praça e voltaram a conversar:

— Quando eu era pequeno, vivíamos na cidade de Praga na Polônia. Minha mãe era judia e meu pai, alemão. Éramos uma família feliz. Meu avô tinha lutado na Primeira Guerra Mundial e ao lado de Hitler. Ele tinha uma foto ao lado do soldado Hitler que meu avô nem imaginava que seria o temido ditador no futuro. Ele sempre me contava as histórias pelas quais passou, e aquilo ficava martelando em minha mente. Ali comecei a ter um sonho: queria lutar ao lado de Hitler. O tempo passou. Voltamos para Leningrado e me alistei no Exército Alemão. Mas, quando a guerra e as perseguições começaram, a minha família foi perseguida. Eles acabaram por fugir para França, depois para Portugal, até que chegaram ao Brasil. Perdi contato com eles, a última carta que recebi de meu pai dizia que estava de viagem marcada para a América, diziam que estavam felizes, estavam cansados de ser perseguidos. Meu pai amava muito minha mãe e minhas duas irmãs. Ele prezava muito a família como uma instituição divina. Lembro-me de que, quando criança, minha mãe sempre falava dos ensinamentos cristãos. Apesar de judia, ela frequentava a Igreja Católica com meu pai, mas nunca deixou os seus ensinamentos de lado, sempre procurava passar alguma coisa para nós. Quando me alistei no Exército, meu pai ficou triste, porque queria que seguisse a carreira religiosa. O sonho dele era que eu fosse um padre. Mas o meu destino estava longe desse sonho. Eu me sentia um grande soldado à medida que a guerra começou, mesmo sabendo que os meus pais tinham sidos perseguidos e que estavam já no Brasil, a minha devoção por Hitler só aumentava. Recebi algumas condecorações por serviços prestados. Até que tive a oportunidade de ser transferido para trabalhar nos campos de concentração em Treblinka e depois em Majdanek, onde realizamos as primeiras experiências em laboratórios.

Nesse momento do relato, José Carlos, muito emocionado, se levantou e olhou para um grupo de internos que estão a caminho, um após o outro, apontou.

— Vê aqueles meninos? Foram judeus, repetem o caminho para as câmaras de gás, andavam em fila. Esse é o meu passado, frei. Eu tive a participação no desencarne de muitos que aqui estão hoje. Como responsável pelas câmaras, muitas vezes eu queria ser o que liberava o gás. Certa vez eu coloquei uma máscara e fiquei num local próximo aos judeus. Eram dezenas deles. O gás começava a invadir, eles se agachavam e se amontoavam no chão. Os mais velhos tentavam em vão proteger seus pequenos, impedindo que eles erguessem a cabeça até que o gás se dissipasse. Era em vão, pois eles inalavam e continuavam presos nos seus cadáveres. Eu me realizava vendo aquela cena. Estava protegido, porque eles não me viam. Por dentro, eu ria. Em outra ocasião, quando estava para abrir o compartimento, para que fossem retirados os corpos, vi a figura de minha avó materna que, em Espírito, se aproximou de mim e disse:

— "Meu neto, você ainda vai chorar lágrimas de sangue, pelo sofrimento que está fazendo aos seus irmãos. Não se esqueça de que no seu coração também há sangue judeu".

— Confesso, frei, que aquela visão me deixou muito chocado. A partir daquele dia comecei a ter pesadelos, como a minha família sendo retirada das câmaras. Sofria muito durante a noite.

Cheguei a ficar sem dormir por vários dias. Acabei ficando doente e, então, me retiraram desse serviço e me levaram para trabalhar como ajudante interno da direção de um hospital. Ali também foi um sofrimento, que carrego no meu coração.

— Imagino o que você passou — comentou o frei olhando-o nos olhos que estavam lagrimejando.

Respirando profundo e pausadamente ele continuou o relato:

Uma vez estava ajudando a levar alguns soldados nossos num comboio para o hospital quando fomos atacados por aviões inimigos. Ali foi o meu fim, mas não do meu sofrimento e das atrocidades, porque continuei a servir a causa, pois não percebi que já não pertencia mais ao mundo dos vivos. Permaneci muitos anos no ambiente da guerra. Com o fim dela e o suicídio de Hitler, fiquei desnorteado. Só então comecei a me lembrar dos meus pais, da minha família.

Não sentia a presença dela, mas minha mãe já estava desencarnada e ao meu lado tentando me ajudar.

Nesse momento ele chora compulsivamente, lágrimas de remorsos banham seu rosto, o frei o chama para si, abraçando-o carinhosamente.

— Coragem meu Irmão, você esta reparando os erros cometidos, amando esses irmãos.

— Sim frei eu tenho consciência disso, mas o meu passado me condena, as vezes sinto que alguns aqui me reconhecem — disse ele olhando o grupo que continuava a andar em fila.

Depois de um tempo em silêncio José Carlos continua:

— Logo que chegaram ao Brasil, meus pais foram morar no interior de São Paulo, trabalhavam na lavoura. Minha mãe acabou ficando doente. Como estava fraca por causa do sofrimento que passou, logo veio a desencarnar, deixando meu pai com minhas duas irmãs. Minha irmã mais velha conheceu um jovem de nome Josué, filho de judeus, logo que chegou ao Brasil e foi ele quem ajudou a minha família. O amor uniu os dois, e eles se casaram. Meu pai ficou com minha irmã mais nova, mas ambos acabaram falecendo nas mãos de descendentes de alemães. Minha irmã e seu marido viviam mudando de cidade, fugindo.

— Nossa, José Carlos! Que drama o de sua família, meu Irmão! — surpreendeu-se o frei.

— É, mas o sofrimento não terminou aí. Depois de muitos anos vivendo nas sombras, servindo aos meus superiores, com muito esforço e dedicação, minha mãe conseguiu me retirar de lá. Fui socorrido e logo voltei, numa reencarnação compulsória, pois não tinha tempo nem direito de escolher. Vivia sendo perseguido pelos meus algozes.

E prosseguiu:

— Nasci como filho de minha irmã Hanna. Tudo estava indo bem até que, quando completei seis meses, no ventre dela, meus inimigos me encontraram, e começou o meu sofrimento, porque, indefeso, eu sofria os ataques. Ao me atacarem o faziam à minha irmã. Ela sentia muitas dores, sofreu muito o restante da gestação, pois não tinham dinheiro para o acompanhamento médico. Na verdade, nem existia um bom acompanhamento, pois eles moravam numa cidadezinha do interior de São Paulo. Nasci antes dos nove meses. Para minha infelicidade não pude sequer olhar para os olhos de minha irmã, não pude ter o aconchego do calor dos seus braços. Ela faleceu semanas após o parto. Desesperado, meu pai me embrulhou num lençol e saiu de casa, com destino ao rio, para lá me jogar. Mas a Providência Divina mais uma vez estava ao meu lado. Minha mãe, do Plano Espiritual, fez com que, naquele momento, uma prima de meu pai chegasse e, vendo o desespero dele, tomou-me nos braços e o aconselhou:

— Não, meu primo não faça isso.

— Esse menino é o culpado de minha Hanna morrer. Além do mais, é um monstro. Não vai viver muito tempo.

Depois de muito conversar e com a interferência de meus antigos pais desencarnados, a prima conseguiu convencer o meu pai atual, que me entregou para ela e o esposo que não tinham filhos. Meus novos pais eram jovens, pobres, trabalhadores, mas cuidavam de mim com todo o amor. Não viam em mim as deformidades. Minha mãe me envolvia em amor. Meu pai todas as noites antes de dormir vinha e me acariciava. Ali eu permaneci com as complicações que eu tinha no meu corpo. Gritava sentindo fortes dores, os inimigos não me deixavam dormir, e claro os meus pais também não conseguiam, porque sentia como se fossem espadas a perfurarem o meu corpo. Eles tentavam me sufocar. Até que não podendo suportar tudo aquilo, minha mãe, com a ajuda de uma senhora que trabalhava num posto de saúde, conseguiu que eu fosse atendido pelo médico. Vendo os meus problemas mentais e que eu não enxergava, indicou uma instituição que ficava em São Paulo. Minha mãe não queria a separação, mas o meu quadro piorava a cada dia. Até que o médico foi novamente me ver. Observando a pobreza em que vivíamos, ele conversou com meus pais.

— Tenho um amigo em São Paulo. Ele trabalha nas Casas André Luiz. Lá eles cuidam de crianças assim, com muito amor. Na Instituição, seu filho terá todo o tratamento de que precisa.

— Ele vai sarar, doutor? — meu pai perguntou.

— Não, senhor, ele terá um atendimento melhor, mas não ficará curado.

— Meus pais choraram muito, mas, sem saída, vieram para São Paulo e internaram-me na Casas André Luiz. Isso foi nos idos de 1962.

O frei Orlando permanecia de olhos fechados vendo a tela mental onde José Carlos revivia todo o seu drama até sua chegada na Instituição.

"Meu Deus! Que encarnação sofrida, e que oportunidade de reparação" — pensou o frei.

José Carlos se emocionava e muitas vezes não conseguia continuar o relato, levantava-se andava um pouco pelo pátio respirando profundamente, e depois retornava ao lado do Frei Orlando e continuava:

Aqui, nesta Bendita Casa, eu recebi todo o amparo, amor e carinho e, principalmente, a proteção que precisava para suportar aquela reencarnação compulsória. Lembro-me do carinho com que as primeiras fundadoras trabalhadoras dedicadas desta Casa me envolviam. Recebia muita ajuda e esclarecimento durante o sono físico, isso quando os meus inimigos não conseguiam se aproximar de mim. Minhas noites eram horríveis, escutava os gritos das minhas vítimas. Via que muitas delas se aproximavam do meu leito e tentavam me atacar. Não conseguia gritar. Gemia muito de dor, e era o único som que eu fazia. Rapidamente as pajens vinham e começavam a orar próximo de meu leito. O que me doía mais era que entre minhas vítimas eu via a minha avó, que se aproximava do meu leito e começava a me amaldiçoar. Gritava, pedia perdão, mas ela não dava chance e sim incitava os meus inimigos a me torturarem. "Esse é um traidor, ele matou nossos irmãos, tem que sofrer na pele" — gritava ela.

— Meus pais tentavam retirá-la dali, mas, desnorteada, como uma louca mesmo, ela voltava e com mais vítimas.

As minhas vítimas — falou ele cabisbaixo.

— A maior batalha nós travamos com a nossa consciência, repleta de erros que ficam gravados em nossa tela mental. Além desta tem a batalha com nossas vitimas — completou frei Orlando.

— E como são difíceis essas batalhas — completou José Carlos.

— Meu filho! Reencontramos-nos muitas vezes, e continuaremos até saudarmos todo o nosso débito com esses irmãos aos quais prejudicamos. Por isso nossa luta é constante, a cada oportunidade de reencarne. Somos heróis de nossas próprias batalhas, estamos lutando, não é fácil, mas conseguiremos sair vencedores — disse o frei tocando as mãos frias de José Carlos.

Assim eu vivi por quase 14 anos, e logo que me vi fora do meu corpo físico, o que para mim tinha sido uma bênção, pude então ser amparado pelos meus pais e minhas irmãs. Depois de refeito e com o discernimento fui chamado pelos diretores da Casa no Plano Espiritual para ingressar no quadro de trabalhadores desta Seara Bendita. E aqui estou há quase trinta anos que trabalho auxiliando as equipes de resgate das vítimas do holocausto.

— Estou emocionado, meu querido irmão — disse frei Orlando guardando o seu lenço, que acabara de enxugar suas lágrimas. Que aprendizado eu tive hoje!

— Não, frei, eu não lhe ensinei nada. Apenas desabafei, preciso fazer isso, às vezes. Não é um lamento, mas é uma forma de me conscientizar de que tenho uma longa jornada ainda pela frente.

— Como é sábia a Justiça Divina e grande o Amor do Pai e de Jesus por nós! O seu exemplo é de humildade e resignação. Tenho certeza de que vencerá todos os obstáculos que ainda virão.

— Tenho muita fé, frei Orlando. Dentro de alguns anos voltarei à Terra, ainda num corpo com impossibilidades, mas num lar com amor e carinho. Terei a possibilidade de conviver com o Evangelho do Cristo, já que nascerei num lar espírita. Apesar do meu problema físico, isso não irá impedir de encontrar minha cara-metade, outro espírito ao qual eu tenho muita dívida e que tenho que amar como não a amei no passado, trocando-a pela causa nazista.

— Que Deus o proteja, meu querido Irmão, jamais me esquecerei de sua história de vida! — despediu-se o frei.

— Tenho ainda uma missão a cumprir. Vou receber como filha a minha avó, aquela mesma que eu vira na câmara de gás, há décadas atrás.

Balançando a cabeça, o frei tirou os óculos e, olhando para as folhas das árvores frondosas que calmamente se deixam embalar pelo vento, comentou:

— A Sabedoria Divina dá sempre aos filhos novas oportunidades de reparo. Obrigado, meu Deus, pela oportunidade de aqui estar. E, se eu for útil, que seja um instrumento de Sua causa. Que eu possa ajudar esses irmãozinhos nas novas experiências!

— Fiquei feliz ao receber o senhor aqui, frei. Espero que volte outras vezes.

— Com certeza, meu Irmão. Eu voltarei a esta Casa.

O dia passou rapidamente. Eles ficaram mais alguns instantes e depois se dirigiram ao Anfiteatro Lísias, onde vários trabalhadores da Casa já estavam reunidos.

A preleção do Evangelho era feita pelo nosso Irmão Pedro Bach, na qual falava na necessidade do reencarne e do Amor que Jesus plantou e que florescerá no coração dos homens. A cada dia, uma nova semente germina novos frutos, novas flores. Nova vida aos velhos espíritos, um novo amanhecer, até que possamos realmente seguir juntos e nos apresentar diante da figura excelsa no Nazareno.

— Sigamos em paz, meus Irmãos, e que o Amor de Jesus seja o elo a nos unir cada vez mais forte — terminou Pedro sua preleção muito emocionado.

Aos poucos, os companheiros deixaram o auditório, e muitos se dirigiram até frei Orlando, agradecendo-o pela visita.

— Eu é que agradeço a oportunidade de ter aprendido com todos vocês, velhos e novos companheiros de jornadas.

O frei, olhando para o céu, via que a lua já se fazia alta e as estrelas deixavam o firmamento mais belo ainda. São pontos bordados no infinito que, um dia, poderemos conhecer companheiros. Nada é para ser escondido. Tudo tem a sua hora certa para ser revelado. Um dia não haverá mais guerra, não haverá mais etnia superior ou inferior. Todos nós seremos realmente Irmãos em Jesus Cristo — concluiu frei Orlando[1].

Neste momento uma caravana de trabalhadores se aproximou descendo de um veículo celeste.

— Que a Paz do Cristo esteja entre nós — saúda um membro do grupo recém-chegado.

— Assim seja!— respondem todos.

Outros tripulantes saíram da aeronave e foram cumprimentados por todos, mas os trabalhadores das Casas André Luiz ficaram esperando o grande comandante. Quando na porta da aeronave, um senhor apareceu. Tinha estatura baixa, usava óculos, fardamento impecável e um sorriso no rosto. Lentamente ele se aproximou.

— Que a Paz esteja entre todos meus irmãos!

Pedro se aproximou e cumprimentou.

— É um prazer recebê-lo novamente aqui, general João Baptista.

— O prazer é sempre meu, Pedro, meu querido Irmão. Mas não trago mais minhas patentes, como pode ver — disse ele apontando para os ombros. Trazemos apenas um distintivo, o da FEB, o que nos orgulha muito, assim também somos reconhecidos nas operações de resgates.

---

[1] **Frei Orlando** — Antônio Álvares da Silva nasceu em 13 de fevereiro de 1913 em Morada Nova de Minas/MG. Faleceu em 20 de fevereiro de 1945, em pleno campo de luta no qual cumpria seu dever ao lado dos feridos. É o Patrono Espiritual do Exército Brasileiro. Foi sepultado no cemitério brasileiro de Pistoia, Itália. Seus restos mortais foram transladados para o Brasil, Rio de Janeiro/RJ, em 5 de outubro de 1960, estando seu túmulo definitivo no Monumento Nacional aos Mortos da Segunda Guerra Mundial.

— É, mas para nós o senhor sempre será o nosso comandante — destacou frei Orlando.

— Entendo, meu filho, o que quer dizer, mas o nosso Comandante maior é Jesus.

— Irmão João Batista, fazia tempo que não recebíamos sua visita, disse Irmã Maria.

— Tem razão, minha querida, mas o nosso trabalho é muito grande. Somos chamados praticamente em todo o país, de norte a sul. Apesar de nossa equipe ser numerosa, procuramos acompanhar todos os casos, viajamos com a equipe levando e trazendo companheiros precisando de auxílio e esclarecimento. E, por falar nisso, como vão os meus Irmãos reencarnados aqui na Casa?

— Estamos lutando. Com muita fé conseguiremos amenizar as dores que a guerra fez em seus corações.

— Contem conosco! Estaremos prontos para auxiliá-los, assim que precisarem estaremos aqui. Estou com saudades de rever os meus jovens combatentes, voltarei em breve. Aguardem-me.

O grupo de trabalhadores das Casas André Luiz se despediu e os tripulantes, todos eles ex-combatentes da FEB, voltaram para a aeronave na qual se vê o símbolo do Senta a pua[2].

Em poucos segundos, ela desapareceu no céu estrelado, deixando um rastro luminoso.

— É... a cobra fumou! — brincou Pedro Bach.

Todos riram de suas palavras e aos poucos retornaram para suas tarefas. Estavam cientes de que a luta para a perfeição seria árdua e longa, até o dia em que todos se reencontrarão diante do Cristo. Já preparados para outra encarnação em um novo planeta Terra sem sofrimentos. Para isso que todos nós estamos "Lutando para Vencer".

---

[2] **Senta a pua!** — Grito de guerra do 1º Grupo de Caça, ouvido nos céus da Itália.

Mensagem

Continuando a trabalhar

Meus Comandados!
Diria eu num passado não muito distante.
Hoje, graças à Bondade do Criador, eu os saúdo.
Meus queridos Irmãos em Jesus!
Que a Paz do Divino Amigo esteja a envolvê-los.

Estou feliz em visitá-los hoje, pois, desde há muito tempo, esperava essa oportunidade.

Quando fui convidado há muitos anos para visitá-los, qual foi a minha surpresa quando aqui cheguei e pude ver que muitos dos meus comandados aqui alguns estavam reencarnados e trabalhando nesta Casa. Outros trabalhando no resgate dos companheiros que ainda sofrem o horror da guerra.

Hoje não tenho mais a minha patente, minhas medalhas, as honras que conquistei durante minha vida servindo minha Pátria.

Hoje sou um simples soldado, humilde trabalhador na Seara Bendita do Cristo.

Meus Irmãos, das Casas André Luiz, acompanhados por vários companheiros, ex-combatentes da FEB, pude conhecer todo o trabalho que é feito, no plano terreno e espiritual. Existe uma grande quantidade de Irmãos que ainda vivem, numa realidade plasmada, em suas mentes, e revivem as cenas horríveis da guerra que os vitimou, e ainda continuam a vitimá-los.

Quando pudemos, enfim, conquistar Monte Castelo e lá erguer o nosso Pavilhão Nacional, vi a felicidade no rosto de todos os pracinhas que lá estavam nos Alpes Apeninos. A cobra tinha fumado.

Superamos o frio, o medo, a dor, a saudade e lutamos em busca da Vitória Final.

Tive sob as minhas ordens, no Teatro de Operações, na Itália, milhares de vidas, Irmãos brasileiros. Só que muitos deles não puderam voltar.

O meu coração pôde sentir um pouco de felicidade quando, anos mais tarde, pude transladá-los de Pistoia para descansarem em terras brasileiras.

Vendo mães e filhos, esposas, recebendo seus heróis, esta cena me trouxe um pouco de paz. Veio o meu desencarne, fiquei algum tempo percorrendo nas fileiras do Exército até que fui convidado por ex-combatentes a me tornar um soldado do Cristo.

Temos hoje, queridos irmãos, os nossos Alpes a serem escalados, lá em cima está Jesus, e a subida é íngreme, encontramos a dor, a vaidade, os desejos a machucar nossos corações.

Às vezes, o desânimo se apodera de nós ao ver que o inimigo ainda está lá e, mais vivo do que nunca, pois estão impregnados em nosso interior.

Mas coragem! Assim como nossos soldados que enfrentaram tudo e conseguiram chegar lá em cima do Monte Castelo, eu lhes peço: enfrentemos todos os inimigos e continuemos a subir, nos arrastando às vezes, não importa como, chegaremos lá e hastearemos a bandeira da paz.

Temos ainda muitos Irmãos vivenciando tudo aquilo, outros se escondendo em corpos disformes dos inimigos ferrenhos do passado.

Todos eles carentes de amor e perdão. Nossa missão é grande, Jesus espera muito de cada um de nós. Somos eternos combatentes, hoje soldados do Bem.

Obrigado pela oportunidade.

Um abraço de um ser que busca ser um humilde trabalhador desta Seara.

Do amigo de ontem e hoje.

João Baptista[1]
Mensagem recebida no CENL — Centro Espírita Nosso Lar
Casas André Luiz

---

[1] **João Baptista Mascarenhas de Morais** — Nasceu na cidade de São Gabriel, em 13 de novembro de 1883 e faleceu na cidade do Rio de Janeiro/RJ, em 17 de setembro de 1968. Foi um militar brasileiro e um dos comandantes da FEB na participação do Brasil na Segunda Guerra Mundial, tendo combatido na Itália em 1944 e 1945. Dedicou a vitória do Brasil aos seus soldados e foi o responsável, anos depois, pelo translado dos corpos dos soldados brasileiros que estavam no Cemitério de Pistoia para descansarem em solo brasileiro e pudessem receber enfim as homenagens de seus familiares e do povo brasileiro.

Escuta-me, Deus!

Jamais falei contigo.

Hoje quero saudar-te: Bom dia! Como vais? Sabes? Disseram-me que Tu não existes, e eu, tolo, acreditei que era verdade, nunca havia reparado a Tua obra.

Ontem à noite, da trincheira rasgada por granadas... Vi Teu céu estrelado.

E compreendi então que me enganaram.

Não sei se apertarás a minha mão, vou Te explicar e hás de compreender.

É engraçado! Neste inferno hediondo achei a luz para enxergar o Teu rosto.

Dito isto, já não tenho muita coisa a Te contar...

Só que... que... tenho muito prazer em conhecer-Te.

Faremos um ataque à meia-noite. Não sinto medo.

Deus, sei que Tu velas...

Ah! É o clarim! Bom Deus! Devo ir embora.

Gostei de Ti... Vou ter saudades...

Quero dizer: Será cruenta a luta, bem o sabes,

e esta noite pode ser que eu vá bater-Te à porta!

Muito amigo não fomos... É verdade.

Mas... sim, estou chorando! Vê, Deus, penso que já não sou tão mau.

Bem, Deus! Tenho de ir. Sorte é coisa bem rara.

Juro, porém: já não receio a morte!"[1]

---

[1] Oração que foi encontrada em pleno campo de batalha, durante a Segunda Guerra, no bolso de um soldado desconhecido. Ele foi atingido por uma granada e no pouco que lhe restou foi encontrado intacta uma folha de papel com esta oração.

ENRIQUEÇA
SEUS CONHECIMENTOS
COM OBRAS DA MUNDO MAIOR

Coleção Allan Kardec

Nestas obras de conteúdo consolador, o leitor encontrará respostas para diversos questionamentos da vida à luz dos ensinamentos do Cristo.

www.mundomaior.com.br

Acesse nosso *site* e redes sociais.

www.mundomaior.com.br

DESPERTANDO CONHECIMENTO

Curta no Facebook
Mundo Maior

Siga-nos
@edmundomaior

WordPress
Acesse nosso Blog:
www.editoramundomaior.wordpress.com